아빠는 죽어도 학원은 죽지않는다

아빠는 죽어도 학원은 죽지 않는다

김영천/김필성

아카데미프레스

이 책은 2011년 포스코청암재단 아시아인문사회연구 기금으로 이루어졌음.

| 이 책을 펴내며 |

우리나라의 학교 교육과 학생들의 삶에 가장 크게 영향을 끼치는 발달기관 중의 하나는 학원임에 틀림없다. 아이들의 생애는 학교, 학원에서 시작되고 대학에 들어가면서 끝나게 된다. 이러한 이유로 한국 사회에서 '학원' 에 대한 관심과 이야기 그리고 논쟁은 모든 이의 삶의 중요한 한 부분을 차지하면서 날마다 그들의 삶에 영향을 끼치고 있다. 그럼에도 불구하고 이 국가적 이슈에 대한 관심의 체계적 접근과 이해 노력은 그 중요성만큼 깊지 않아 보인다. 모든 사람들이 정작 이야기는 하면서도 그 실체가 무엇인지 알려 하지 않고, 알고 있는 것 역시 거의 없다. 때문에 학원에 대하여 이야기할 때면 문제를 이해하거나 해결해 주는 과정이 아니라 오히려 미궁 속에 더욱 빠져 들어가는 느낌을 받곤 한다.

더군다나 이러한 무관심과 문제의식의 결여는 실제 현상에 대한 잘못된 이미지와 풍자화된 편견을 낳아 그 실체를 찾아 규명하기가 더욱 어렵게 되었다. 이미지가 이미지를 창출하고 있는 현대 미디어와 매스컴의 역할로 인하여 '학원 교육' 자체는 모르는 채로 학원 교육에 대한 하나의 통제된/정형화된 '나쁜 교육'의 이미지만 우리의 머릿속에 남아 있으며 계속 그러한 이미지들을 창출할 것으로 추측해 본다. 더욱 안타까운 현실은 대중적 지식이나 관점과 달리, 전문적인 지식과 판단력을 가져야 할 교육자와 교육학자, 많은 연구단체 역시 그들 모두가 한국 학원 교육의 참여자였고 소비자였음에도 불구하고 학원 교육이 역사적으로 어떻게 발생하였고 성장해 왔는가, 그리고 그 진정한 역할이 무엇인가에 관심을 갖는 대신 불안정하고 그 출처를 알기 어려운 대중적 이미지로서 학원 교육을 바라보고 있고 평가하고 있으며 해석하려는 일에 몰두하고 있는 것이다. '학원' 에 대해서는 모두가 한 목소리를 내는 것처럼 의견과 관점이 통일적이고 단선적이며 획일적이다.

그러나 이 현상에 대한 우리 연구자들의 입장과 철학은 남다르다. 교육과정, 질적연구, 그리고 탈식민주의 사회과학을 탐구하고 있어서 그런지 우리 필자들은 이 국제적이면서 전국가적인 현상을 좀 더 다르게, 전문적으로, 그리고 학술적으로 이해하는 작업이 우선 필요하다는 생각을 하였다. 이에 한국의 학원 교육을 교조적이거나 관념적인 측면에서 비판하기보다는 그것의 역할과 가치가 어떤 것인가를 이해하고서 그 기관의 가능성과 잠재력을 '새로운 교육기관의 출현' 이라는 관점에서 이해하고자 하였다.

즉, 학원 교육을 한국의 특별한 교육현상으로 바라보고 개념화하고자 하였고, 그러한 교육현상은 한국이라는 특정 국가에서만 일어나는 불미스럽고 부끄러운 현상이 아니라 전 세계적으로 나타나고 있는 새로운 교육 형태임을 인식하려 하였다. 아울러 그러한 세계적 현상은 교육열이 강한 동북아 국가들에서 더욱 강하게 나타나고 있다는 점에서 이를 동북아 국가의 특별한, 공통적 교육현상으로서 개념화하려고 노력하였다. 그리고 이러한 목적을 달성하고자 그 첫 번째 작업으로서 한국이라는 지역에서 나타나고 있는 중등학교 대상의 입시학원의 전체 모습을 보여 줄 수 있는 현장의 이미지를 창출하려고 노력하였다.

그리고 이러한 원대한 목적 아래서 한국의 한 개 학원을 연구하는 것이 동북아 국가의 학원 교육을 이해하는 그 첫 번째 국지적 작업이라고 생각하였다. 특히 홍콩대학의 Mark Bray의 이론적 연구를 제외하면 이 주제에 대한 심층적인 연구들이 존재하지 않는다는 점에서 '학원이란 어떤 곳인가?' '학원에서는 어떻게 가르치고 학생들은 무엇을 배우는가?'라는 매우 상식적인 그러나 대부분 그 해답을 갖고 있지 않을 주제에 대한 한 가지 답을 찾으려고 노력하였다. 이를 통하여 학원 교육 역시 학교 교육과 마찬가지로 학생들이 공부하는 장소이며 학교처럼 그곳은 교육적 경험이 생산되고 의미 있는 가르침이 이루어지는 공간이라는 이미지를 확립시키려 하였다. 이를 통하여 이 시대에 나타나고 있는 학원 교육에 대한 두 가지 미스터리(학원에 대한 부정적 이미지의 확산, 모두 다 이야기하지만 학원에 대하여 알고 있지 못하는 딜레마 상황)를 조금이나마 해결하고자 하였다. 이를 통하여 자연자원이 없는 척박한 한반도 땅에 태어난 한국 아이들에게 있어서 날마다 공부하고 지식과 지혜를 쌓아 가고 있는 학원은 그렇게 비판받을 대상이 아니라 학교와 더불어 미래의 한국 아이들을 국제적으로 경쟁력 있는 성인 학습자로서 발달시키는 데 기여하는 또 다른 교육기관이라는 점을 강조하고 싶었다.

국가 간의 경계가 허물어지고, 인터넷의 확산으로 인하여 전자 학습이 가능해지고 전통적인 교과서가 스마트폰의 소프트웨어로 변화할 가까운 미래에, 어쩌면 학원은 학교와 비슷한 또는 학교를 능가하는 교육기관으로 성장할지 모르겠다. 이미 대학의 경우, 이러닝(e-learning)을 통하여 교실에 가지 않고서도 졸업장을 받는 시대에 처해 있다. 그리고 과거에 학교가 담당하였던 많은 지식을 이제 교사들이 가르치지 않더라도 학생들은 인터넷을 통하여 배우고 있어서, 학교 교육의 물리적, 심리적 공간이 과연 어디까지 축소되고 재평가되어야 할 것인가는 우리 모든 교육학자와 교육과정학자들의 미래적 관심사이다. 그러한 점에서 보았을 때, 동아시아에서 위세를 떨치고 있는 학원이라는 새로운 교육기관이 우리가 지금까지 폄하하고 비평하였던 방식과는 달리 그 숨겨진 미래적 가치를 가진 매우 가치 있는 대안적 학습기관으로 간주될지 모른다.

이에 우리 필자들은 그 동안 자행된 한국의 '학원 교육'에 대한 부정적 평가를 뒤로하고 과연 또 다른 교육기관으로서 한국의 '학원'은 학생들에게 어떤 교육 경험을 제공해 주고 있는가라는 질문에 답하려고 노력하였다. 이에 이 문제에 대한 첫 번째 해결책으로서, 경북 대구의 한 입시학원을 선정하여 그곳에서 우리나라의 학생들은 어떻게 공부하고 있으며 지적으로, 정서적으로 성장해 나가고 있는지를 긍정적인 관점에서 묘사하였다. 특히 필자들이 연구하기 이전부터 알고 있었던 하나의 상식(학생들이 스스로 학원에 다니면서 자신의 인생 목적을 위하여 학원 교육을 잘 활용하고 있다는 점, 스스로 학원을 가려고 한다는 점)은 우리 연구자들로 하여금 무슨 이유 때문에 또는 학원이 어떤 매력이 있어서 학교가 끝난 그 늦은 시간에 온갖 피로감을 잊은 채 학원에서 또다시 공부에 빠져들게 되는지를 탐구하게 하였다. 아마도 이러한 궁금증은 필자들이 아닌 한국의 대부분의 교육학자들, 교육연구자들, 그리고 교육부 관계자들도 한 번쯤은 가져 보았을 것으로 추측한다.

이에 연구주제를 '한국 학원 교육의 전체적 이미지'로 전제하였고 이 목적 아래 중고등부 학원 교육의 핵심인 교육과정과 수업, 학습 지도가 과연 어떻게 이루어지고 있는지를 밝히고자 하였다. 그리고 그러한 탐색적 질문은 학원에서의 학생들 지도와 관리가 학교와 어떤 면에서 비슷하게 또는 다르게 또는 효과적으로 이루어지는지 살펴보게 하였다. 그리하여 우리 사회와 매스컴에서 만들어 낸 '사회 악' 으로서의 대중적 이미지 대신에 또 다른 공부의 장 그리고 발달의 장으로서 학원 교육의 긍정적 이미지를 찾으려고 노력하였다. 이러한 관점은 "어쩌면 학원 교육은 교육열이 강조되고 학습이 가장 높은 생활의 덕목으로 강조되고 있는 한국 사회의 전통적 가치를 효과적으로 구현한 가장 한국적인 학습 방법이자 문화적 도구가 아닐까" 하는 생각으로까지 확대되었다. 그러한 점에서 '학원 교육' 이 단순히 '악' 으로 매도될 것이 아니라 어떻게 하면 한국 학생들의 지적, 정서적 발달을 위하여 재구조화되고 아울러 심화되어 개척되어야 할 것인지에 대하여 집단적으로 고민해야 할 우리 시대의 가장 첨예한 교육 주제라는 새로운 생각을 하기에 이르렀다.

우리 필자들은 이 연구의 마지막 목적으로서 학교 교육과 학원 교육의 상호 지원적 또는 대립적 위치에 대한 역학적 이해가 필요하다는 생각을 하게 되었다. 즉, 한국의 학교 교육 그리고 공교육을 이야기할 때 '학원 교육이 학교 교육에 어떤 영향을 어떻게 끼칠 것인가' 에 대한 잠재적 고려와 평가 없이는 그 어떤 교육개혁과 학교개혁 역시 성공하기 어렵다는 전제를 가지고 있었다. 학원 교육이 학교 교육의 구조와 이념, 방향에까지 끊임없이 영향을 끼친다는 단순한 명제는 우리의 과거 학교 교육의 개혁에 대한 경험에서 쉽게 찾을 수 있다. 우리나라에서 실행된 수많은 학교개혁 운동, 교육과정개혁 운동이 그 이념은 숭고하였지만 학원의 존재와 학원 교육의 또 다른 영향력에 대한 역학의 고려 없이 이루어져 결국 실패로 끝났다는 점에서 설득력이 있다. 수준별 교육과정, 제7차 교육과정, 방과후 학습 등 몇 개의 학교개혁 사례들은 그 이상과 달리 실제 현장에서 직간접적으로 학원 교육의 영향을 받으면서 와해되거나 실패하였다. 때문에 학원 교육과 학교 교육의 밀접한 역학에 대한 이해 없이는 그 어떤 창의적이고 혁신적인 아이디어들도 버티지 못하고 자멸하게 될 것으로 우리는 판단하였다. 특히, 학원은 학교보다 더 진화하고 있으며 더 많은 실험과 창조적 작업을 하고 있다는 점에서 학교가 그 목적을 어떻게 달성할 수 있을 것인가는 학원에 대한 심층적인 이해와 비교, 전략적 선택이 없이는 불가능할 것으로 생각한다. 적을 알지 않고서 승리하기가 어렵다는 속담이 바로 이러한 상황을 두고 한 말이 아니겠는가.

기존의 학자들과는 다른 관점에서 만들어진 이 책은 2008년 출간된 김영천의 〈차라리 학원에 보내라〉의 후속작으로서, 학원 교육에 대한 이론적 탐구를 처음으로 시도하였던 전작의 목적을 이어나갈 것이다. 그러나 전작이 우리나라 초등학교 학원의 교육적 특징을 밝힌 것이라 한다면, 차기작은 우리나라 중등학교 학원의 모습을 그려내고 있다는 점에서 큰 차이가 있다. 특히 우리가

'학원 교육' 이라고 할 때 입시학원과 중등학생 대상 학생들을 상기한다는 점에서 전작에 비하여 우리나라 학원 교육에 대한 좀 더 정확한 지식과 이해를 제공할 것으로 생각한다. 그러한 점에서 한국의 학원에서 무슨 일이 일어나고 있는지, 학원은 학교와 달리 어떻게 학생들을 가르치고 있는지를 알고 싶어하는 독자들에게 이 책은 가장 근접한 답을 제공해 줄 연구서로서 다가갈 수 있을 것이다. 아울러 이 주제에 대한 학술적 탐구가 심도 있게 이루어지지 못하고 있는 실정에서 이 책은 한국의 학원 교육, 나아가 동북아 국가에서의 학원 교육을 새로운 교육학적 학술담론으로서 정립시키는 데 조그마한 기여를 할 수 있기를 바란다. 더 많은 학원 교육에 대한 학술적, 대중적 연구서적들이 가까운 미래에 출간되기를 희망해 본다.

마지막으로 이러한 실험적 작업을 책으로 출간할 수 있도록 도움을 주신 여러분들에게 이 책의 서문을 빌어 감사하고 싶다. 첫째, 이 연구를 수행할 수 있도록 연구기금을 지원해 준 포스코 청암 재단에 감사의 말씀을 드린다. 우리의 연구 계획서가 포스코 청암 재단의 '아시아 인문사회 연구지원' 프로그램에 심사되어 통과됨으로써 우리 연구자들은 약 1년간 현장작업을 할 수 있는 연구기금을 확보할 수 있었다. 이 재단의 도움이 아니었다면 우리의 연구는 시작될 수 없었으며 대중이 접할 수 있는 한 권의 학술서로서 출간될 수도 없었을 것이다. 이에 포스코 청암 재단 관계자들과 심사위원들에게 진심으로 고마움을 표현하고 싶다.

둘째, 이 연구 과제의 연구현장이었던 경북 대구의 '코리아학원' 원장님과 선생님들에게 감사드린다. 2010년 8월부터 2012년 12월까지 이어진 현장작업에서 이 분들은 연구를 성공적으로 마무리할 수 있도록 코리아학원에 특별한 연구공간을 마련해 주었고 필요할 때마다 참여관찰과 면담 그리고 관련 자료들을 수집하고 복사하도록 허락해 주었다. 학원 원장님과 학원 선생님들, 나아가 학원생들의 연구에 대한 전폭적인 지원으로 한국의 학원을 묘사하는 좋은 한 권의 책이 출간되었다고 말하고 싶다.

셋째, 이 연구에 연구 보조자들로 도움을 준 제자들에게 진심으로 감사한다. 진주교육대학교 교육대학원 교육과정과 수업학과에 재학 중인 정상원 선생님, 박현우 선생님, 조재성 선생님은 연구자들의 의도와 목적을 정확하게 파악하고 그러한 목적 달성을 위하여 현장에서 오랫동안 자료를 수집하고 분석하는 작업을 해 주었다. 일 년 동안 계속된 연구회의와 토론을 통하여 제자들의 아이디어 생성과 자료 수집, 분석 작업은 연구를 완성하는 데 크게 기여하였다. 특히 '이 방대하면서 무거운 주제를 즐겁게 호기심을 가지고 연구하려고 하였던' 그들의 연구 태도는 이들이 질적연구자로 성장하는 데 많은 실제적 지식을 갖도록 도움을 주었을 것이다. 더욱 중요한 것으로, 그들은 현장작업을 하면서 학원 교육에 대한 현장 지식과 비평의 경험을 체득함으로써 일반 교사들이나 전통적 관점의 교육자들과는 근본적으로 학원 교육에 대하여 달리 이야기할 수 있을 것이다.

마지막으로, 우리의 연구 작업을 한 권의 학술서로서 출간할 수 있도록 배려해 주신 아카데미프레스 홍진기 사장님께 감사드린다. 연구의 시작부터 마무리까지 이 연구의 배경을 잘 알고 있었던 사장님께서는 이 책을 전국의 학교 교육 관계자, 학원 교육 관계자, 학원 교육자, 학교 교사들이 반드시 읽어야 한다는 생각을 갖고 계셨고 책을 출판할 수 있도록 모든 측면에서 지원을 아끼지 않았다. 그러한 점에서 우리 필자들은 이 책을 아카데미프레스에 출간하게 된 것을 매우 다행스럽게 생각한다.

2012년 6월 30일

김영천, 김필성 씀

차 례

|1장|

한국 아빠들의 월급통장

2012년 2월 HAK WON

2012년 2월

겨울이라 날씨가 너무 차다. 항상 그랬던 것처럼 아침 7시경, 아파트는 고요하다. 두꺼운 코트에 목도리 그리고 가방 하나. 어제처럼 나는 근무하고 있는 대학교로 출근하기 위하여 집을 나선다. 그리고 계단에서 문을 잠근다. 문에는 어제처럼, 지난달처럼, 그리고 지난 몇 년처럼 오늘도 여지 없이 전단지들이 붙어 있다. 전단지의 색깔도 가지가지. 자기를 읽어달란 듯이 현란한 색상을 입고 있다. 녹즙, 에어로빅이나 요가, 생수기 전단지 등 다양하지만 그 중에서도 가장 많은 것은 학원광고 전단지이다. 오늘은 어떤 학원이 새로 생겼고 누가 서울에서 초청되어서 이 곳 진주에 학원을 세웠나, 어떤 새로운 학습법을 개발한 프랜차이즈 학원이 생겼나 궁금하지만, 자세히 읽지는 않고 전단지들을 떼어낸다. 하루의 첫 일과가 이렇게 시작된다.

내가 사는 층은 아파트 7층. 엘리베이터 버튼을 누른다. 7층에 도착한 엘리베이터. 엘리베이터 안에는 아무도 없다. 그러나 그

좁은 공간에는 학원을 알리는 광고판들이 여기저기 부착되어 있다. 소음을 내며 내려가던 엘리베이터가 6층에서 멈춘다. 6층에는 두 아들을 둔 부부가 산다. 그 중에서 둘째 아들인 초등학교 5학년 아이가 내 옆으로 들어선다. "안녕하세요?" 라고 인사한다. 씩씩하다. 인사를 잘 해서 가끔 용돈을 주었더니 이제는 만나기만 하면 인사를 꾸벅한다. 밤톨머리를 한 이 아이는 어머니 심부름을 잘 하고 아들 둘만 있는 집에서 딸 노릇을 한단다. 가끔 두부 사오기, 양념 사오기 등 여러 가지 허드렛일을 잘 한다. 엘리베이터가 1층에 도착하자 인사하고 빨리 달려 나간다. 왜 그러냐고 물었더니 학원 차를 타야 한단다.

아파트 107동을 빠져나와 약 100m 걸으면 대로변이 나온다. 진주의 가장 넓은 도로이다. 실내를 방금 빠져 나온 탓에 바람이 매우 매섭다. 거리는 추위 외에도 안개가 가득하다. 아침 이른 시간인데도 여기 저기 학생들이 대로변 옆에서 무엇인가를 기다리고 있는 듯하다. 대부분 고등학생들이다. 학교에 가는 것은 아닌 것 같고 아마도 학원에 가는 것 같다. 어떤 아이는 단어장을 들고서 단어를 암기하고 있고, 어떤 아이는 멍하니 하늘을 쳐다보고 있다. 말을 걸려다가, 요새 고등학생들은 무섭다고 하니 그 아이들을 비켜 얌전히 지나간다.

진주교육대학교로 가는 큰 대로를 건너는 건널목이 나타난다. 건널목에는 유치원 아이들부터 초등학교 아이들, 고등학교 아이들, 출근하는 아버지들 … 많은 사람들이 있다. 날씨가 추워서 그런지 어서 신호등이 바뀌기만을 기다리는 눈치다. 조금 전 지나쳐 온 고등학생 무리. 그들을 보니 마음이 좀 무거워진다. 아니 항상 그들에게 신경이 쓰인다. 우리 때까지는 저렇게까지는 아니었는데. 아침 7시에 학교가 아닌 학원으로 가는 아이들. 저렇게 공부해야 할까? 밥은 먹었을까? 뭐 그래도 젊으니까 그리고 건강하니까 잘 이겨내겠지 하는 생각으로 그들을 잊는다.

아이들로 가득 찬 건널목엔 빨간불이 켜져 있고 도로의 차들 역시 파란불을 기다리고 있다. 여러 대의 큰 차들이 눈에 들어온다. 크게 쓰인 글씨, 선명한 노란색, 아이의 미래를 책임진다는 문구까지. 몇 대의 학원 차들이 신호등이 바뀌기만을 기다리고 있다. 영어학원, 수학학원, 논술학원 차들. 학원 차에 붙은 홍보지에는 강사들의 사진과 학력까지 소개되어 있다. 어떤 영어학원 차는 외국의 잘생긴 남자나 백인 여자들을 모델로 내세워 광고하고 있다. 그리고 영어로 아침 인사를 적어 놓았다.

그 차 안에는 내가 살고 있는 아파트와 다른 아파트의 아이들이 타고 있다. 항상 그랬던 것처럼, 신호를 대기하고 있는 학원 차에 누가 타고 있는지 눈길이 간다. 어린 초등학교 아이들이다. 그 중 한 어린아이가 나를 쳐다본다. 순진무구한 그 얼굴. 전형적인 몽고족의 코를 가진 깨끗한 피부의 어린이. 무슨 사인을 보내는 듯 손을 움직이며 나에게 웃어 보인다. 그리고 앞자리에 앉아 있는 아이까지 끌어들여 나에 대하여 무슨 이야기를 하는 듯하다. 무슨 이야기를 하였을까? 대머리 아저씨가 저기 있다고 자기들끼리 키득키득 웃었을까? 나는 그 생각을 외면하면서 그 착한 아이에게 웃어 주었다. 그러기를 잠시. 학원 차는 신호등이 바뀌자 출발한다. 건널목에 남겨진 나. 그리고 떠나 버린 아이들.

하루의 일과가 끝나는 오후 3시경. 내가 근무하는 진주교육대학교 연구동의 3층 연구실 문을 나와 집으로 향한다. 아침 일찍 출근하기 때문에 오후 3시경이면 몸이 피로해진다. 연구동을 나와서 조그마한 캠퍼스를 걷다 보면 교육대학교 부설 초등학교를 만난다. 교문을 바라보면서 학교를 나가고 있는데 교대부설 초등학교 역시 수업이 끝났는지 아이들이 교문 쪽으로 걸어 나온다. 집으로 가는 모양이다. 내가 어린 시절 그랬던 것처럼, 이때가 하루 중에 가장 즐거운 때일 것이다. 어머니가 반겨 주고 맛있는 간식을 줄 것이다.

우리는 옆집 친구를 만나 같이 놀거나 뒷산에 올라가 전쟁놀이를 하곤 하였다. 아니면 딱지 따먹기를 하였다. 특히 새를 좋아했던 나는 산비둘기를 잡는다고 수많은 산을 올라 다녔다. 집 뒤편에 혹산이라는 작은 동산이 있었는데, 때로는 그 혹산에 올라가 친구들과 팀을 나누어 전쟁놀이를 하였다. 그리고 겨울에는 불을 피워 고구마를 구워 먹기도 하였고 어둠이 짙게 깔린 밤까지 재미있게 놀았다. 너무 늦은 날은 어머니가 직접 산에 올라와 밥 먹으러 가자고 소리치면서 내 손을 잡아끌곤 하였다. 물론 시대가 달라져 그러한 놀이들은 사라지고 요즘 아이들은 만화책을 읽거나 스타크래프트를 하겠지.

잠깐 이런 생각을 하다 문득 앞을 쳐다보니 아이들이 교문 앞에서 무언가를 기다리듯 서 있고 어떤 아이들은 차를 타고 있다. 학교가 끝나고 난 다음 아이들이 가는 곳은 집이 아니었다. 아마 집에 가도 어머니들이 기다리고 있지는 않을 것이다. 이 아이들이 향하는 다음 삶의 공간은 바로 학원인 듯하다. 아이들은 자신이 타야 할 차들을 발견하였는지 서로 안녕하면서 각자의 학원으로 향한다. 학원 차들로 가득 차 버린 교문 앞은 경비 아저씨의 소리에도 아랑곳하지 않고 난장판이다. 학원에서 온 선생님들이 아이들 부르는 소리가 여기저기서 들리고 자기 학원에 다니는 아이들을 태운 학원 차는 다른 차들을 뒤로한 채 교문 앞을 떠난다. 그 차들은 약 한 시간 늦게 끝나는 고학년 학생들을 태우러 다시 이 교문으로 모일 것이다.

재미있기도 하고 신기하기도 하며 이상하기도 한 이 장면을 뒤로한 채 시끄러운 교문을 벗어나 다시 아침에 건넜던 건널목을 지나면, 내가 사는 아파트가 큰 산처럼 나를 멀리서 기다리고 있다. 날씨가 추운 2월이어서 아파트 현관문에만 들어서도 포근함이 느껴진다. 엘리베이터 버튼을 누르고 1층에서 기다리고 있는데, 누군가가 뒤에 있는 듯하다. 6층의 첫째 아들이다. 몇 년 사이에 키가 부쩍 커 버린 느낌이다. 올 3월이면 중학교에 간다. 그 아이에게 "학교 끝났으니 다음엔 뭐하니?"라고 물었다. 그러자 학원에 간다고 한다. 몇 곳을 다니느냐고 물었더니 다섯 곳을 다닌단다. 3~4시 수학학원, 4~5시 영어학원, 5~6시 논술학원. 저녁은 언제 먹느냐고 물었더니 중간에 분식집에서 먹거나 학원 수업 모두 마치고 집에 와서 먹는단다. 그때까지 밥 먹지 않으면 배고프지 않느냐고 물었더니 배고프지 않다고 답한다. "피곤하니?"라고 물었더니 피곤하지 않단다. "재미있니?"라고 물었더니 재미있단다. 모두 내가 예상했던 답과는 반대의 답들이다.

아침에 만난 작은아이와 큰아이 두 아들을 학원에 보내는 아버지는 누구일까. 가끔 엘리베이터에서 만난 적이 있는 이 아이들의 아버지는 평범한 회사원이다. 대강 그 아버지의 한 달 월급과 이 두 아들의 학원비와 교육비를 추측해 보니 한 달 월급에서 남는 게 별로 없을 듯하다. 아파트의 유류비까지 올라서 32평인 이 아파트의 한 달 관리비는 벌써 지난 1월 35만 원을 넘었다. 나에게조차도 부담스러운 액수이다. 이 집 두 아들은 아버지 월급의 상당액을 학원 교육비로 쓰고 있다는 것을 알고 있을까. 며칠 전 9시 뉴스에 나온 우리나라 학부모들의 학원비 한탄이 남의 일 같지 않다.

며칠 전 같은 학과의 친한 동료 교수에게서 들은 전업 주부로 살고 있는 그의 여동생 이야기가 떠오른다. 중학생 딸을 둔 이 주부는 어느 날 딸이 학원에 보내 달라고 하였단다. 남편이 회사원인 이 주부는 한편으로는 공부하려고 하는 딸의 열의에 감개무량하였고 한편으로는 외국인 강사를 채용하고 있는 영어학원비를 어떻게 마련할까 걱정이 되었다. 궁여지책으로 동네에 있는 프랜차이즈 빵집에서 하루 종일 점원으로 일하기로 하였다. 대학을 나온 어머니가 자식의 공부를 위하여 긴 생머리를 잘라 파는 대신에 단순 노동을 하기로 결정한 것이었다.

오후 3시 30분경. 자꾸 늘어나는 뱃살을 빼려고 얼마 전부터 이삼일에 한 번씩 약 한 시간 정도 걷고 있다. 운동복으로 갈아입고 7층 엘리베이터를 기다리는데 마주한 집의 문이 열리면서 한 여학생이 인사를 한다. 이제 중학교 1학년이 된 그 여학생은 지난 몇 년 동안 피아노를 치면서 그 피아노 소리로 나를 무척이나 괴롭힌 장본인이다. 위층에 사는 노부부의 손자는 주말이면 와서 밤마다 피리를 불어 나를 괴롭혔고 이 여학생은 피아노 소리로 나를 괴롭혔다. 그런데 언제부터인지 피아노 소리가 뚝 그쳤다. 옆집이 이사 갔나 했더니 바로 이 여학생이 중학교 들어가면서부터 피아노를 그만 치기로 한 것이었다. 쇼팽의 즉흥환상곡까지 쳤었기에 "너 피아노 잘 치던데 계속 치지 그랬니?"라고 했더니 어머니가 이제는 학교 공부해야 한다고 피아노를 치지 말라고 하였단다. 그럼 요새는 무슨 공부를 하고 있고 지금은 어디를 가느냐고 물었더니 학원에 간단다. 우리는 서로 반대편으로 향하였다. 학생은 대로변으로, 그리고 나는 강변 쪽으로 발길을 옮겼다.

한 시간 정도 걸은 후 아파트에 도착한 시간은 약 4시 45분. 엘리베이터를 기다리는 나의 뒤로 어떤 젊은 여자가 서 있다. 주민은 아닌 듯하였지만 가끔씩 만난다. 항상 정체가 궁금하였다. 아니나 다를까. 내가 내리는 7층에서 내린다. 누구일까 한동안 그 여자의 존재가 궁금하였는데 마침 오늘에서야 그녀의 정체를 알 수 있었다. 내가 집 문을 열고 있을 때였다. "들어오세요" 하는 소리와 함께 앞집의 문이 열린다. 바로 그 중학생의 아래 동생의 학습지 선생님이었다. 그녀는 일주일에 한 번 정도 와서 지도해 주는 방문과외 선생님이었다.

저녁 7시 30분경. 걷기 운동을 하고 나서는 몸이 나른하다. 저녁까지 먹은 터에 몸은 무거울 대로 무거워졌다. 소파에 몸을 던진 나는 요새 인기 있는 가정주부의 외도를 다룬 연속극을 기다리고 있다. 그런데 그 배경이 서울의 학원가로 유명한 대치동이었다. 그 동네 엄마들의 학원에 관한 지식과 정보력은 이미 우리 대학교 교수님들이 점심 식사 때 곁들이는 당골 이야깃거리였다. 밤에 갈 데가 없는 이 곳 진주에서 언제부터인지 나는 저녁 8시부터 드라마, 코미디, 외국 수사극 그리고 10시경에 시작하는 미니시리즈를 끝으로 하루를 마감하는 것이 일상이 되었다. 리모컨으로 채널을 여기저기 옮기다가 한 채널을 고른다. 아니나 다를까 역시 인기 있는 드라마 시작 전에 학원광고가 한창이다.

어떤 광고는 유명한 가수나 연예인이 노래를 부르면서 학원의 장점을 강조한다. '앞서 가니까' 라는 용어를 참 잘 선택하였다는 생각이 든다. 학부모에게 인상적일 것이다. 다른 광고는 학교 수업에서 자식이 가질 수 있는 문제를 해결해 준다는 전략을 광고의 핵심으로 부각시킨다. "풀 수 있을 때까지 풀게 만든다" 일대일 지도를 통하여. 그럼 학교에서는 학생이 풀 수 있을 때까지 가르치지 않는다는 말인가? 어떤 광고는 더욱 가관이다. 치과에서 이를 잘못 뺀 한 어머니는 좋은 학원에 대한 정보를 얻게 되자 그 고통도 잊은 채 기뻐한다. 학원 다녀서 공부 잘하게 된 아들을 둔 '상위권 엄마의 행복감' 을 가장 고통스럽다는 치아의 고통을 잊을 만큼 강력한 것으로 묘사하고 있다. 정말로 그런 것일까?

재미있는 8시대의 연속극이 끝나면 9시 뉴스가 시작된다. 가장 중요한 그 날 뉴스에는 한 교육부 정책가가 나와서 올 겨울 대입시험의 난이도를 잘 조절하여 학부모들이 사교육으로 고통받지 않도록 하겠다고 약속을 한다. 대학의 수능시험 난이도 실패로 인하여 한국교육과정평가원의 원장이 바뀐 것이 엊그제이다. 다음 뉴스는 아파트 뉴스이고, 그 다음 뉴스는 양극화 해소 뉴스이다. 그리고 성형의 부작용을 알리는 뉴스를 이어 박지성 축구선수의 영국 활약 뉴스가 나온다. 그리고 9시 뉴스 마지막을 장식한 뉴스는 학원 가기 싫어서 자살한 초등학생 이야기이다.

9시 뉴스가 끝나면 스포츠 뉴스에 이어 내가 좋아하는 미니시리즈가 시작된다. 약 10시경이다. 한류를 이끌어 낸 많은 미니시리즈들. 요일별로 선택하여 볼 수 있는 장점이 있다. 천국의 계단이나 발리에서 생긴 일 이후의 미니시리즈는 나의 관심을 끌기에 역부족인 듯하다. 자려고 안방으로 가려 하였더니 마침 라면 광고가 나온다. 참다 참다 결국 라면을 먹어야겠기에 이리저리 뒤져 보았지만 라면이 모두 바닥이 났나 보다. 옷을 대충 갈아입고 슈퍼마켓으로 간다.

나는 마수하고 있는 두 집 사이에 있는 계단에서 엘리베이터를 기다린다. 어두운 계단에 있다가 내부가 밝은 엘리베이터가 열리면 반갑다. 다행히 사람이라도 있으면 무서움이 덜하다. 그 늦은 밤. 다행히도 엘리베이터 안에는 귀신 대신에 한 고등학생이 타고 있다. 키가 나보다 더 큰 고등학교 2학년 학생이다. 13층에 사는 집의 큰아들이다. 어디 가는지 알지만 물었다. "네. 학원 가요."라고 대답한다. 가면 언제 오느냐고 물었더니 1시나 1시 30분에 온단다. "그래 공부 열심히 하거라." 하면서 등을 토닥거려 주었다.

라면을 끓여 먹고 나자 공복감이 사라진다. 그리고 잠시 후 잠이 쏟아진다. 거실 소파에서 졸다가 잠을 깬 나는 텔레비전을 끄고서 안방으로 들어간다. 잠깐 맑은 정신이 들면서 내 집 아이들이 아닌 이 아파트에 사는 다른 집 아이들이 생각난다. 아까 그 애는 집에 왔을까? 얼마나 피곤할까? 학원에서 이렇게 늦게까지 배우면 효과가 있을까? 그 아이 부모들은 아직까지 자고 있지 않을 텐데. 얼마나 많은 돈을 자식 공부에 쏟아부어야 할까? 그리고 그 아버지는 회사와 직장에서 얼마나 힘들게 고생을 할까? 자식 공부 시켜서 성공시키면 자신이 희생한 삶보다 더 행복하다고 느낄까? 노후 자금을 마련하지 못하고 있다는 이 시대 학부모와 부부들. 그들은 왜 그러한 선택을 하는 것일까?

문득 지난번 회식에서 우리 과 교수가 아들한테 "학원에 한 달 다닐래 아니면 오늘 그 학원비로 갈비 먹을까?" 하고 선택하게 하였다고 한다. 그때는 그냥 웃어 넘겼지만 앞집의 세 딸 학원비, 초등학생과 두 고등학생의 학원비가 얼마나 많을까. 괜스레 걱정된다. 그러나 무엇보다 이 아이들은 학원에서 무엇을 배우는 것일까? 많이 배울까? 배울 필요가 있는 내용을 배울까? 아니면 그냥 앉았다 집에만 오는 것일까? 어쩌다 한국의 사교육비와 학원 교육의 안타까운 현실이 스탠포드대학교와 하버드대학교의 교육학 박사학위 논문 주제가 되었을까? 아마도 외국의 어머니들은 한국의 어머니들이 자식의 학원비를 마련하기 위하여 부업으로 노래방을 나가거나 음식점에서 주방 일 하는 것을 참으로 이해하지 못할 것이다.

그리고 이러한 해결 불가능한 숙제처럼 느껴지는 한국적 아포리아의 시점에서 나는 다음과 같은 생각을 하지 않을 수 없다. 아이들을 정말로 학원에 보내야 하는 것일까? 그 많은 학원비를 지불하면서까지 말이다. 외국의 뉴스에 소개될 정도의 한국 학부모들의 교육비 지출(대략 월 소득의 1/5~3/5) 현상을 우리는 어떻게 이해해야 하는 것일까? 국가와 교육부의 강력한 여러 가지 정책들(학원 파파라치, 방과 후 학습, 대학 수능고사의 난이도 조정, EBS 수능특강 등)에도 왜 학원 교육은 위세가 꺾이지 않는 것일까? 학원비 관련하여 가장 먼저 떠오르는 것은 왜 사교육과 학원 교육은 없어지지 않는 것일까? 그리고 더욱 중요한 문제로, 아버지와 어머니가 허리 띠 졸라매고 생활하는 희생에 비해 학원들은 열심히 가르치고 있는 것일까? 아이들은 그만큼의 훌륭한 교육을 받고 있는 것일까? 정말로 학교와는 다르게 가르치고 있는 것일까? 아니면 진통제처럼 이제는 맞지 않으면 끊을 수 없는 일상적인, 형식적인 위안으로만 자리 잡고 있는 것일까?

왜 학부모들은 학교 교육을 신뢰할 수 없다고 계속해서 이야기하고, 매스컴에서는 교사들이 더욱 잘 가르쳐야 한다고 이야기하고 있으며, 전교조는 학생들의 인성교육을 더욱 강조해야 하며 그 때문에 학력 중심 사회가 변화해야 한다고 이야기하고 있는가? 그리고 교육부와 정부는 문제의 원인을 학원으로 간주하고, 학원을 비교육적이고 영리만을 추구하는 집단으로 매도하고, 매스컴은 왜 그러한 이미지를 양산하고 있는 것일까? 그리고 학원에 대한 부정적 정책을 발표할 때마다 전국학원연합회와 보습학원단체는 다른 정책과 대안 대신에 왜 국회 앞에서 삭발을 하면서 물리적으로만 투쟁하는 것일까? 그리고 가장 중요하게, 한국의 그 많은 교육학자들과 교육 관련 연구자들과 단체들은 다른 국가와 선진국이 주시하고 있는 한국의 학원 교육에 대하여 방임적이고 무책임하며 탈역사적 태도를 취하고 있는 것일까?

뼈저리게 고통스럽고 자극적인 현실의 쟁점 앞에서 교육학자 중 어느 누구 한 사람 시원한 답변을 해 주지 못하는 것일까? 우리는 왜 우리 앞에 놓여 있는 이 무거운 역사적 과제를 자의적으로 의도적으로 외면하는 것일까? 서구의 교육학 이론만 이야기하고 현실의 고통과 문제를 외면하는 교육학 연구가 무슨 쓸모 있으며 가치 있는 것일까? 이런 생각과 질문을 하다 보면, 어두운 안방 침대에 누워 있는 나는 어느덧 얼굴이 뜨거워지면서 열이 오르는 것을 느낀다. 오늘 밤에는 일찍 자기 틀렸다는 생각을 한다.

그리고 다시 잠을 청해 본다. 그리고 곧 잠이 찾아올 거라고 생각하는 하나의 이유를 찾게 된다. 그것은 바로 그 고통스러웠던 고등학교 입시와 대학교 입시, 그리고 끔찍하였던 공부 전쟁에서 벗어나 더 이상 공부를 할 필요가 없는 50대 초반의 아저씨가 되었다는 점이다.

| 2장 |

전 세계의 아빠들 역시 학원으로 고민한다

Hakwon

HAK WON

1. 닉쿤이 학원에 다니게 된 이유

2. 전 세계적으로 불고 있는 학원 교육 열풍

1. 닉쿤이 학원에 다니게 된 이유

닉쿤 : 흔히 학원이 입시 지옥이라며 학원 가는 아이들을 매우 불쌍하게들 많이 보는데 물론 그중에는 정말 학원에 새벽까지 가고 24시간이 모자라서 자는 시간조차 없을 정도인 아이들이 있을 수도 있어요. 하지만 내가 겪은 학원생활이나 내 주변을 보면 그렇게까지 지옥이라고 말할 것처럼 보이지 않아요. 오히려 학원이 학교보다 더 자유롭다고나 할까. 학교에서는 쉬는 시간이나 밥 먹을 때 말고는 딱히 친구들끼리 말할 새가 없어요. 수업 시간에 친구들과 이야기를 하며 보내지 않는 이상은. 하지만 학원은 오히려 자유로워요. 수업 시간에 나 같은 경우는 학교에서 더 활발하게 내 생각을 주장했고 모르는 문제 같은 것도 물어볼 수 있었고, 친구들과도 더 재미있었어요. 하루를 같이 마감하는 친구들이어서 그런 건지도 모르겠지만 말이에요. 그리고 가끔 선생님이나 친구들이 야식을 사기도 했고 가끔은 공부를 벗어나서 인생 얘기도 하고 고민상담도 하고 그렇게 보냈기 때문에 지옥이라고

느낀 건 없어요. 오히려 학원이 지옥이었던 게 아니라 우리나라 교육이 지옥이라고 말하는 게 올바른 표현일 거예요. 그래서 나는 단순히 학원 다니는 것을 안 좋은 시각으로 바라보는 것은 좋은 방법이 아니라고 봐요^.~

내 이름은 닉쿤, 키도 작고 조금 마른 체격을 가졌기에 왜소해 보이는 중학교 2학년 학생이다. 나는 열심히 수업을 들으려고 노력하지만 선생님 말씀에 집중하기가 쉽지는 않다. 보통 오후 서너 시가 넘어 학교의 정규수업이 끝나면 바로 이어서 방과 후 학교 수업을 한두 시간 더 한다. 고개를 돌려 교실 주위를 둘러보면 일명 딴짓을 하는 학생들이 무척이나 많아서 선생님은 10명 정도만을 위한 수업을 하고 계시는 것처럼 느껴지기도 한다. 보란 듯이 엎드려 자는 학생도 한둘 있고 각자 다른 공부를 하는 친구도 있다. 그리고 멍해 보이는 표정으로 수업을 듣는 것 같은 친구들이 무척 많다.

학교 일정을 모두 마치면 5시 가까이 된다. 곧바로 학원 버스를 타고 잠시 집에 들어가 한 시간 정도 쉬었다가, 다시 학원 차를 타고 6시 30분까지 학원에 간다. 학원으로 바로 간 친구들은 그 사이 친구들끼리 길거리에서 축구하거나 공을 가지고 논다. 또는 편의점에서 만화책을 빌려 보거나 떼를 지어 마을을 어슬렁거리며 즐거운 시간을 보낸다.

집에서 쉬다가 6시 10분에 학원 차를 타러 밖으로 나온다. 학원 버스는 정확한 시간에 우리 집 문 앞에 선다. "후~ 또 학원에 가서 공부를 하려니 막막하구나!" 하는 생각이 잠시 든다. 그렇다고 학원에 안 가면 집에서 딱히 할 일이 있는 것도 아니다. 집에는 컴퓨터를 가지고 게임도 할 수 있고 텔레비전을 보거나 만화책을 빌려 볼 수 있어 내 스스로 꾸준하게 공부하기가 쉽지 않다. 더구나 엄마와 아빠 모두 9시 넘어야 집에 들어오시고 동생도 학원에 다니고 있어 집에 있으면 심심하기만 하다. 다행히도 일단 학원에 가면 학교에서보다 더 친한 친구들이 있어 재미있고 선생님의 지도를 받으며 공부하다 보면 시간 가는 줄 모를 정도로 몰입하게 되어 좋다.

학습 체질에 맞게 선택하기

학원은 내가 선택해서 가야 하고 돈을 기꺼이 지불해야 하는 학습의 장이다. 그래서 나는 의무적으로 가야 하는 학교에서 공부할 때보다 학원에 가서 공부할 때는 더 열심히 공부해야 한다며 학습에 대한 의무를 다하고 책임을 지려 한다. 학교 수업이 끝나고 난 후 저녁에 학원 공부를 하다 보니 몸이 피곤하기도 하고 빡센 수업을 듣고 꽉 찬 스케줄에 따라 학원생활을 하느라 힘들지만 최선을 다해서 견디고 성과를 올려 보려 한다.

그런데 내가 학원의 수업에 만족하며 열심히 할 수 있고 지불한 돈이 아깝지 않은 학원을 선택하는 것은 또 하나의 어려운 일이다. 학교는 아무 생각 없이 오라면 오고 가라면 가면 되지만 과외와 단과학원, 종합학원 등 다양한 사교육기관들 중에서 어느 곳을 선택하고 어느 곳에 갈지를 알아보고 만족하며 다닐 수 있는 곳을 찾기란 쉽지 않다. 여기에는 고려해야 할 것이 참 많다.

아마도 부모님의 경제력을 고려해야 할 것이다. 우리 가족은 아빠와 엄마 그리고 나와 초등학교 6학년 여동생이 있어 네 식구이다. 우리 아빠는 평범한 직장에서 15년째 일하고 계시고 엄마는 몇 년 전부터 노인들을 돌보고 계신다. 아파트 대출금을 갚고 물가가 높아져 나가는 돈이 점점 많아지고 있어 개인 과외를 받고 싶다고 말씀드리려고 하니 부모님에게 미안하다는 생각이 든다. 영어와 수학 두 과목의 개인 과외를 받으려면 최소한 30만 원이 훌쩍 넘는다. 조금 괜찮은 과외선생님을 만나 지도를 받으려면 50만 원이 넘는 금액을 부담해야 한다. 나도 성적을 올려 보고 싶고 부모님도 기쁘게 해 주고 싶지만 부모님을 너무 부담스럽게 하는 것 같아 무척이나 죄송스럽다. 6학년인 내 여동생도 학원에 다니고 있어 나와 여동생에게 들어가는 교육비가 만만치 않은 금액일 것이기 때문이다.

그런데 다행스럽게도 나는 과외를 받고서 공부를 잘 하는 학습 체질이 아니라서 과외를 안 받아도 아쉬운 것이 없다. 과외선생님을 잘 따르며 열심히 공부하는 친구들도 있지만, 나는 여러 다양한 친구들과 함께 지내고 떡볶이도 같이 먹고 지내는 걸 좋아해서 학원에 다니는 것을 더욱 좋아한다. 모르는 내용을 선생님에게 물어보는 것도 좋지만 친구들에게 물어보면 더 잘 이해되는 경우도 있고 내가 친구에게 가르쳐 주는 즐거움도 크기 때문이다.

한 예로, 내가 다니는 학원에 일명 수학박사라고 하는 친구가 있다. 그 친구는 정말 수학 선생님보다 더 잘 설명해 주니 이해가 쏙쏙 잘된다. 그러면서 학교 친구들보다 학원에서 함께 공부하는 친구들과 더 많이 친해지게 된다. 그리고 학원에는 여러 다른 학교들에서 공부를 잘 하는 친구들이 많이 와서 공부하고 있어 스스로 더욱 열심히 공부하게 된다. 이러한 친구들과 함께 하면서 얻는 즐거움과 학원에서의 면학 분위기는 개인 과외를 하면서 얻기 어려운 것이다. 과외선생님과 개인적으로 친해지면서 공부하는 것도 나름대로 장점이지만 나는 학원에서만 얻을 수 있는 장점이 주는 매력을 더 좋아한다. 도서관에 가서 칸막이가 있는 책상에서 또는 조용한 집에서 혼자 공부하는 것을 즐기는 친구들도 있고 또 그렇게 공부하는 것도 좋겠지만 나한테는 개인 과외보다도 더 맞지 않는 공부법이다. 그래서 나의 학습 성향은 일명 학원 체질에 가깝다고 생각한다.

그리고 어떤 친구들은 학원에 다니면서도 자기에게 특히 부족하거나 많이 보충하고 싶은 과목만 개인 과외를 받기도 하고 학원에 마련된 자습실에서 PMP로 인터넷 강의를 들으면서 부족한 부분을 보충하기도 한다. 학원은 교과 내용의 지식을 학생들에게 가르치는 보충학원으로서뿐만 아니라 학생들이 함께 공부하고 면학 분위기를 갖춘 학습 장소로서 톡톡히 제 역할을 하고 있다. 또한 모르는 문제가 있으면 친절하게 가르쳐 주고 가끔 맛있는 아이스크림도 사다 주는 선생님들이 계시고 여름과 겨울 냉난방이 잘되는 환경이 조성되어 있다. 그래서 텔레비전에서 EBS 강의를 하고 EBS에서 시험 문제의 출제 비중을 높인다고 해도 사교육을 받는 학생이 크게 줄 것 같지는 않다.

부모님은 늘 학교를 마치고 나서도 학원에 가서 밤늦게까지 공부하는 나를 안쓰러워하신다. 앞으로는 EBS 강의에서 시험 문제가 많이 출제될 거라는 뉴스를 보시고서는 학원에 다니기 싫다면 언제든지 그렇게 하라고 말씀하신다. "공부가 전부가 아니니 너무 힘들게 하지 마라"라고 하시면서 내가 스트레스를 받아 혹시 자살이라도 할까 봐 걱정도 하는 편이시다.

부모님의 말씀처럼 EBS 강의로 보충학습을 하면 시간과 공간에 구속되지 않고 자유롭게 공부할 수 있다는 장점이 있다. 그리고 필요한 강의만 선택해서 들을 수 있어 종합학원에서처럼 일괄적인 스케줄에 따라 생활할 필요가 없다. 그러나 혼자서 텔레비전이나 컴퓨터를 보면서 공부하다 보면 곧 지루해지기 쉽다. 정말 공부에 흥미가 있고 특별한 동기를 가지고 있다면 모르겠지만, 텔레비전이나 컴퓨터에서 나오는 선생님의 이야기만 듣고 혼자서 공부를 꾸준하게 하고 학습 습관을 만들어 학업 성취를 하는 것은 평범한 우리들에게는 좀 어려운 일이다. 그리고 집에는 공부를 방해하는 유혹이 얼마나 많은가! 만화책과 텔레비전이 있고 인터넷으로 강의를 듣다가도 멈추고 최신 음악을 듣거나 화차와 최종 병기, 하울링 등 재밌는 DVD 영화를 빌려 보게 된다. 또한 라면 등의 맛있는 먹을거리와 언제라도 주문하면 먹을 수 있는 배달 음식점이 있어 집은 편안한 생활 공간이지 학습을 할 만한 장소는 못 된다. 그래서 집에 있으면 학원에 가서 공부할 때보다 훨씬 편하지만 시험 당일이 닥치면 우왕좌왕하게 될 것이라는 불안감이 점점 크게 밀려온다. 이제 중학교 2학년이지만 곧 고등학생이 될 것이고 내가 원하는 대학에 가고 꿈을 이루려면 공부하기에 좋은 환경을 찾아야 했다. 종합학원에 다니면 스케줄에 따라 공부하게 되고 면학 분위기에서 공부할 수 있어 공부하는 습관도 기를 수 있다. 그래서 부모님께 열심히 하겠다며 종합학원에 보내 달라고 말씀드렸다.

마음에 드는 학원 찾기

지난 2010년 여름방학이 끝나고 가을 학기가 시작되었다. 나에게도 중학교 3학년이 될 날이 성큼 다가오고 있었다. 나는 어떤 학원에 가면 좋을지 알아보았지만 우리 동네에만 해도 학원이 아주 많아 선택하기가 쉽지 않았다. 학원들이 밀집한 학원가에 가 보면 한 건물에만 해도 같은 과목을 가르치는 학원이 여럿 있었다. 그리고 학원에는 단과학원과 종합학원이라는 두 종류가 있었다. 단과학원이란 한 과목만을 다루는 학원을 말하는데, 학생들이 어려워하는 영어나 수학을 가르치는 단과학원이 많았다. 종합학원은 국어, 영어, 수학, 과학, 사회의 주요 과목 모두를 가르치는 학원이다. 단과학원의 장점은 그 학원에서 다루고 있는 과목에 대해서 전문성이 높다는 점이다. 그러나 단점은 단과학원에서 한 과목만 공부하려면 주요 과목 모두를 가르치는 종합학원 수강료에 해당하는 비용이 들어가 경제적이지 못하다는 점이다. 만약 영어와 수학 두 과목을 배우려고 두 개의 단과학원에 다닌다면 한 달에 들어가는 수강료만 최소한 30~40만 원을 넘어선다.

단과학원에서는 일주일에 이삼일 학원에 간다. 일주일에 3회 수업이 있다면 월, 수, 금이나 화, 목, 토에 학원에 가게 된다. 두 과목을 듣고 두 개의 단과학원에 다닌다면 월, 화, 수, 목, 금, 토 6일에 걸쳐 학원에 가서 공부하게 된다. 하지만 단과학원에서는 한 과목만을 공부하고 수업이 끝나면 학생들은 각자 그 학원에서 나와 다른 곳으로 간다. 자습실을 갖추고 있는 단과학원이라면 수업이 끝나고서 남아서 계속 공부하기도 한다. 그러면 수업을 마치고 나서도 학원에 남아 면학 분위기에서 꾸준하게 공부할 수 있어 학습 습관을 기를 수 있다. 공부를 잘 하는 친구들도 많아 서로 물어보며 공부할 수 있어 단과학원은 나의 학습 체질에 잘 맞는 적합한 학습의 장이다.

그러나 수강료도 저렴하면서 단과학원만큼이나 각 과목에 대해 전문성을 지니고 있는 종합학원이라면 선택 가능성이 가장 높은 학원이 될 것이다. 부모님의 경제력에 대한 부담도 줄여 주면서 내가 성적도 올릴 수 있는 학습의 장이기 때문이다. 그래서 여러 종합학원들을 알아보고 학원에서 건물 바깥에 내건 플래카드를 유심히 보게 되었다. 학생들의 높은 학업 성취를 이뤄 내는 학원이 있는 반면에 막장 분위기라고 말할 정도로 면학 분위기가 안 좋은 종합학원도 있다는 것을 알게 되었고 그야말로 학원마다 고유한 특성을 알아보면서 어떤 학원이 좋을지 잘 알아보고 선택을 해야 했다. 더구나 플래카드에는 전교에서 상위권에 속하는 학생들에 대한 정보만을 보여 주고 있어 나와 같이 상위권에 들지 못하는 학생들이 이 학원에서 어떻게 공부하고 학업 성취를 잘 이루고 있는지 판단하기 어려웠다. 그리고 단지 처음부터 공부를 잘 하는 학생들이 그 학원에 다니게 된 경우라면 상위권 학생들의 이름이 적힌 플래카드는 단지 허위에 가까운 광고일 수 있어 플래카드만을 보고서 어느 학원에 다닐지 선택하는 것은 현명하지 못한 생각이다. 그래서 학원마다 공부를 하는 방법은 어떤지, 원장은 열정적이고 좋은 분인지 그리고 어떤 성향의 학생들이 학원에 다니고 있고 공부 잘 하는 학생들이 다니고 있는지를 알아봐야 한다. 혹시나 학원에 내가 싫어하는 불량해 보이는 학생들이 다니고 있다면 불편해서 공부가 잘 안 될 것이다.

이런 요소들은 내가 그 학원에 다니면서 즐겁고 편하게 잘 생활하고 학원 생활에 쉽게 적응할 수 있으며 나의 공부에 도움이 될지 고려할 때 생각해야 될 중요한 점들이다. 이렇게 어느 학원에 다닐지 여러 가지를 알아보는 이유는 한 달에 24만 원에 이르는 학원 수강료가 나에게는 매우 큰 금액이기 때문이다. 그 정도면 내가 제일 좋아하는 치킨을 거의 매일 즐길 수 있을 만큼이라 학원에 다니면서 여러 가지로 만족하지 못하게 된다면 너무나 억울할 것이다.

그래서 나는 학원에 다니고 있는 반 친구들에게 어느 학원이 좋은지 이야기를 들어 보곤 했다. 자기가 다니는 학원이니 공부 방법이 어떤지 선생님들이 좋으신지 그나마 잘 알 것이다. 하지만 내 생각과 달리 친구들은 자신이 다니고 있는 학원에 대해 자세히 이야기해 주지 않았다. 학원에 다니면서 수업 시간에 숙제도 할 만큼 열성적인 친구들에게 물어보면 나에게는 학원 이야기를 잘 해 주지 않고 같은 학원에 다니는 친구들끼리만 학원에서 일어나는 일을 이야기하는 편이라 나는 도저히 그 학원에서 무슨 일이 일어나고 있고 어떤 학원인지 잘 알 수 없었다.

우리 동네에서 공부를 제일 잘 하는 학생들이 많이 다니고 학생들의 성적을 크게 향상시키는 것으로 보이는 학원이 있는데, 그 학원에 대한 소문은 그야말로 나쁘게 나 있는 것 같았다. 그 학원에 다니는 친구들은 자기가 다니는 학원에 대해 부정적으로 말하였다. "공부하기 빡세다" "감옥이다" "들어오는 건 자유지만 나갈 때는 죽어도 못 나간다" "개 패듯이 체벌을 한다!" "원장 성질 더럽다" "숙제 정말 많다" 등의 이야기였다. 이 학원에는 듣기로 4백 명이나 되는 가장 많은 친구들이 다니고 있었다. 그렇게 공부하기 부담스럽고 힘든 학원에 이렇게 많은 학생들이 다니고 있어 안타까웠고 우리나라 부모들의 자녀에 대한 교육열은 그야말로 미쳐 버릴 정도인 것만 같았다.

그런데 마침 친한 친구 한 명이 그 학원에 다니고 있었는데 그 친구는 그 학원에 대해 다른 친구들이 말하는 것과는 다른 이야기를 해 주었다. "잘 가르친다, 빡세게 해서 공부가 잘 된다, 공부 분위기 좋다, 선생님 예쁘다, 원장 카리스마 있다, 김밥 준다, 스탬프를 많이 찍으면 문화상품권 받는다, 나는 벌써 샤프 2개와 문화상품권 3장 받았다" 며 이 학원에 들어와서 자기와 같이 다니자고 하였다. 그 친구 이야기로는 좋은 학원에는 자기들만이 다니고 싶어하고, 더구나 이 학원에는 이미 수용할 수 있는 인원이 꽉 차서 다른 학생이 더 들어오면 공간이 좁아지기 때문에 다니고 있는 학생들은 다른 학생이 더 들어오는 것을 싫어한다는 것이다. 요즘 학원 버스를 타고 집에 갈 때 모든 학생들이 앉을 수가 없어 먼저 자리를 차지하려고 수업이 끝나는 종소리가 울리면 학생들이 문을 박차고 버스로 달려가는 상황이라고 하였다. 그리고 한 반에 인원이 적으면 적을수록 학습 환경은 더 좋을 수 있어 자기 반에 다른 친구가 들어오는 걸 싫어해서 자기 학원에 대해 이렇다 저렇다 말도 잘 안 하고 어떤 경우는 나쁘게 소문을 내기도 한다는 것이다. "너도 잘 알잖아. 좋은 것은 혼자 먹으려고 하잖아. 그래서 소문이 잘 안 나. 반대로 나쁜 것이라면 하루 만에 소문이 나지. 좋은 학원이라면 자기들만 다니고 싶어하고 반에 인원이 적으면 적을수록 선생님에게 더 많은 학습 지도를 받을 수 있다고 생각하지. 그래서 다니고 있는 학생들은 다른 학생이 더 들어오는 것을 싫어해. 자기들은 학원 교실을 자기들만이 누리는 아지트이기를 바라고 있고 계속 그렇게 되기를 바라고 있어."

> 중학교 1학년이에요 한 반에 다섯 명만 있는 반이 있어요. 그 반의 학생 수를 늘리려고 아무리 노력을 해 봐도 안 되더라고요. 오히려 그 반의 학생 다섯 명에게 더 잘 가르치고 더 잘해줄수록 그 학생들은 다른 친구들이 들어와서 자기 반의 분위기를 흩뜨리는 걸 싫어해요. 다섯 명이서 오붓하게 수업하고 선생님하고 친하게 지내는 걸 계속 유지하고 싶은 거겠죠. (최정숙 선생님, 35세, 여)

우리 엄마도 나름대로 이곳저곳 물어보며 학원들이 어떤지 알아보았다고 하는데 일을 하느라 바쁘고 알아볼 시간이 부족해서 그런지 학원들이 어떤지 자세히 모르는 것 같았다. 나는 같이 다니자고 하는 친구가 다니는 학원에 다니겠다고 엄마에게 말씀드렸다. 그러자 엄마는 그 학원에는 다니지 말라고 하셨다. 그 학원에서는 학생들을 수단으로 보고 있으며 성적을 쥐어 짜내려고 강제로 주입하기만 한다며 돈만 벌려고 하는 나쁜 장사꾼이라고 말씀하셨다. 엄마는 공부도 중요하고 내가 공부를 잘하면 더 좋겠지만 내 건강도 중요하고 키도 더 커야 한다고 하셨다. 무엇보다 사회에서 살아가려면 인성 교육이 더 중요하다며 공부 경쟁만 시키고 인성 교육에 관심 없는 그 학원에는 다니지 않는 것이 좋겠다고 하셨다.

그러시면서 엄마는 소문은 비교적 문제 없이 나 있지만 학업 성과를 잘 내지 못하는 P 학원에 가는 것이 좋겠다고 말씀하셨다. 엄마가 알고 있는 것과 내가 친한 친구에게서 들은 내용은 너무 많이 달랐고 더구나 소문은 사실대로 나는 것이 아니라는 것을 알게 되었기 때문에 나는 확신을 가지고 엄마에게 코리아학원에 가겠다고 하였다. 엄마에게 그러한 사실을 자세히 알려드리고 이해시켜 드리고 싶었으나 친구에게 들은 이야기만으로 엄마를 이해시키기에는 턱없이 부족하였다. 결국 엄마와 나는 말다툼을 하게 되고 나는 내 뜻대로 그 학원에 다니게 되었다. 엄마는 내 인생은 내가 책임지는 것이라며 나를 믿어 주려 하였으나 내심 불안해하는 모습이 역력했다. 나는 엄마에게 무척 미안하였지만, 나중에 좋은 모습을 보여 줄 수 있다는 확신이 있어서 그랬던 것뿐이었다.

엄마의 고민

우리 엄마는 돈만 풍족하게 있으면 자식 교육을 위해 학업 경쟁이 덜 심하고 자녀들이 자유롭게 생활할 수 있는 나라로 이민을 가고 싶다고 자주 말씀하신다. 대안 교육이라도 시킬 수 있다면 좋겠지만 그것 역시 많은 돈이 들어가 우리 가족에게는 어림도 없다고 하셨다. 평범한 서민들은 이러지도 저러지도 못한다면서 치열한 경쟁의 틈바구니에서 벗어나지 못하는 상황이 안타깝다고 하신다. 그래서 우리 엄마는 학교가 끝나고 나서 또 학원에 가서 경쟁하느라 몸과 마음이 다치지 않을까 걱정하고 나를 잘 보호해 주려고 하신다. 그러면서도 내가 다른 친구들보다 성적에서 너무 뒤처질까 봐 고민을 하시고 좋은 교육 방법에 대해 많은 생각을 하고 책도 사 보시면서 알아보신다.

우리 엄마는 정말 교육의 한 전문가이시다. 정부의 정책을 하나하나 꼬집으시며 거짓된 의도가 있는 것 같다면서 정부관계자들을 무척 못 미더워하신다. 그렇다고 자녀의 교육을 위해 학교 선생님과 협력하고 있지도 않다. 오히려 엄마는 학교와 상대하는 것은 '계란으로 바위 치기' 나 마찬가지라고 하신다.

내가 밤이 되어서야 학원에서 돌아오면 엄마는 나를 안쓰럽게 바라보신다. 그래서 맛있는 것도 많이 해 주시고 사 달라는 것도 잘 사 주신다. 엄마는 최소한 초등학교 때까지는 입시학원에 보내려고 하지 않으셨다. 가능하면 학교 교육만으로 공부를 할 수 있는 방법을 찾으려 했고, 사교육을 받으면 잠시 성적은 오를 수 있지만 부작용이 더 많다고 생각하셨다. 그래서 엄마는 학원에 다니기 싫다면 언제든지 안 다녀도 좋다고 당부하신다. 우리 엄마는 어릴 때 올레길에서 언니 오빠들과 뛰어놀았던 기억을 자주 나에게 말씀해 주신다. 그러면서 요즘에는 경쟁이 심해서 학생들이 놀지도 못한다면서 안쓰러워하셨다.

그러나 엄마가 나를 위해 많은 관심을 주고 있어 감사하고 행복하지만, 나는 엄마가 나의 입장에서 바라봐 주면 좋겠다는 생각을 자주 한다. 엄마가 자라오면서 경험했던 기억으로 나를 판단하지 말았으면 좋겠다. 이런 이야기가 있다. 사교육에 대해 매우 부정적인 한 엄마가 있었다. 그 엄마는 절대로 자기 자녀를 학원에 보내지 않았다. 엄마는 학원에 안 가는 자녀를 위해 집에서 책을 읽어 주고 함께 지도해 주려고 하였다. 그런데 그 자녀는 그러한 엄마가 너무 부담스러웠다. 결국 고등학교 졸업할 때까지 학원에 다니지 않고서 대학에 입학했다. 대학에 간 그 자녀는 엄마의 요구에서 벗어나 자기가 가고 싶은 영어학원이든 무슨 학원이든 마음껏 다녔다. 학원에 다니게 된 그 자녀는 엄마에게 이런 말을 했다. "엄마, 나 드디어 학원에 가고 싶은 소원을 풀게 되었어요!"

엄마의 자녀 교육에 대한 고민은 어떻게 해야 속 시원히 해결될 수 있을까……. 그렇게 사랑하는 자녀를 나쁜 사교육에 보내지 않았지만 오히려 자녀는 그것을 더욱 부담스러워했다고 하니, 엄마들이 자식 교육이야말로 가장 어려운 일이라고 말하는 것이 저절로 실감된다.

그러나 내가 생각하기에는 엄마의 어린 시절과 지금 시절을 비교한다면 뭔가 많이 다를 것이다. 엄마는 자신이 겪은 어린 시절의 경험으로 나의 교육 방향을 판단하신다. 어릴 때 공부만 강요당했던 엄마들이 자녀를 무조건 자유롭게 풀어 주려고 하는 것처럼 말이다. 또는 무조건 학교 선생님을 최고라고 생각하면서 학교 중심적인 생각에서 벗어나지 못한다. 부모의 자녀 교육은 대화와 소통, 자녀의 학습 환경을 이해하고 자녀가 어떻게 학습 생활을 하고 체험을 하는지 자녀의 입장에서 공감하는 것이 출발점일 것이다. 이렇게 엄마가 엄마만의 어릴 때의 기억에만 치우쳐 자녀의 입장에서 교육을 생각하지 못하는 이유는 여러 가지 있을 것이다. 그 중에서 가장 큰 이유는 엄마들이 학원에서 자녀들이 어떤 학습을 하고 생활을 하는지 잘 모르기 때문일 것이다. "엄마, 오히려 학교의 방과 후 수업이라도 안 받게 해 주면 안 될까. 학원생활보다 학교생활이 더 힘들어."

2. 전 세계적으로 불고 있는 학원 교육 열풍

한국을 비롯한 중국, 일본, 홍콩, 대만 등의 일부 동아시아의 유교문화권 국가만이 아니라 세계의 많은 나라 엄마들 역시 한국의 닉쿤 엄마처럼 자녀 교육에 대해 많은 고민을 하고 있고 많은 수강료를 내면서 학원에 보내고 있다고 최근 밝혀지고 있다. 세계의 사교육에 대한 국제비교로 유명한 홍콩대학 교수인 Mark Bray에 따르면, 20세기 후반까지만 해도 개인 과외를 받고 학원에 다니는 비율은 그다지 대단한 것이 아니었다고 한다. 하지만 20세기가 마무리될 즈음에 이르러 일본, 한국을 비롯하여 아제르바이잔, 캄보디아, 모리셔스, 스리랑카와 같은 나라에서 주요한 사회현상이 되었다. 21세기 초반에는 동유럽과 중앙아시아에서 매우 가시적인 현상이 되었고, 서유럽, 북아메리카, 오스트레일리아, 아프리카, 라틴아메리카에서도 점점 더 뚜렷한 현상이 되고 있다. 심지어 시장경제체제로 이행하는 과정에 있는 구소

련 연방국가에서도 사교육이 중요한 사업으로 성장하고 있어 2007년 프랑스 파리에서 열린 IIEP 정책포럼을 앞두고 Obeegadoo는 "학원 교육 등의 사교육 열풍은 국경과 문화, 동양과 서양, 부국과 빈국을 막론하고 빠르게 퍼져 나가고 있다"고 말하였다. 학원 교육을 받는 것은 세계적으로 나타나는 현상이라 사교육이 정책결정자들의 깊은 관심의 대상이 되어야 할 사항으로 등장하고 있다.

이렇듯 전 세계적으로 개인 과외 또는 학원 교육이 확장되고 관심의 대상이 되고 있으며, 특히 동아시아의 국가들에서 사교육은 더욱 극명하게 나타나고 두드러지게 확대되고 있다. 먼저 우리나라의 현황을 살펴보면, 역대 정부에서 과외비 부담 완화와 사교육 억제가 주요 정책과제가 될 정도였다. 하지만 정부의 온갖 정책이 무색할 만큼 사교육을 받는 학생들은 더욱 많아지고 있고 학부모들이 자녀 교육에 따로 부담하는 비용은 천문학적이다. 우선 사교육기관에 다니는 학생의 비율이 매년 어떻게 증가해 왔는지 다음 표를 보자.

이 표는 2010년도 교육과학기술부 주요 교육통계 자료이다. 1980년부터 2007년까지 초등학생은 물론이고 중학교, 고등학교 모두에서 사교육 참여율은 꾸준히 상승해 왔다.

한국에서의 1980~2007년 사교육 경험 학생 비율

연도	초등학교	중학교	고등학교
1980	12.9%	15.3%	26.2%
1990	-	31.0%	12.6%
1997	72.9%	56.0%	32.0%
2000	73.5%	50.7%	39.8%
2003	83.1%	75.3%	56.4%
2007	88.8%	74.6%	55.0%
2009	87.4%	74.3%	53.8%

출처: Kim(2007), p. 1., 한국교육개발원(2003.11.27). 사교육비 경감방안 보도자료, 교육과학기술부 주요교육통계 2010.

2009년도에 얼마나 많은 학생들이 사교육을 받고 있는지 보면 초등학교는 87.4%, 중학교는 74.8%, 고등학교는 53.8%이다. 이는 초등학생은 10명 중 8명이, 중학생은 10명 중 7~8명, 고등학생은 10명 중 5명이 사교육을 받고 있다는 것이다.

학부모들이 사교육에 지출하는 총비용 또한 지속적으로 증가하였다. 최근 현대경제원의 연구(2010)에 따른 보이지 않게 지출되는 사교육비 14조 7,144억 원까지 합한다면 국내 총 사교육비는 36조가 넘는 천문학적인 규모이다. 공교육의 일 년 예산이 약 23조에 이른다고 할 때 한국에는 공교육과 사교육이라는 두 개의 학교가 있다고 해도 과언이 아닐 지경이다.

국내 사교육비: 전체시장규모와 지하경제규모

구 분	2010년			
	전체시장 규모	현금 지급률	영수증 미 수령률	지하경제 규모
초등학생	13조 7,456억 원	53.0%	66.4%	4조 8,362억 원
중학생	10조 4,550억 원	54.2%	65.7%	3조 7,222억 원
고등학생	12조 40억 원	55.2%	75.0%	4조 9,698억 원
시장규모	36조 2,016억 원			13조 5,289억 원
GDP대비	3.41%			1.27%

주: 명목 GDP는 2009년 1,063조 591억 원 적용, 통계청.
출처: 2010, 김승현, 이명박 정부의 사교육 정책 중간 평가, pp.41.

그만큼 우리는 교육현장에서 사교육이 미치는 영향을 피부로 실감하고 있다. 고등학교 2학년인 준필이가 다니는 학교에서는 정규 수업 과정이 끝나는 6시가 되면 학급 인원 35명 중에서 절반이나 되는 학생들이 학교 자율 학습을 안 하고 학원에 간다. 그래서 그 시간 이후로 학교에 남아 있는 학생이 15명 정도밖에 안 된다. K 여고에 다니는 민지는 학교의 정규 수업이 끝나면 2/3 이상의 학생들이 학원이든 과외든 받기 때문에 학교에 남아 야간 자율 학습을 하는 학생들은 그야말로 소수에 불과하다고 한다. 학교 야간 자율 학습을 안 하고 따로 공부하려는 학생들은 학교 선생님에게 미리 말씀을 드리고 허락을 받으면 된다. 이는 너무나 자연스럽게 이루어지는 것이라 새로울 것도 없는 것이다.

학부모들과 학교 선생님들도 사교육의 실세를 피부로 느끼는 것은 마찬가지이다. 학교 선생님은 이러한 교육 현실에 대해 가장 큰 고민을 하고 교사로서 직업적인 불만족에 빠지고 있다. 학원에서 미리 배우고 오는 학생들이 많아서 선생님은 학생들이 아는 내용을 또 가르쳐야 하는 상황에서 어떻게 수업을 진행하면 좋을지 딜레마에 빠지기도 한다. 사교육을 받는 학생들과 그렇지 않은 학생들, 그리고 사교육을 아주 많이 받는 학생들과 조금 받는 학생들에게서 나타나는 학습 수준의 차이 때문에 학교 선생님은 어느 수준에 맞추어 가르쳐야 할지 항상 고민하게 된다. 심지어 학교 선생님은 학생들이 학교가 아닌 학원을 공부하는 장소로 생각하며 학원 공부를 더 열심히 한다고 느낀다. 학원 교육이 학교 교육을 대체하고 있는 것이라 교사로서 존재감이 약해지고 있다.

초등학교 6학년 담임을 맡고 있는 B 선생님의 경우, 학생들이 선생님이 내준 숙제는 잘 안 하면서 학원에서 내준 과제는 수업 시간에도 열심히 하는 모습을 보지만 어쩔 수 없는 상황에 처해 있고 그렇다고 마땅한 해결책을 찾지도 못하고 있다. 자기도 교사가 되기 전에 과외 선생님을 하며 학부모에게 인정을 받아 왔던 경력을 가지고 있고 누구보다 수업을 잘 한다고 자신하며 열심히 학생들을 가르쳐 보지만 곧 그만두기 일쑤이다. 왜냐하면 “학교는 쉬는 곳이에요”라고 생각하고 있는 학생들이 많기 때문이다.

어쩔 수 없는 현실을 받아들이고 순응하기도 한다. 그럴수록 학부모들 중에는 학교에서 도대체 뭘 하는지 모르겠다며 점점 더 불신의 벽을 높여 가고, 심지어는 방법만 있으면 자녀를 학교에서 빼내어 안 다니게 하고 싶다고도 한다. 의무교육이라 자녀가 피해를 안 보게 하려고 어쩔 수 없이 보내고 있고 단지 사회성을 기르기 위한 수단 정도로만 공교육이 필요하다고 말하는 학부모에게는 학교의 역할이 축소되거나 붕괴되어 있다. 그리고 늘어나는 사교육비를 충당하느라 올 상반기에 아르바이트를 찾아 나선 주부가 작년보다 87%나 증가하였고 이는 2007년에 비해서는 무려 여섯 배 이상 늘어난 수치이다.

정부에서도 큰 고민에 빠져 있다. 새로운 정부에서는 항상 사교육 과열 방지와 억제를 가장 중요한 정책으로 삼았다. 그리고 교육 정책입안자 및 교육학자들에게 깊은 관심의 대상이자 가장 큰 고민이 되고 있다. 교육 정책자들이 대부분의 학교 교육 개혁 프로그램을 설계하고 실행할 때 사교육의 영향력에 대응하면서 계획해야 하는 상황에 있다. 그리고 그러한 프로그램들이 실패하는 데는 사교육이 크게 영향을 미치고 있어 정부와 교육부에서는 사교육과의 전쟁을 선포하여 사교육을 억제하려고 할 정도이다. 최근에는 주말을 이용한 체험 활동을 하는 등 가족과의 여가 시간을 늘려서 학생의 심신을 수양하고 특기 적성을 계발하려는 좋은 취지로 주 5일제를 전면 시행하고 있지만, 오히려 주말을 이용하여 사교육을 받는 학생들이 더 늘어나고 교육 기회의 불평등이 심화될 거라는 부작용이 예상되고 있다.

이제 세계의 다른 나라들에서 사교육 현황이 어떤지 살펴보자. 각국의 사교육 현황에 대해 조사한 보고서에서 많은 학생들이 학교 바깥에서 사교육을 받고 있다는 것을 알 수 있다. 우선, 아시아 지역 중 일본에서는 중등학생의 75.7%가 사교육에 참여하고 있으며(문무성, 2003), 타이완도 중등학생의 81.2%나 되는 아주 높은 비율의 중학생들이 사교육을 받고 있다(Tseng, 1998). 베트남은 고등학생의 76.7%가 학교 교육 외의 사교육을 받고 있고(dang, 2007), 터키에서는 고등학생의 35%가 사교육에 참여하고 있다(Tansel & Bircan, 2006).

그리고 북미와 서유럽 국가들에서도 입시 대비형 사교육이 증가하는 추세에 있다. 캐나다의 경우 16세 학생의 20%가 사교육을 받고 있고(Davis, 2002), 미국의 경우도 SAT 준비를 위하여 고등학생의 11%가 학원을 이용하고, 7%는 튜터(tutor)를 활용하는 것으로 나타났다(Buchmann et al., 2007). 유럽에서는 독일의 경우 21% 학생이 사교육을 받고 있으며(Kranmer & Werner, 1998), 그리스는 중학생의 80%가 참여하고 있다(Psacharopoulos & Papakonstantinou, 2005). 동유럽 국가들의 경우에는 대학교 1학년 학생들에게 고등학교에 다닐 때 사교육에 얼마나 참여하였는지 조사한 결과, 아제르바이잔 92%, 리투아니아 58%, 우크라이나

68% 등으로 높게 나타났다(Silova et al., 2006). 아프리카는 이집트의 경우 6~15세 학생의 71%가 사교육을 받은 경험이 있고(Suliman & El-Kogali, 2002), 케냐는 학생의 68.6%가 사교육을 받았다고 한다(Nzomo et al., 2001).

그리고 최근에는 사교육이 비공개 시장에서 양지로 점차 그 모습을 드러내고 있어 학원 교육이 학교 교육을 대체하고 있는 양상도 보이고 있다. 2008년 이집트의 Hartmann은 학업 성취도가 낮은 한 학교에서 시간을 보내는 학생의 말을 날카롭게 지적했다. "만약 내가 학교를 다니지 않고, 사교육 수업만 들을 수 있다면 더 좋을 것이다"

2007년 프랑스 파리에서 열린 IIEP 정책포럼 기간 동안 Kitaew는 '사교육과 재정적 이슈' 라는 주제로 발표하면서 의미심장한 말을 하였다. "겉으로 보기에 공공 학교 교육이 무상 교육으로 이루어지는 것으로 보이지만, 실제 공교육은 음지에서 이루어지는 사교육에 의해 그 시스템이 지탱되고 있는 모순에 직면해 있다. 사교육의 성장이 의미하는 것은 무상 교육 시스템 아래에서도 불구하고 적어도 몇몇 학부모들은 교육과 관련해 기꺼이 돈을 지불할 수 있음을 나타내는 것이며, 이것은 무상 교육이라는 것이 정말 유효한 체계인지에 대한 근본적인 질문을 제기하는 것이다!"

| 3장 |

학교에만 보내도 될까요?

Hakwon

1. 학원에 대한 아이들 생각

2. 학원의 도래와 새로운 학습 환경

3. 학원의 효과에 대한 국가보고서 내용

1. 학원에 대한 아이들 생각

학원 교육은 과연 효과적일까?

많은 학생들이 과외를 받거나 학원에 다니면서 학교 수업 시간 외에도 많은 시간 동안 공부를 하고 있다. 학부모들이 과외비로 36조에 이르는 천문학적 비용을 부담하고 있어, 자연스럽게 사교육이 자녀에게 어떤 도움을 주고 있는지 궁금해진다. 가장 최근에 한국교육개발원(KEDI)에서 조사한 내용을 보면, 학생들은 사교육을 받으며 다양한 측면에서 도움을 받고 있다.

한국교육개발원은 최근 2년에 걸쳐 전국 107개 고등학생 1만 335명 중 사교육을 받았다고 밝힌 6,600명을 대상으로 학교 안팎에서 이루어지는 학업 생활 실태를 조사하였다. 학교 선생님과 학원 선생님의 ▶ 교과 전문성 ▶ 수업 충실성 ▶ 인성 교육 등 14개 항목(7점 만점)에 대하여 어떻게 생각하는지 조사하여 '고등학생 학업 생활과 문화 연구 조사' 라는 보고서를 내놨다. 그 결과, 학생들은 수업은 물론이고 학생에 대한 열정과 더불어 인성 교육 면에서도 학교 선생님보다 학원 선생님에게 더 높은 점수를 주었다. 다음 표에 그 결과를 요약해 보았다.

학교 선생님과 학원 선생님에 대한 조사(7점 만점)

학교 선생님	분야	학원 선생님
4.34	교과 전문성	4.97
3.55	학생에 대한 이해	4.65
3.62	수업 만족도	4.72

전국 107개 고등학생 1만 335여 명 중 사교육 경험 6600명 분석.
출처: 한국교육개발원, 2009.12.

이 표에서 고등학생들은 학교 선생님보다 학원 선생님에게 더 높은 점수를 주고 있다. 교과 전문성은 선생님이 수업 내용을 얼마나 학생들에게 잘 이해시키고 학습 분위기를 조성하고 학습 지도를 잘하는지에 대한 것이다. 이 교과 전문성 항목에서 학교 선생님보다 학원 선생님을 +0.6 정도 더 높게 평가하였다. 그리고 학생에 대한 이해는 선생님이 학생들과 얼마나 원활하게 대화를 하고 학생의 의견을 존중하면서 생활 지도와 인성 지도를 하는지에 대한 것이다. 이 항목에서 학교 선생님은 3.55인 데 반해 학원 선생님은 1점 이상 높은 4.65로 조사되었다. 그리고 수업 만족도에서도 고등학생들은 학교 선생님에게 3.62를 준 반면 학원 선생님에게는 1점 이상의 4.72를 주어 학원 선생님을 더 높이 평가하였다.

지난 2010년 2월, 4대 일간지 중 한 신문에서 공교육에 대한 각성을 촉구하는 차원에서 '수업 · 열정 · 인성 교육조차 학교 선생님이 학원 선생님에게 졌다' 는 기사를 내놓았는데, 이는 여러 사회적 반향을 불러일으켰다. 연구 책임자인 최상근 KEDI 연구실장은 "학업과 인성 등에서 학원 강사가 더 큰 영향을 미쳤다고 단정할 수는 없지만 교사들이 자극을 받아야 하는 연구 결과"라고 설명하였다. 중앙대 이성호 (교육학) 교수는 "강사들은 학생 눈높이를 맞추지 못하면 살아남을 수 없지만 교사들은 그렇지 않다"며 "학생의 학업 성취도를 교사 평가에 반영해야 한다"고 말하였다. 그러나 서울의 한 고등학교 교사는 "수업은 물론 학생지도, 행정업무가 많은 교사를 학원 강사와 비교하는 것 자체가 무리"라고 비판하였다. 이 조사보고서만으로 학원이 어떤 곳인지를 알 수는 없지만, 학생들이 학원에서 어떤 학습 생활을 체험하는지 그리고 학원이란 도대체 어떤 곳인가에 대해 다시 생각해 보게끔 한다.

또한 2009년 1월 2일자 뉴욕타임즈에는 미국에서 명문고 진학을 위해 한국식 입시학원이 전국적으로 확대되고 있다는 기사가 실렸다. 2009년 7월 문화일보의 '한국식 학원 붐' 이라는 머리글의 기사에서, 한국식 학원들이 미국이 낯선 학생들에게 미국의 생활이나 교육 방식을 알려 주고 돕는 일종의 생명선 역할도 하고 있다고 보도하였다. 과중한 과외비 부담이 문제시되고 있는 것은 사실이나 우리나라의 과외학습이 다른 나라에 비해 매우 효과적으로 행해지고 있다는 긍정적인 측면을 무시할 수 없는 상황이다.

세계적으로 적어도 몇몇 문화에서는 사교육 제공자들이 학습자 중심의 교육을 실행하고 있다는 주장도 나오고 있다. Glasman은 2007년도에 프랑스의 사교육 제공자들은 학교보다 더욱 빠르고 좀 더 종합적인 피드백을 제공한다고 보고하였다. 그리고 세계적 사교육에 대한 국제 비교로 유명한 Mark Bray는 「Confronting the shadow education system」(2009)에서 다음과 같은 질문을 던지면서 왜 학부모들이 학교 정규 교육을 받으면서도 상당한 돈을 투자하여 사교육을 받고자 하는지 질문해 봐야 한다고 역설하였다. "교육 정책가나 입안자들은 사교육을 작은 정원을 망치고 학생들에게 피해를 주기만 하는 부정적인 시각으로만 봐서는 안 될 것이다. 왜, 어떤 학부모들은 일대일 사교육을 원하고, 어떤 학부모들은 백 명이나 천 명이 함께 받는 수업을 선택하여 이에 대한 비용을 지불하는 걸까? 어떤 특정 시점에, 학생들은 뇌물을 주어서까지 정규 학교 대신 사교육 센터에 들어가려 하며 그 대신 텅 비어 있는 교실에서 무엇을 배울 수 있을까? 그리고 컴퓨터나 모바일 장치를 통해 학교나 집뿐만 아니라 지하철이나 공원에서도 볼 수 있는 교육을 제공하는 최첨단 과학기술을 가지고 있는 사교육의 교사들로부터 정책입안자들은 과연 무엇을 배울 수 있을까?"

2. 학원의 도래와 새로운 학습 환경

다양한 학습 기회

학교 외에 마땅히 교육받을 기회가 없었던 윗세대와 달리, 요즘 학생들은 개인 과외와 그룹 과외, 인터넷 강의, 학습지, 학원 등 사교육이 홍행하면서 원하는 장소와 학습 기관을 선택하며 교육을 받을 수 있다. 부모나 할아버지 세대 때 한국 경제가 매우 취약하여 대부분 가정형편이 어려워 학교에 다니기도 힘들 정도였던 것은 다 아는 사실이다. 학교 수업이 끝나면 나름대로 부족한 공부를 보충하거나 공부를 가르쳐 줄 사람도 없어 배우고 싶어도 배우기 어려웠다. 기껏해야 학교 선생님이 방과 후 공부가 더 필요한 학생들을 교실에 남겨 개별 지도를 해 주는 경우가 전부였고, 가정형편이 어려워 일찍 직업 전선에 뛰어들어 조금이라도 집안 살림에 보태야 했다. 물론 1950년대에도 좋은 중학교에 들어가기 위해 개인 과외를 받는 것이 사회 문제가 될 정도였으나 개인 과외는 부유한 가정의 자녀들에게만 주어진 기회였다.

그러나 이제는 누구나 고등학교까지 의무교육을 받을 수 있게 되었다. 시민사회가 성장하면서 가구 소득이 증대했고, 교육을 받을 수 있는 기회가 많아지면서 학원이 많이 생겨나게 되었다. 그래서 이제 학습자는 다양한 교육 환경에서 자기가 원하는 교육 기관을 선택하여 이용할 수 있게 되었다. 다음 그림은 20세기 초 학교가 생긴 이후부터 지금까지 교육 환경이 다양화되는 과정을 그림으로 나타낸 것이다.

시기	교육 환경
20세기 초	학교
1950년~	개인 과외
1989년~	학습지와 대규모 학원
2000년~	소규모 학급 학원과 인터넷 및 통신 과외
2010년~	개별 맞춤 학원(다품종 소량 생산)

다양해지는 교육환경과 발전 경향

다양해지는 교육 환경

이 그림에서 보면, 20세기 초에 학교가 설립된 후 교육의 중심 역할을 하게 된다. 1950년대 전쟁이 끝나고 난 어려운 시대에도 좋은 중학교에 들어가기 위하여 소수의 학생들은 개인 과외를 많이 받았다. 1960년 이후부터는 서울의 종로지역을 중심으로 EMI와 제일학원, 세종학원, '성문종합영어' 라는 책을 펴낸 송성문의 제일학원과 대성학원, 노량진의 한샘학원(비타에듀) 등 스타 강사들의 학원들이 성행하였다. 그러나 당시 이러한 학원들은 도시 중심지에만 있는 정도라 전국적이지 못하였다. 또한 학급 인원이 100명 이상이라 학교 교실보다 더 광대한 대규모 교실에서 수업이 진행되었고 학원 강사는 마이크로 일방적인 수업을 하여 개별 맞춤의 교육이 전혀 이뤄지지 못했었다.

군부정권인 박정희와 전두환 대통령은 입시 경쟁으로 인한 사교육 과열을 억제하려고 사교육을 받는 것을 법적으로 금지하였다. 그러나 1980년대 후반 들어 사교육금지법이 완화되고 허용되기 시작하면서 서울 노량진을 중심으로 한 학급에 50명에서 100명 정도의 학생들을 수용하고 가르치는 대규모 학원을 중심으로 사교육이 크게 성장하였다. 전국적인 스타 강사가 탄생하였는데, 국어의 대부 서한샘(한샘닷컴 회장) 씨는 가장 유명한 스타 강사였다. 1990년대에는 가정에서 학습 보충을 하는 학습지 산업이 급속히 성장하였고 다른 한편으로 한 학급에 10명 내외의 학생들이 수업을 하여 학교보다 더욱 개별적인 보충학습이 가능하도록 교육의 질이 높아지면서 학원업이 성장해 나갔다. 뿐만 아니라 정보통신기술이 발달하고 급속히 가정으로 보급되면서 사교육기관에서는 인터넷 및 통신을 활용한 온라인 수업을 주도적으로 제공하고 있다. 더구나 개별 맞춤 교육을 지향하게 되면서 대규모 학원에서도 개인 과외만큼이나 개별학습 지도가 가능하게끔 최첨단 공학기술을 적용한 온라인 학습 교재를 개발하고 있어 경제적이고 효과적인 학습시스템을 갖추고 있다. 사교육은 개별화되고 특성화되면서, 다품종 소량 생산화 발전 경향을 보이고 있고 학습 효과를 높이는 과정에서 지역사회에 적합한 교육시스템을 추구할 것이다.

다양한 사교육의 장점과 단점

사교육을 크게 나누자면, 개인 과외와 인터넷, 인터넷 및 통신을 활용한 강의, 학원 수강이라는 네 종류가 있다. 이들 각각은 교육적이고 경제적 측면에서 독특한 장단점을 가지고 있다. 학생과 학부모는 그러한 점들을 잘 생각해 보고 어떻게 학습을 보충할지 결정한다. 우선 학생과 학부모가 사교육을 선택할 때는 경제력을 고려할 것이다. 개인 과외와 그룹 과외의 비용은 사교육 중 가장 고가이다. 개인 과외는 1:1로 수업이 이루어지고 그룹 과외는 최대 1:5로 이루어진다. 영어, 수학 두 과목에 가장 싸게는 30만 원이며, 비싸게는 100만 원이 훌쩍 넘기도 한다. 그리고 선생님이 누구냐에 따라 금액이 크게 다르고 가정형편이 좋은 학생들은 고액과외를 하기도 하여 개인 과외는 교육 기회의 불평등 문제를 야기한다. 하지만 학력 수준이 너무 낮아 수업을 전혀 이해하지 못하거나 학력 수준이 높아 앞서 나가면서 공부해야 해서 개별 지도가 필요할 때 개인 과외가 적합하다. 이뿐만 아니라 학생이 과외 선생님의 정서적 지도를 필요로 할 때에도 개인 과외는 적당한 방법이다. 그리고 시간적인 여유가 없는 고등학생들의 경우에도 일주일에 2회 총 6시간 정도 이루어지는 개인 과외를 받아도 좋다.

다음으로 보통 '인강' 이라고 하는 인터넷 및 통신으로 하는 강의를 살펴보자. 이는 비용 면에서 저렴하고 시공간 제약을 받지 않고 공부할 수 있다는 장점이 있다. 비용을 먼저 본다면, EBS 교육방송은 누구나 무료 또는 저렴한 비용으로 이용할 수 있어 비용에 대한 부담이 적다는 장점이 있다. 메가스터디와 수박씨닷컴 등의 인터넷 강의 수강료는 한 과목당 4~6만 원으로 비교적 저렴하다. 그리고 공부하는 습관만 잘 잡혀 있다면 언제 어디에서나 학습할 수 있다. 학교든 학원이든 집이든 자습실에서 PMP 등의 전자학습기로 인터넷 강의를 듣고 볼 수 있어 아주 편리하다. 그러나 인터넷 및 통신을 이용하는 학생의 수는 전체 학생의 3%에 불과할 정도로 적다. 심지어 인터넷 강의 수강료를 내고서도 완강하는(처음부터 끝까지 강의를 듣는) 학생의 비율도 매우 낮다. 그렇다면 인터넷 강의를 들으며 제대로 된 학습을 하는 학생은 1% 정도라고 추측된다. 이렇게 이용하는 학생들이 적은 이유는 혼자만의 의지로 컴퓨터 화면을 보면서 꾸준하게 공부하는 것이 쉽지 않기 때문이다. 그래서 고등학교 3학년 학생들과 같이 발등에 불이 떨어져 절실하게 공부를 해야 하고 재수를 하면서 학원비가 비싼 학원에 다니지 못하고 저렴한 강의를 들어야 하는 경우에 주로 인터넷 강의를 수강하게 된다. 인터넷 강의의 가장 큰 단점은 수업이 컴퓨터 화면을 통해 많은 학생 대중을 대상으로 일방적으로 진행되는 경향이 있고 선생님이 그 많은 학생들과 교감하고 피드백하며 수업을 진행하기가 불가능하다는 점이다. 즉, 인터넷 강의는 교과 내용에 대한 지식만 전달하게 되고 선생님이 학생들과 교감하며 학습 지도를 효과적으로 하는 데 한계가 있다.

마지막으로 학원에 대해 알아보자. 학원은 사교육에 참여하는 학생들 중 절반이나 학원에 다니고 있어 학생들이 가장 많이 활용하는 사교육 방법이다. 이러한 학원에는 종합학원과 단과학원 두 종류가 있다. 종합학원에서는 국어, 영어, 수학, 과학, 사회 등 주요 과목의 수업이 이루어진다. 대부분의 종합학원에서 미술, 기술, 가정 등 기타 과목에 대한 시험 대비 학습도 한다. 결과적으로 볼 때, 종합학원에서는 거의 모든 과목을 가르치면서도 수강료가 20만 원에서 27만 원 정도여서 비교적 저렴한 편이다. 단과학원에서는 과목당 수강료가 15만 원에서 30만 원에 이른다. 그래서 영어와 수학 두 과목의 단과학원에 다니는 경우 부담해야 할 수강료가 종합학원의 수강료보다 비싸다.

단과전문학원은 학급당 소수의 인원과 긴 수업시간으로 완전한 학습이 가능하다. 한 학급에 6~15명으로 구성되는 종합학원과 비교할 때 단과학원에서는 한 학급당 3~8명의 소수로 구성되어 있어 선생님은 한 학생에게 더 많은 개별 지도를 할 수 있다. 그리고 종합학원에서는 40분 수업을 하는 반면 단과학원에서는 1시간 30분 또는 2시간 연속 수업을 한다. 특히 수학단과학원의 경우 선생님이 학습할 내용을 충분하게 설명하고 나서도 학생들이 스스로 문제를 해결하고 학생들의 질문을 받을 수 있는 충분한 여유시간이 있다. 뿐만 아니라 학급당 인원이 적어서 친구들끼리 서로 질문을 하면서도 크게 소란스럽지 않은 장점도 있다. "동료 친구가 교사보다 더 뛰어난 교사라고 하잖아요." 학생들은 친구들끼리 물어봐도 해결할 수 없을 때 선생님에게 질문한다. 이와 같이 소수 인원과 충분한 수업시간, 그리고 수업시간에도 동료 간 협력학습이 가능하다는 조건들을 갖춘 단과전문학원의 선생님은 기초 실력이 많이 부족한 학생들까지도 학습을 보충하고 성적을 향상시킬 수 있다.

종합학원과 단과학원에는 이러한 차이가 있지만 학생들은 동일한 금액의 수강료를 내고 학원에 다닌다. 공부를 잘하는 학생이건 못하는 학생이건 부유한 집의 학생이건 가난한 집의 학생이건 같은 수강료를 내고 있어 학원 경영상 모두 중요한 고객이다. 학생들도 학원에서 차별받지 않고 동등하게 학습 지도를 받을 권리가 있다는 것을 너무나 잘 알고 있다. 학교에서 질문을 안 하는 학생들도 학원에서는 적극적으로 물어보고 선생님은 그 학생의 질문이 엉뚱하다고 하여 무조건 무시할 수 없다. 학원에서는 다양한 학력 수준에 있는 학생들의 학습 욕구를 최대한 만족시켜 주어야 퇴원하는 학생의 수가 줄면서 앞으로 성공하는 학원이 될 수 있기 때문이다. 예를 들어, 수학 과목에서 학생 열 명 중 여덟 명이 만족하고 두 명이 만족하지 않는다면 학원에서는 그 두 명에게 만족을 줄 수 있는 방법을 강구해야 한다. 그렇지 않으면 그 두 명은 곧 퇴원하고 학원에 대한 나쁜 소문을 퍼뜨리게 되어 학원은 지속적으로 성장하지 못하게 된다.

특히 대규모 학원은 경제력이 큰 만큼 최첨단 공학기술을 적용하거나 온라인 학습시스템 같은 효과적인 학습시스템을 구비하고 있다는 큰 장점을 가지고 있다. 대규모 학원은 개별 맞춤 지도를 효과적으로 할 수 있는 학습시스템을 구비하거나 효과적인 학습 교재와 학습 관리시스템을 제공하는 프랜차이즈와 계약을 맺고 있기 때문에 학생들은 저렴한 비용으로 효과적인 교육을 받을 수 있다. 그리고 학원에는 냉난방시설이 완비되어 있고 자습 감독 선생님의 지도하에 혼자 학습할 수 있는 자습실을 운영하고 있어 학습 분위기가 좋다. 뿐만 아니라 다양한 학교에서 온 뛰어난 학생들이 열심히 공부하고 있는 모습만 보고서도 더욱 열심히 공부하게 되고, 학생들이 모두 공부하는 분위기에서 공부를 하다 보면 공부 습관을 자연스럽게 기르게 된다. 과외와 비교할 때 이러한 대규모 학원만이 가지고 있는 가장 큰 장점은 여러 과목을 담당하는 선생님들이 한 학생의 학력 수준이나 여러 성향을 알고 공유하고 있어 다양한 측면에서 학생의 성향을 파악하여 선생님 개인만의 생각에 치우침 없이 좀 더 객관적으로 학습 지도와 생활 지도를 할 수 있다는 점이다.

이렇게 다양한 사교육에는 나름대로의 장점과 단점이 있다. 과외, 인터넷 강의, 종합학원과 단과학원 등의 사교육은 다양한 교육 채널 중 하나이다. 학생들은 자기에게 적합한 형태의 사교육을 선택할 때 효과적인 학습을 할 수 있다. 하나의 사교육 방법이 모든 학생들을 완벽하게 교육시키지는 못한다. 다양한 채널의 장점과 단점을 표로 간략히 나타내면 다음과 같다.

구분	장점	단점
과외	• 학습 부진 학생 또는 영재 학생에게 적합함 • 교사-학생 간의 인간적 관계 형성이 가능함 • 시간을 자유롭게 조정할 수 있음 • 내성적인 학생에게 더욱 적합함	• 과외비가 비쌈 • 과외비가 일정하지 않음 • 고액 과외와 교육 기회 같은 불평등 문제가 심화됨 • 동료 협력 학습이 어려움
인터넷 강의	• 수강료가 저렴함 • 시공간 제약이 없는 자유로운 학습이 가능함 • 뛰어난 강사들이 명쾌하게 설명함 • 혼자서 공부하는 방식의 학생과 스스로 공부할 의지가 있는 학생에게 적합함	• 컴퓨터 화면 수업이 이루어짐 • 학생 대중에게 맞춘 비개별적인 수업을 함 • 일방적인 지식 전달 수업으로 교사-학생 간의 피드백과 교감 형성이 어려움 • 개별 지도에 많은 제약이 있음 • 학습 습관을 형성해 주기 어려움 • 학습 동기가 없는 학생은 지도하기가 불가능함

구분	장점	단점
종합 학원	• 학원비가 가장 저렴함 • 주요 과목을 모두 학습함 • 학급당 6~14명의 소수 인원 (평균 10명) • 첨단 IT 시설을 갖추어 개별 지도 여건이 높아지고 있음 • 학원 단체 생활로 학습 습관 형성이 용이하고 지속적인 상담과 생활지도가 이루어짐 • 학생에 대해 다양한 과목 선생님들이 종합적인 판단을 함 • 친구들과 협력 학습이 가능함 • 맞벌이 부부 자녀의 보육 기능도 함 • 좋은 학습 분위기와 자습실 시설을 갖춤	〈전문학원과 비교하여〉 • 기초 실력이 많이 부족한 학생에 대한 개별 지도에 한계가 있음 • 중위권 이상의 학생으로 등록을 제한하는 학원이 많음 • 동료 협력 학습에 제한이 있음 (친구들 여럿이 동시에 질문하면 소란스러움) • 특정 과목에 대한 전문적인 학습이 어려움
전문 학원	• 종합학원보다 학원비가 좀 더 비쌈 • 전문적인 학습과 충분한 개별 지도가 가능함 • 기초 실력이 부족한 학생도 지도할 수 있음 • 최첨단 IT 기술로 효과적인 학습이 이루어짐 • 수업 시간에도 동료들과 협력 학습이 가능함 • 충분한 수업 시간(90분 또는 120분 수업)으로 자기주도적 학습이 가능함	• 기초실력이 전무한 학생들에 대한 개별 지도는 여전히 어려움 (과외를 권함) • 학습 습관 형성이 비교적 어려움 • 학생에 대해 다양한 선생님들의 종합적인 판단이 어려움

3. 학원의 효과에 대한 국가보고서 내용

오후 4시가 넘어 방과 후 수업까지의 학교 일정을 마치고 학원에 가는 중학생들 그리고 평일에는 밤 10시까지 자율 학습을 하고서도 주말에 학원에 가는 고등학생들, 이들은 학원에서 어떻게 공부하고 있을까? 선생님들과는 잘 지낼까? 친구들과는 어떻게 지낼까?

학원에 다니는 학생들 중에는 학원생활이 재미있다고 하거나 엄마 아빠에게도 말하지 않는 고민을 학원 선생님에게는 털어놓는 학생들이 있다. 스승의 날이 되면 학원 선생님 책상에 조그마한 귤과 편지가 정성스럽게 접혀 놓여 있고, 선생님의 생일날에는 학생들이 여러 개의 초코파이를 쌓고 그 위에 초를 꽂아 불을 붙여 생일 케이크를 만들고 선생님 머리에 고깔을 씌워 조촐한 생일 파티를 열기도 한다. 선생님은 학생들과 같이 영화를 보러 가기도 한다. 학원 선생님의 수업은 귀에 쏙쏙 들어온다. 그렇다면 학생들은 학교에서는 얻지 못하는 긍정적인 경험을 하고 있을 수 있고 성적도 향상될 것이다. 학원에서 학생들이 어떠한 생활을 하는지 약간이나마 보여 주는 논문들이 몇 편 있어 다행이다.

첫째, 학원 수업의 높은 질이 학원에 다니는 가장 큰 이유임을 암시하는 논문들이 있다. 제일 먼저 전창우(1996)는 학교 교육에 대한 불만족 때문에 학생들이 학원에 다닌다고 보고하여 학교 교육에 심각한 문제가 있다고 지적하였다. 남헌기(1999)와 김희대(1999)는 각각 「학교 교육 만족도와 학원 보충학습 간의 상관연구」와 「교육의 책무성에 관한 연구」에서 역시 학교 교실 붕괴 현상의 원인을 수업의 질적 저하로 들었다. 강원대 교육학 교수 이종각은 교육의 위기 현상 중 교실 붕괴의 해결책으로 학교 선생님들이 학생들의 흥미를 유발하지 못하는 구태의연한 수업 방식을 탈피해야 한다고 보았다. 제민지(2002)는 서울시내 강남지역 일반계 고등학생 500명에게 조사하여 교사의 실력과 수업에 대한 열의 그리고 학생에 대한 애정과 교사에 대한 학생들의 신뢰감과 존경심의 면에서 학교 교사보다 학원 강사가 우월하다고 보고하였다. 김종환(2003) 역시 서울의 단과반 입시학원에서 사회탐구 과목을 수강하는 397명 학생들에게 학교 교사와 학원 강사의 수업을 비교 평가하게 한 결과 수업 설계, 수업 기술, 단서 제공, 동기 유발, 수업 참여, 피드백 등 모든 면에서 학원 강사가 더 높은 점수를 받았다고 말한다.

그 외에도 학원에 다니는 이유는 학원 수업의 질이 높기 때문이라는 연구가 상당히 많다. 많은 연구자들은 학생들이 학교보다 학원을 더 좋아한다고 보고한다. 그래서 윤형원(2001)은 「한국교육의 위기: 진단과 처방」에서 학교 교육의 질적 향상이 교육 개혁에서 가장 필요한 것이라고 주장하였다.

둘째, 학원은 학생 중심의 의사결정이 이루어지는 장소임을 보여 주는 논문이다. 정형민(1997)은 「기숙학원 학생들의 적응과정에 관한 연구」라는 논문에서 재수생들이 기숙학원에서 어떠한 생활을 하며 적응해 가는지를 잘 보여 주었다. 보통은 1년이라는 긴 시간 동안 기숙학원에서 생활하는 학생들의 생활이 불행할 것이라고 생각한다. 처음에 기숙학원에 등록하고 집을 떠나 기숙학원에 있는 방에 들어갈 때 학생들은 학원을 소위 감옥이라고 표현한다고 한다. 지도 선생님들이 따로 있으며 군대식으로 학생들을 지도하였고 철저한 규율에 따라 학생들은 생활해야 했다고 한다. 그러나 선생님들과 학생들은 함께 숙식하는 생활을 오래하면서 가족처럼 친해졌고 학생들은 선생님의 지도를 받으면서 긍정적인 학습 체험을 한다고 보고하였다. 더 나아가 학원이 이윤을 추구하기 위해 교육을 하고 있지만 학생들이 돈을 지불하고 기숙학원 생활을 하고 있는 것은 학원에서 학생들의 의견을 충분히 고려하고 듣게 하였다고 보고하였다. 시장원리에 따라 이윤을 추구하는 것이 기숙학원 경영의 바탕이지만, 학생들이 돈을 벌기 위한 수단으로 무시되기보다는 평등한 계약 관계로 학생 중심의 의사

결정이 이루어질 수 있다고 말한다. 학생들이 학교에서 선생님을 권위적으로 느끼고 있는 것과 비교한다면 학원에서 선생님과 좀 더 수평적이고 친근한 관계를 맺을 수 있다는 점을 시사하는 좋은 논문이다.

셋째, 학교에서 볼 수 없는 학원의 특별한 교육학적 기법을 보여주는 글이다. 김영천(2008)은 1년 동안 초등부 학원에서 학원 교육이 어떻게 이루어지고 있으며 아이들은 학원에서 어떻게 학습 체험을 하는지에 대해 질적 연구를 하여 「차라리 학원에 보내라」라는 저서를 출간하였다. 이 글에서 김영천은 학원이 학습의 걸림돌인가 아니면 공부의 매니저인가의 문제를 다루고 있다. 우선 학원 교육이 어떻게 이루어지고 있는지를 학교 교육과 비교하였다. 학원 교육은 선행 반복 학습, 개별화 수업을 위한 수준별 분반제, 성적 향상과 피드백을 위한 지속적인 평가와 학부모와의 긴밀한 상호작용과 협력을 큰 장점으로 말하고 있다. 선행 학습은 예습의 역할을 하여 학교 수업의 질을 높이는 역할을 하고 있다고 보고하였고 개별화 수업은 학교에서 해 주지 못하는 장점이라고 말한다. 지속적인 피드백으로 학생들의 수준을 파악하여 적절한 지도를 하며 학부모와의 긴밀한 협력으로 학부모의 불만이 학원에 수용되어 학원 교육이 발전하게 된다고 보고한다. 공간적으로 볼 때, 소규모 교실에서 10명 남짓의 학생들이 공부를 하고 있어 학원 선생님과 학생 간의 상호작용이 많아져 학원 선생님은 학생의 학습 수준은 물론이고 학습 체질과 성향을 잘 파악하여 공부 습관을 잡아 줄 수 있다. 또한 학생은 인원이 많은 학교보다는 학원에서 학습에 더 많이 참여하게 되고 성적이 오르면서 자신감을 가지게 된다고 말한다.

넷째, 학생들이 학원 수업에서 높은 차원의 몰입 경험을 하고 있다는 것을 보여 주는 흥미로운 논문이다. 엄나래 · 정영숙(2002)은 '고등학교 남학생들의 일상 활동에서의 몰입 경험에 관한 탐색적 연구'라는 학술지를 발표하였다. 그들은 청소년들이 하는 일상생활 중에서 어떤 활동에 어느 정도의 몰입을 보이고 경험하는지를 알기 위해 201명의 남자 고등학생들에게 6일간 매일 2시간 간격으로 자신이 하는 활동과 그에 따른 체험을 응답지에 보고하게 하였다. 사람은 누구나 그 활동에서 만족스럽고 편안하고 행복감을 느끼고 아울러 그 활동을 계속 더 하고 싶다면 그 활동에 몰입하게 된다. 즉, 몰입 경험이란 개인이 느끼는 체험의 질이 가장 높으며 행복감을 느끼는 최적의 심리상태이다.

이 학술지에서는 고등학생들이 학교에서는 몰입 경험을 거의 하지 않으나 학원 수업 과외에서는 높은 몰입을 경험하는 것으로 보고하여 매우 흥미롭다. 더구나 학교에서의 몰입 빈도는 29.4인데 비해 학원에서의 몰입 빈도는 43.8로 무려 14.4의 차이를 보였다. 학원 과외의 몰입 빈도는 모든 활동 중에서 개인 숙제(44.4)를 제외하고 그 다음으로 높은 것이며 운동(41.1)과 인터넷 게임

(40.4)보다도 높게 나왔다는 점에서 시사점이 매우 크다.

다섯째, 학생들은 학원 선생님과 유연하고 개방적으로 대화하고 있다는 것을 보여 주는 논문이다. 권재원(2004)은 「청소년의 학교 · 학원에서의 불만에 대한 질적 조사: 수업과 처우」라는 학술 논문을 발표하였다. 그는 학교와 학원을 비교하며 학생들이 느끼는 수업과 처우에 대한 불만에 대하여 학생들과 인터뷰를 하면서 조사하였다. 그에 따르면 청소년은 학교 선생님과는 교류가 잘 안 되고 일방적인 체벌과 비인격적인 대우에 가장 크게 불만을 느끼고 있다고 보고하였다. 반면에 학생들은 학원 선생님과 교류가 잘 되고 유연하게 관계를 맺고 있다고 말한다.

> 학원에서 숙제하다가 모르는 것이 있으면 질문하러 간다. 그러면 선생님은 웃으면서 친절하게 가르쳐 주신다. 그런 날은 기분이 무척 좋다. (박철성, 고 1, 남)

> 학원 선생님들은 하나하나 꼼꼼하게 가르쳐 주신다. 질문을 하면 해결될 때까지 챙겨 주신다. 또, 아이들이 지루해하는 것 같으면 재미있는 이야기도 해 주면서 잘 이끌어 가신다. (안정환, 고 1, 남)

위와 같은 학생들의 이야기를 소개하면서 청소년들이 학원에 가는 이유는 학교 선생님보다 학원 선생님이 청소년들과 더 활발하게 피드백을 하고 교감하기 때문이라고 보고한다.

한편, 2012년 한진상 · 김민은 「강남 유명학원에서의 학생체벌 상황 및 인식에 관한 연구」에서 교육 수요자인 학부모와 학생들의 학원에 대한 인식은 이제 학습 효과와 관련해 믿음의 차원으로까지 번져 학교에서는 엄금하고 있는 체벌조차 용인하고 있다고 보고한다. 그는 수업시간에 잠시 졸았다는 이유로 복도를 지나던 원장에게 비인격적인 체벌을 받은 고3 학생인 상욱에게 학교 선생님과 학원 선생님의 차이점에 관해 글을 적어 보라고 하였다. 다음 글은 그 학생의 글을 그대로 발췌한 것이다.

> 학원에서의 매는 사랑의 매라고 부를 수 있다. 모두 내가 잘되라고 때리시는 것이기 때문이다. 학교선생님들이 조용히 하라며 두드리는 교탁소리와는 매우 다른 종류의 매라고 할 수 있다. 그 교탁소리에서 나는 교사의 귀찮음을 느낀다. "너희들이 조용히 하든 말든 상관은 없지만 짜증나니 조용히 해라."라는 소리침과 별로 다르지 않다. 그러나 학원에서의 체벌은 관심이 담겨있다. 모두 학생들이 잘되라고 하는 것이다.

마지막으로, 학생들이 학원 교실에서 친구끼리 같이 공부하면서 관계를 돈독히 하고 있다는 것을 보여 주는 글이다. 김필성(2009)은 「대안적인 유대공동체로서 기능하는 학원에 관한 연구」에서 같은 학원에 다니는 중학교 3학년 학생들 9명은 서로 가족관계를 맺고서 학원에 같이 다니고 같은 교실에서 생활하고 있다고 보고하였다. 그 학생들은 대부분 상위권의 성적을 보이는 학생들이며 몇몇은 최상위권의 학생들이었다고 한다. 그들은 친구 사이지만 엄마, 아빠, 누나, 오빠, 고모, 외사촌, 할아버지 등 친족 호칭으로 서로를 부르면서 친구 이상의 돈독한 관계를 맺고 있었고 서로 도우면서 공부하고 있었다. 공부를 하려는 학생들이 학원에 다니고 그 학생들이 서로 가족처럼 친하게 지낸다면 그만큼 서로에게 심적, 공부 면에서 도움이 되어 성적을 올릴 수 있을 것이다. 서로 질문을 하면서 모르는 것을 가르쳐 주고 때로는 한 친구가 어떤 사정으로 공부를 못했을 경우 친구가 시험 범위 전체 내용을 설명해 준다.

Tip 자발적으로 학원에 다니는 학생들

사교육이 학생과 학부모의 일상생활에 크게 자리 잡아 가고 있다. 학생들은 방과 후 대부분의 시간을 학원에서 보낸다. 부모가 자녀에게 바라는 기대가 너무 커서 자녀는 다니기 싫은 학원에 어쩔 수 없이 다니기를 강요당하고 있을 것이다. 그러나 2003년 한국교육개발원(KEDI)의 「한국 학부모 교육열 분석 연구」에 따르면 학생들은 부모의 강제에 못 이겨 학원에 다니기보다는 상당히 자율적으로 학원을 선택하고 학습한다고 암시하고 있어 학원에 다니는 이유를 다시 생각해 보게 한다. 다음 표는 자녀가 부모의 권유나 주도로 공부하는 정도를 나타낸 것이다.

자녀가 부모의 권유나 주도로 공부하는 정도

(명: %)

구분	무응답	그렇지 않다	그렇다	전체
공부는 포기했으나 부모님이 걱정할까 봐 학원에 다니거나 과외를 한다.	26(1.2)	1854(88.6)	212(10.1)	2363(100.0)
학원에 다니거나 과외를 받고 있어도 '내가 정말 열심히 해야지' 하는 생각으로 공부를 하는 적은 없다.	32(1.5)	1782(85.2)	278(13.3)	2363(100.0)
부모님이 시키지 않는다면 학원에 다니거나 괴외 공부를 하지 않을 것이다.	27(1.3)	1489(71.2)	576(27.5)	2363(100.0)

출처: 현 주, 한국 학부모의 교육열 분석 연구, 한국교육개발원, 2003.12, pp. 184.

여기에서 자녀에 대한 부모의 공부 압력에 대한 학생의 인식을 살펴보면, ① '공부는 포기했으나 부모님이 걱정할까 봐 학원에 다니거나 과외를 한다' 항목에는 그렇다 10.1%, 그렇지 않다 88.6%, ② '학원에 다니거나 과외를 받고 있어도 내가 정말로 열심히 해야지 하는 생각으로 공부를 하는 적은 없다' 항목에는 그렇다 13.3%, 그렇지 않다 85.2%, ③ '부모님이 시키지 않는다면 학원에 다니거나 과외 공부를 하지 않을 것이다' 항목에는 그렇다 27.5%, 그렇지 않다 71.2%로 나타났다. 이 결과에서 대부분의 학생들이 우리가 생각하듯이 어쩔 수 없이 부모의 요구에 못 이겨 학원에 가는 것이 아니라는 것을 알 수 있다. 즉 많은 학생들이 부모 때문에 공부하는 것은 아니다. 이를 비추어 볼 때, 전반적으로 학생들이 부모의 권유나 강요에 의하지 않고 스스로 학습할 수 있는 역량은 꽤 있어 보인다.

| 4장 |

알고 보내라. 학원 시스템

Hakwon

HAK
WON

1. 효진이가 다니는 입시학원

효진 : 학원에서의 시간은 답답한 학교와 엄마와 아빠가 감시하는 집에서 벗어날 수 있는 자유 시간이 되기도 합니다. 학생들은 학교에서 보내는 시간보다는 더 자유로운 분위기에서 수업이 진행되는 학원에서 보내는 시간을 더 즐거워하고 더 유익해합니다. 가끔 선생님께서 사 주시는 간식거리를 친구들과 함께 먹는 시간은 급박하고 쳇바퀴만 같던 생활에 활력소가 됩니다. 그리고 학교 선생님이나 부모님께는 터놓을 수 없던 이야기들(고민, 친구관계, 학교생활, 부모님과의 갈등)도 학원 선생님께는 터놓을 수 있습니다. 학교 선생님들보다 학생 개개인에게 더 많이 신경을 써 주시며 고민 해결에 힘써 주시고 개인적으로 부족한 부분을 꼭꼭 집어 주시니 학생들에겐 더 필요한 것입니다^.~

내가 다니는 입시학원 소개하기

학교 수업을 마치고 대부분의 학생들이 많은 시간을 보내는 학원이란 공간은 어떤 모습을 하고 있을까? 대부분 학원들은 조용한 위치에 있는 학교에서 걸어 나와 상가들이 있는 곳에 함께 위치해 있다. 규모로 보자면 학원은 한 건물에서 한 층을 차지하는 정도의 소규모이다. 학교에서는 40명이 충분히 생활할 수 있는 규모의 교실에서 학습하고 선생님의 수업을 듣지만, 학원에는 최대 16명 학생이 공부할 수 있을 정도의 작은 규모의 교실이 있다. 그리고 개별 맞춤 교육을 지향하면서 과외식 학원이 생겨나고 있어 교실 규모는 점점 더 작아지고 있다.

교실 공간이 좁고 학급당 인원이 소수라는 것은 교육의 질을 크게 높이는 기본 조건이다. 공교육에서 학급당 인원을 줄여야 교육의 질을 높일 수 있다고 많은 선생님들이 이야기하고 있다. 그만큼 학원은 소규모의 장점을 얻고 있다.

우선, 수업 시간에 선생님이 학생들에게 질문하고 대답할 기회를 더 많이 줄 수 있다. 그래서 학생들은 학원에서 많은 학습 기회를 얻고 있다. 그리고 선생님은 단 1초 만에 학생에게 다가갈 수 있을 만큼 학생들과 가까운 거리에 있다. 한눈에 학생들이 어떻게 공부를 하고 있고 학습 자세가 어떤지 바로 알 수 있어 개별 지도가 가능하다.

코리아학원은 1호관, 2호관으로 두 개의 건물을 사용하고 있다. 1호관은 중학생 입시학원이고 2호관은 고등학생들이 공부하는 곳이다. 1호관과 2호관 두 개의 공간은 비슷한 규모와 특징을 가지고 있으므로 여기서는 중학생들이 공부하는 1호관 학원 내부에 대해 알아보겠다. 다음은 학원 내부 모습이다.

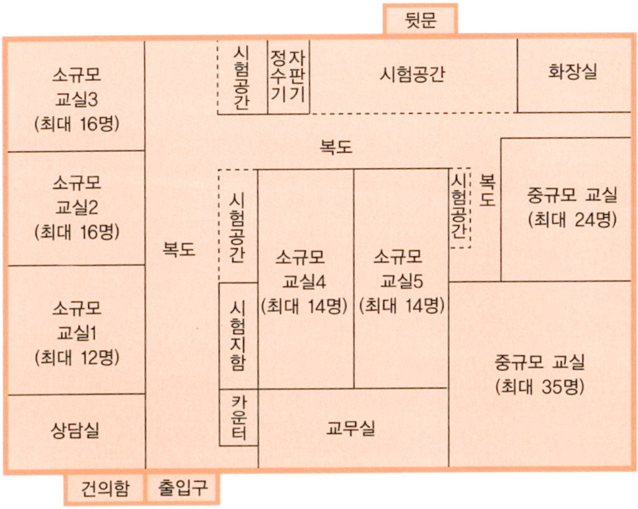

코리아학원의 1호관 실내 모습

전체 100평 정도 규모이며, 출입구로 들어가 연결되어 있는 복도를 기준으로 하여 양편에 교무실과 카운터가 있고 상담실, 여러 개의 작은 교실들이 있다. 전체 공간의 규모가 작아서 선생님과 학생들이 하나의 복도를 이용하여 이동한다. 복도에서 선생님과 학생들이 쉬는 시간이나 수업 시작할 때 동시에 이동하다 보면 서로 부딪치거나 상대방의 얼굴을 바로 앞에서 볼 만큼 가깝게 된다. 이 복도에서 선생님은 학생들의 질문을 받기도 하고 수업 중간에 학생을 복도로 불러내 상담을 하기도 한다. 교무실이 가까이에 있어 학생들은 쉽게 선생님에게 다가간다. 복도에서 친구들과 몰려 지나가다 선생님과 몸이 부딪치기도 하여 여러 에피소드가 생기기도 한다.

> 동혁이는 왕자에요. 하하. 복도가 좁으니까 선생님하고 같이 지나칠 때면 동혁이는 한쪽 팔을 뒤로 해서 왕자가 공주에게 하듯이 인사하거든요. 그래서 왕자에요 하하.(국어쌤)

그리고 이 공간에서 중 1부터 중 3까지의 모든 학생들이 학습하고 있다. 이 지역에 있는 Y 중학교와 S 중학교 그리고 J 중학교와 SS 중학교를 포함하여 여러 학교에 다니는 학생들이 이 학원에 다닌다. 그래서 다양한 학교에 다니고 있는 학생들을 학원에서 만날 수 있고 다른 학교에서 온 공부 잘하는 학생들이 어떻게 공부하는지도 배우고 그들과 경쟁하기도 한다.

남학생과 여학생이 함께 학습하는 곳이라 남중이나 여중에 다니는 학생들에게는 남녀합반으로 학습이 가능한 곳이기도 하여 여러 면에서 학원이라는 곳은 집과 학교에만 왔다 갔다 하는 학생들에게 또 하나의 확장된 학습 공간이자 넓어진 생활 영역이다.

학원 내부를 자세히 보면, 수업하는 교실과 수업 이후에 하는 학습 강화 공간, 자습실, 학원 원장실과 교무실로 크게 구분할 수 있다. 수업하는 교실로는 최대 16명이 앉을 수 있는 소규모 교실 6개와 최대 35명이 앉을 수 있는 중규모 교실이 2개 있다. 수업을 할 때는 소규모 교실에서는 물론이며 중규모 교실에서도 학급당 최대 인원은 15명을 넘지 않는다. 인원이 초과되면 학원에서는 분반하여 인원이 너무 많을 때 생길 수 있는 학습 지도 문제를 해결하려 한다. 실제 운영에서 학급당 평균 인원은 10명 정도이며, 학급당 인원이 5명인 반도 있다.

소규모 교실에서는 두 사람이 앉는 책상에 학생이 붙어서 같이 앉지만, 중규모 교실에서는 학생과 학생 사이에 한 자리를 비워 두고 자리에 앉게 하여 학생이 공부에만 집중하게 한다. 그리고 중규모 교실은 자습실로도 이용된다. 자습하는 인원이 많지 않을 때는 한 자리를 비워 앉게 한다. 또는 학생들을 대상으로 입시 정보를 알리거나 모의시험을 볼 때 중규모 교실을 이용한다. 다음은 각각 소규모 교실과 중규모 교실의 모습이다.

소규모 교실(최대 인원 16명)

중규모 교실(최대 인원 35명)

그리고 학습 관리를 위한 공간이 마련되어 있다. 선생님은 수업을 하고 나서 학생들의 학습을 꾸준하게 관리하고 지도한다. "수업보다 그 외의 시간에 학습 지도를 하는 것이 더 중요해요." (영어 선생님, 32세) 그래서 수업한 내용을 다시 익히게 하고 잘 이해했는지 스스로 점검하게 하려고 단원에 대한 학습이 끝날 때마다 그 단원에 대한 시험을 본다. 그 시험에서 세 문제나 다섯 문제 이상 틀리면 며칠 안으로 재시험을 봐야 한다. 이러한 학습 체크가 중요하여 교실 바깥은 시험을 보는 공간으로 활용되고 있다. 즉, 학생들은 교실에서 시험을 치를 수 있을 만큼 혼자 공부를 하고 나면, 연필과 지우개만 가지고 교실 밖으로 나가 시험지함에서 시험지를 꺼내 와 교실 밖에 마련되어 있는 책상에 앉아 시험을 치른다.

그리고 상담실과 교무실이 있다. 상담실에서는 학부모와 학생들의 상담을 한다. 그러나 학생들은 교무실이나 지나가는 복도에서도 선생님과 자주 상담을 한다. 학원 복도와 교실에서 선생님과 자주 마주치며 생활하다 보면 자연스럽게 대화를 하게 되기 때문이다. 그래서 복도에서도, 교실에서도 학생들은 자유롭게 선생님에게 질문을 한다. 교무실에는 수학 선생님 세 분, 영어 선생님 세 분, 과학 선생님 한 분의 자리가 있어 총 일곱 분의 선생님이 한 교무실을 사용하고 있다. 그리고 문 앞쪽에는 큰 복사기가 한 대 있다. 교무실은 선생님들이 수업을 준비하거나 학습 관련 업무를 보는 장소이며 학생들의 질문을 받는 곳이기도 하고 학생 상담도 이루어진다. 다음 사진들은 교무실에서 선생님이 학생의 질문을 받고 설명하는 모습이다.

교무실에서 수학 선생님에게
질문하는 학생의 모습 1

교무실에서 수학 선생님에게
질문하는 학생의 모습 2

그리고 자습실이 있다. 다음 사진은 자습실에서 공부하는 학생들의 모습이다. 자습실은 30평 규모이며 70명에 이르는 학생들이 자습할 수 있는 공간이다. 자습실에는 항상 감독하는 선생님이 상주하여 학습 분위기가 좋다. 자습실에서는 공부 외의 다른 것을 절대 하지 못하게 되어 있다. 휴대전화를 사용하거나 음악을 들으려고 이어폰을 끼고 있거나 만화책을 볼 수 없다. 뿐만 아니라 자습실에서 엎드려 자는 것도 허락되지 않는다. 감독 선생님은 학생들이 피곤할 수 있기 때문에 10분 정도 자는 것은 허용하지만 10분이 지나면 깨워서 공부하게 하거나 따끔하게 혼을 낸다. 여러 번 잠을 자거나 많이 잠을 자는 경우, 원장이 직접 그 학생과 상담을 하여 그 이유를 알아보고 지도한다. 이렇게 학원에서 자습실을 잘 운영하고 있어 학교에서 자습을 하지 않고 학원에 와서 자습을 하는 경우가 많다. 왜냐하면 학교에 있는 자습실의 규모는 아주 크지만 선생님 혼자 학생들의 자습을 감독하고 있어 많이 어수선하다고 한다. 그래서 학원 자습실은 학생들에게 냉난방이 잘 되는 등 감독이 잘 되어 만화를 보거나 놀고 싶은 유혹을 쉽게 이길 수 있게 돕고 있어 학생들이 학습에 집중하기에 아주 좋은 환경이다.

코리아학원의 자습실

때로는 학생들은 학원에 와서 수업이 없는 빈 교실에서 자습을 하기도 한다.

그리고 학생들의 애로사항을 듣기 위한 창구가 마련되어 있다. 학생들이 함께 생활하는 곳이라 생활 지도를 해야 할 일이 생길 수밖에 없다. 특히 시험 대비 기간에는 학원에서 학습하는 시간이 길어져 학생들 사이에서 별의별 일이 다 일어난다. 그래서 학생이 직접 어떠한 문제를 선생님에게 이야기하기 매우 곤란한 경우 작은 쪽지에 문제를 적어 건의함에 넣게 하였다. 부원장은 출근하자마자 제일 먼저 이 건의함을 열어 보고 쪽지를 확인한다. 주로 학생들은 수업 분위기를 방해하는 학생을 조용하게 해 달라는 요구를 하거나 학원 선생님에 대한 불만 사항을 적는다. 다음 사진은 현관 문 앞에 설치된 건의함이다.

현관문 앞의 건의함

학생들이 학원에서 오랜 시간 공부하고 자습하며 생활하고 있는 만큼 선생님은 중요한 업무로서 생활 지도를 한다. 학생들이 편하게 공부에 집중할 수 있어야 학업 성적이 향상되는 것은 당연한 것이다. 선생님은 학생들이 학원에서 어떤 어려움을 겪고 있는지 주의하고 학생들이 겪는 어려움이 심각해지기 전에 미리 알고 적극 개입하고 대처하여 학생이 공부에 집중할 수 있도록 배려한다. 학생들이 오래 다니는 것이 성공적인 학원 경영에도 중요한 만큼 친구관계에서 생기는 문제를 절실하게 파악하고 적절하게 생활 지도하려고 노력한다. 이와 같이 성적을 올리는 것이 목적이지만, 학생들의 성적을 올리려고 노력하다 보니 자연스럽게 생활 지도를 하게 된다.

학원 교실

교실은 학생들이 가장 많은 시간을 보내는 장소이다. 학교를 마치고 학원에 간다기보다는 학교 교실에서 학원 교실로 간다고 표현하는 것이 더 맞을 것이다. 그래서 학원 교실에 대해 알아본다면 학생들이 학원에서 어떤 생활을 하는지 짐작할 수 있을 것이다.

학원마다 교실의 모양과 크기는 조금씩 차이가 있겠지만 학교 교실과 비교한다면 학원은 최대 16명의 학생을 수용할 정도로 규모가 작고 학생들의 시선을 선생님의 수업과 칠판에 최대한 집중시키고 있다. 선생님은 한눈에 학생들이 수업을 듣는 자세와 성격, 그리고 학생마다 독특하게 나타나는 습관들을 파악할 수 있다. 반대로 학생도 선생님의 행동 하나하나 말투 하나하나를 세세히 느낄 수 있다. 그만큼 선생님은 학생들과 친근한 사이로 지낼 수도 있으나 반대로 한 번 싫어지게 되면 서로 무시하며 지낼 수가 없어서 버티기 힘든 공간이기도 하다.

우선, 학원 교실은 한 반에 최대 16명 정도의 학생들이 공부할 수 있는 소규모이다. 교실에 있는 것이라고는 한 명이 앉는 책상 16개뿐이며 두 개씩 붙어서 총 여덟 줄로 배치되어 있다. 앞쪽 벽면을 다 채울 수 있는 크기의 칠판이 있으며 사방에는 눈의 피로를 줄이도록 녹색의 벽이 있을 뿐이다. 그리고 선생님이 책을 놓고서 볼 수 있는 조그마한 교탁이 있다. 뒤쪽 문 위에 에어컨이 설치되어 있고 양쪽 벽의 위에는 선풍기가 한 대씩 걸려 있어 더운 여름철에 쾌적한 온도를 유지하게 하였다. 학교에서처럼 창문이 없고 게시판이 없어 그림이나 장식품 등도 보이지 않는다. 교실에 들어와 자리에 앉으면 앞을 꽉 채우는 칠판만이 한눈에 가득 들어와 학생의 시선은 선생님과 선생님의 판서에만 집중하기 쉽게 되어 있다. 기껏해야 교실 앞에 걸려 있는 칠판의 양쪽에 빨간색이나 노란색 바탕에 성적이 좋은 학교나 좋은 대학에 간 학생들의 이름이 새겨진 팸플릿이 몇 장 있을 뿐이다. 눈에 띄는 색깔의 종이에 검은색으로 이름이 적혀 있어 학생들에게 뽐내는 듯 강렬한 자극을 준다. 이와 같이 학원 교실은 공부만을 위한 공간으로서 학생들의 시선 분산을 최대한 줄여 학생들이 선생님의 수업에 집중하고 선생님은 학생들의 표정의 변화를 잘 읽어내게 하였다.

그래서 선생님은 한 번이라도 더 학생의 이름을 부를 수 있게 되고 학습 점검을 더 해 줄 수 있다. 학생은 수업 시간에 선생님의 질문을 많이 받으며 수업에 많이 참여하게 되어 학교에서보다 더 많은 학습 기회를 가지게 된다. 그래서 선생님의 질문에 답하여 칭찬을 받는 등 성취감을 맛보면서 즐거움을 느끼는 학생도 많다.

> 수업 시간에 나 같은 경우는 학교에서보다 더 활발하게 내 생각을 주장했고 모르는 문제 같은 것도 물어볼 수 있었고, 친구들과 더 재미있었다. (닉쿤, 고1, 남)

이렇게 교실에서 학생들이 활발하게 학습에 참여하게 되면서 선생님은 학생들의 특성을 잘 파악하게 된다.

수학 선생님(31세, 남)은 S 중 1학년과 수업을 하는 중이었다. 은수(중2, 여)는 매우 쾌활하고 즐겁게 공부를 해 오던 학생이었는데, 이 날은 말도 한 마디 없이 시무룩한 표정으로 앉아 있었다. 선생님은 학생들의 공부에 책임을 지고 있어 공부에 집중하도록 하고 수업을 들을 수 있게 안내해야 한다. 문제를 풀도록 해 놓고 은수를 교무실로 불러 상담을 하며 오늘 무슨 일이 있었는지 물어보았다. "바이올린 학원에서요. 원장님에게 이제는 제가 공부하고 싶다고 시간을 조절하려 한다고 말했는데 저에게 화를 내면서 꾸중하시는 거에요."라며 터놓았다.

학생들마다 독특한 개성이 있고 성격을 가지고 있어 강하게 지도해야 공부를 하는 학생이 있는 반면 칭찬해 주면서 지도해야 하는 학생도 있다. 같은 지각을 하더라도 다르게 지도하게 된다.

연구자 : 지각하는 몇몇 학생들에 대해 다른 방식으로 접근하시는 것 같은데, 그렇게 하시는 이유가 뭔가요?

부원장 : 그것도 학생마다 다 달라요. 저 애는 잡아 주기를 원하는 학생이라 따끔하게 잡아 주고, 앞쪽에 있는 저 학생은 자유롭고 간섭하는 걸 매우 싫어해요. 그런 거 있죠. 자기가 알아서 하는데 남이 하라 하면 더 하기 싫은 거. 저 애는 그런 애에요. 믿어 주면 자기가 알아서 더 잘해요.

자주 포옹하는 것을 좋아하는 학생이 있어 자주 안아 주고 자기가 잘했다면 선생님에게 "샘, 저 잘했죠."라면서 정말 잘했다는 칭찬을 받기 좋아하는 아이도 있다. 선생님과 말하고 싶어서 괜히 교무실 주변을 돌아다니는 학생, 손잡아 주는 것을 좋아하는 학생, 이야기하는 것을 좋아하는 학생들이 있다. 물론 자기에게 관심을 주는 것 자체를 싫어하는 학생도 있어 상담을 거부하기도 한다. 고민이 있어 제발 상담을 해 달라고 하는 학생, 친구와 같은 반이 되고 싶다며 선생님에게 조르는 학생도 있다. 냉철한 학생, 자주 멍하게 있는 학생, 잠시도 보지 않으면 자세가 흐트러져 자주 이름을 불러 줘야 집중하는 학생이 있다. 문제 풀이 속도가 너무 느린 학생, 암기력이 안 좋아서 개별 지도해야 하는 학생, 그리고 더 많은 문제와 어려운 문제를 주어 성취감을 고취시켜야 하는 학생 등 학생들은 저마다 독특한 점이 있다.

반마다 분위기도 다르다. 단과학원의 경우, 레벨에 따라 반이 정해지고 수업만을 듣고 집에 가는 경우가 있어 학급 친구들과 친목이 덜 형성되는 편이다. 하지만 종합학원의 경우에는 반마다 친구관계가 형성되어 독특한 또래친구들의 분위기를 연출한다. S 여중 3학년 학생들은 선생님들이 지도할 때 화를 내면 자기들을 싫어하는 것이라 여겨 선생님의 지도를 받아들이지 않는다고 하며, Y 남중 3학년 반은 자기들 위주로 하려는 고집 센 학생들이 모여 있어 선생님들이 자주 윽박질러 강하게 지도해야 한다고 한다. 친구들과 사이가 좋아 서로서로 공부하기를 북돋아 주는 고1 반도 있어 모든 선생님들이 그 반에서 수업하기를 즐거워한다. 선생님의 농담을 잘 받아치면서 재미있게 수업하는 반이 있는 반면 농담을 이해 못하고 뚱한 표정을 짓는 반도 있으며 수업만 열심히 해 주기를 바라는 학생들도 있다.

이렇듯 선생님이 여러 기준에서 바라본 학생들의 다양한 개성을 알고 반마다 연출되는 분위기를 공감하게 되면 수업 시간에 의사소통이 원활하고 유대관계가 좋아지거나 적절한 학습 지도가 가능하여 수업 참여도를 높일 수 있다.

2. 학원 교육, 한눈에 알아보기

학원에서는 교육의 질을 높여 학업 성취를 이루려고 교과 회의와 학습 관리, 프랜차이즈와 협력하는 등의 다양한 노력을 하고 있다. 왜냐하면 스스로 열심히 공부하는 학생들도 있지만 공부 습관이 제대로 형성되지 않은 학생들, 공부를 왜 해야 하는지 모르는 학생들, 단지 부모가 가라고 해서 학원에 다니는 학생들, 의지력이 부족한 학생들, 시험 기간에만 반짝 공부하는 학생들, 편견에 빠진 학생들, 심지어 공부 자체를 무서워하는 학생들이 학원에 오기 때문이다. 그리고 대화를 원하는 학생들과 가정 내에 문제가 있는 학생들, 친구관계에서 갈등을 겪어 힘들어하는 학생들 등 다양한 측면에서 교육적 도움을 필요로 하는 학생들이 학원에 온다.

예를 들어, 공부 못한다고 선생님이나 부모님에게 질책을 많이 받아 공부에 흥미를 잃은 학생이 부모에게 이끌려 학원에 다니게 되었다면 학원에서는 그 학생이 다시 공부에 흥미를 가지고 수업을 듣게끔 하기 위해 당연히 다양한 측면에서 노력을 할 수밖에 없다. 선생님이 교과 내용을 쉽게 전달하는 것만으로는 그 학생의 학업 성적을 올리기가 어렵다. 그래서 학원에서는 수업하면서 학생을 이끌 수 있는 다양한 방법을 강구하고, 학원 전체 차원에서 교육의 질을 높이려 교과 회의와 입시 설명회, 상담을 하고 학원 선생님 평가를 실시하며, 공부 습관을 들이게 하려고 스탬프 제도와 더불어 다양한 상벌 제도를 시행하고, 다른 학원에서 좋은 교육 방법을 차용하거나 프랜차이즈와 협력하는 등의 교육적 노력을 하게 된다. 여기에서는 학원에서 하는 이러한 교육 활동들의 전체적인 윤곽을 그려 한눈에 알아보자.

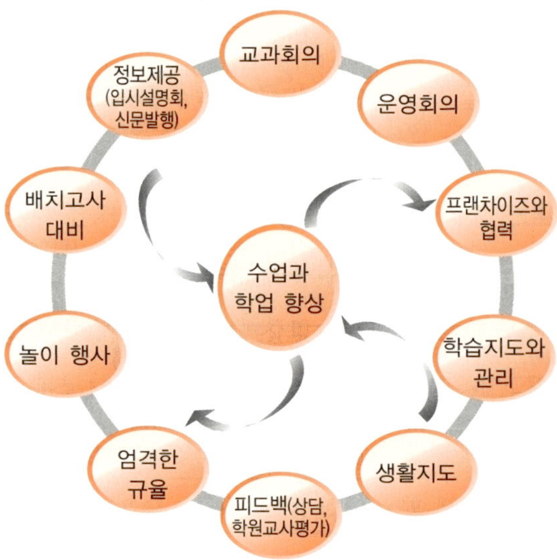

수업과 학습 지도

수업과 학습 지도는 학생들의 학업 성적을 향상시키려는 선생님의 주요하고 가장 섬세한 교육 활동이다. 학생들의 성적을 향상시키려면 많은 공력이 필요하다. 귀에 쏙쏙 들어오는 수업을 하는 것은 물론이며 선생님은 학생들에게 지속적인 관심을 가지고 학습 지도를 해야 한다. 학업 성취에는 교과내용에 대한 이해 활동인 수업이 30~40% 정도의 비중을 차지한다면 학생들의 흥미를 높이고 스스로 학습하게 이끄는 학습 지도 교육 활동이 60~70%의 비중을 차지할 만큼 중요하다.

우선, 선생님은 교과 내용을 효과적으로 전달하려고 수업 연구를 한다. 같은 내용이라도 반마다 학습 수준이 다르고 분위기가 다르기 때문에 예를 들어 어떻게 이야기를 하고 어떻게 수업에 참여하도록 이끌어 낼까를 구상해야 한다. 그리고 선생님은 학생들의 눈을 보고서 수업을 잘 이해하고 있는지 감지하거나 체크하면서 수업 속도를 조절해야 한다.

다음으로, 선생님은 학생들이 선생님이 원하는 만큼 과제를 해 오고 학습 내용을 이해하고 원하는 만큼 공부를 하고 있는지를 판단하고 잘 지켜보고 잘 관리해 주는 등 이끌며 학습 지도를 하는 것이 중요하다. 아무리 좋은 수업을 하더라도 학생 스스로 복습하고 공부하지 않으면 소용없다. 그래서 수업할 때 공부에 흥미와 자신감을 가지게 하고 동기 부여를 하는 것이 매우 중요하다. 주고받는 수업을 하면서 수업 중에도 개별 지도를 잠깐 해 주거나 칭찬을 많이 해 준다. 숙제를 잘하거나 열심히 할 때마다 스탬프를 찍어 주어 문화상품권을 주고 칭찬 간식을 주는 등 학생들에게 공부하게 하는 단기간의 목표를 제공하여 장기적으로 공부 습관을 들이도록 한다. 그리고 개별 상담을 하여 학습 상황을 체크함으로써 함께 목표를 설정하거나 학생들이 어떤 어려움을 겪고 있는지 이해한다. 그리고 신뢰관계를 쌓고 친밀하게 지내야 한다. 수업 역시 선생님과 학생과의 인간관계인 만큼 학생이 선생님을 무서워하거나 싫어하게 되면 아무리 선생님이 수업 연구를 하여 알기 쉽게 수업을 하고 학습 지도를 하려 해도 학생은 선생님을 따르지 않는다.

수업 과목과 수업 시수는 학원마다 차이가 있겠지만, 중학생 종합입시학원에서는 국어, 영어, 수학, 과학, 사회의 주요 과목을 수업한다. 수업 시간은 한 과목에 40분이고 하루에 서너 과목의 수업을 한다. 쉬는 시간은 5분이라 하루에 학원에서 2~3시간을 보낸다. 그리고 주 5일 동안 학원에 다니고 있어 한 주에 10~15시간 정도 학원에서 학습한다. 시험 대비 기간이 되면 수업 시수가 5시간으로 늘어나고 2~3시수의 자습을 해야 하며 주말에도 등원하여 보충수업을 하고 자습을 한다. 고등부 입시학원에서는 학생이 듣고 싶은 과목을 신청하여 수강한다. 그래서 학생들은 주로 영어, 수학, 과학 과목을 많이 수강한다. 이들 과목의 주당 시수는 6시간이며 평일에 1시간 30분 수업을 2회 진행하며 주말에 2회 수업한다.

학습 관리

선생님은 학생이 수업 내용을 잘 익혀 완전하게 학습하는 것을 도우려고 학습 관리를 한다. 선생님은 학습 수준을 체크하고 적절한 과제를 부과하며 수업 내용을 얼마나 이해하고 있는지 파악하기 위해 시험을 본다. 그리고 나머지 보충수업을 하거나 질문을 받아 개별적으로 부족한 부분을 보완한다. 이러한 학습 관리에는 학습 수준 체크와 수업 내용 체크 시험, 시험 대비 시험, 개별 보충학습과 개별 질문받기 교육 활동이 있다.

우선, 학습 수준 체크 시험에 대해 알아보자. 이는 말 그대로 학생의 학습 수준을 체크하기 위한 것이다. 학습 수준 체크는 학생이 학원에 등록하려고 할 때부터 이루어진다. 그 한 방법으로 학생은 학원에 등록하기 전에 레벨 테스트를 받아야 한다. 그리고 선생님은 학생에게 학교 시험 성적을 알아보고 이 학원에 오기 전까지 어떻게 공부해 왔고 스스로 생각하는 학습 습관 또는 장단점에 대해 알아본다. 학원에 등록할 수 있는 학력 수준이 되지 못하거나 레벨 테스트 결과가 미달되면 학원에 등록할 수 없다. 단, 학생이 공부를 하겠다는 의지를 보인다면 레벨 테스트 범위를 알려주고 한두 주 뒤에 다시 시험을 본 후 입원 여부를 결정한다.

그리고 선생님은 수업을 진행하면서 학생이 수업 내용과 관련된 모든 시험에서 학생이 얼마나 이해하고 있고 잘 해 나가는지를 파악하거나, 학생이 수업 내용을 다시 확인하도록 하려고 자주 시험을 본다. 보통 선행 학습 단계와 반복 학습 단계에서 매주 1회씩 10분이면 되는 간단한 시험으로 수업 내용을 얼마나 이해하고 있는지 체크하거나 수업이 끝난 후 자습 감독 선생님의 감독하에 시험을 보게 한다. 보통 시험에서 세 개나 다섯 개 이상 틀리게 되면 학생은 하루나 이틀 더 공부하고 나서 재시험을 봐야 한다. 시험 대비 학습 단계에서는 수업 시간에 수업을 하지 않고 문제 풀이를 하게 하거나 실전 모의시험을 보는 방식으로 체크한다.

또한 시험 대비 학습 단계에서는 종합학원의 경우, 암기하게 하는 시험을 본다. 선생님은 시험 범위에 해당하는 내용에서 중요한 부분을 암기시키기 위해 빈칸 채우기 방식의 시험을 보게 한다. 미술, 실과, 음악, 국사 과목의 경우 이러한 방식의 시험을 치르게 하여 학생들이 교과서 전체 내용을 암기하게 한다. 그리고 빈칸을 아주 많이 만들어 교과서의 내용을 이해하지 않고서는 암기할 수 없게 한다. 만약 빈칸 채우기 시험에서 통과하지 못하면 나머지 학습을 해야 하거나 다음날 한 시간 일찍 학원에 와야 한다.

다음으로 학원에서는 개인 사정으로 수업을 듣지 못하거나 특히 취약한 부분을 보완하기 위해 개별 보충학습을 한다. 그 방법으로 선생님은 학생을 한 시간 일찍 학원에 오게 하거나 자습 시간에 교무실로 불러서 개별 보충 지도를 하거나 수업 내용 전체를 동영상으로 녹화하여 시디로 만들어 주고 보도록 한다. 그리고 선생님과 친구들에게 모르는 부분을 질문하면서 개별적으로 보완한다. 학생들은 교무실에 가서 선생님에게 질문하거나 휴대전화 문자나 스마트폰에서 제공하는 카톡 대화 서비스를 이용하여 질문하기도 한다. 시험 대비 기간이 되면 선생님들은 학생들의 질문을 받아주기 위해 교무실에서 항상 대기하고 있으며, 밤늦게 공부하다가 모르는 부분은 문자나 전화 그리고 카톡을 이용하여 선생님에게 물어본다. 다음 사진은 수학 선생님이 중학교 1학년 학생 두 명을 개별 지도하고 있는 모습이다.

보충 지도를 받는 학생들

교과 회의와 교육 방법 차용

학생들은 각 교과를 공부하면서 어려움을 겪을 수 있다. 그래서 학원에서는 교재의 난이도가 학생들에게 맞는지 아니면 수업 방식에 문제가 있는지 또는 학원 시험이 너무 어렵거나 학원 공부가 너무 많아 힘들어하는지를 학생들에게 물어보거나 설문조사를 하여 파악하고 각 교과 과목의 교육 효과를 높이기 위해 어떻게 수업 방식을 조절하고 바꿀지 회의를 한다.

또는 시험 출제 경향이 변화되어 학교 시험에서 대부분의 학생들이 예상치 못한 점수를 받는 경우 교재를 바꾸고 수업 방식을 변화시켜 대응한다. 더불어 교육 정책이 변화되어 학원 자체의 노력만으로 해결하기 힘든 경우가 있다. 즉, 이해 중심에서 표현 중심으로 교육 정책이 변화하고 있어 서술형 문제가 많이 제출되는 등 대폭적으로 교육 방식의 변화가 필요한 경우이다. 그럴 경우 학원 자체에서 해결할 수 있는 부분과 해결하기 힘든 부분을 구분하고 학생들에게 가장 적합한 외부의 프랜차이즈를 물색하고 그들의 학습 교재와 교육 방식을 차용하여 해당 지역 학생들에게 맞게끔 적용하려고 교과 회의를 한다.

그리고 새로운 교재를 선택하고 수업 방식을 도입할 때 학생들은 선생님들이 예측하지 못하는 어떤 어려움을 겪을 수 있다. 그러면 학생들은 자기가 겪는 어려움을 선생님에게 말하고 선생님은 다른 학생들은 어떤 어려움을 겪고 있는지 파악하기 위해 중간 평가 설문조사를 한다. 설문조사 결과를 가지고 문제를 분석하여 조절하면서 새로운 교재의 활용 방식을 보완하고 수업 방식을 조절하면서 학습 효과를 높인다.

정보 제공(입시 설명회, 신문 발행)

일 년에 4회 신문을 발행하고 입시 설명회를 열어 이 지역에 맞는 입시 정보를 설명하고 공부를 어떻게 해야 하며 학원에서는 어떻게 준비를 하고 있는지 알려 준다. 특히 시험 출제 경향이 대폭 변화되고 교육 정책이 크게 바뀌게 되면 학원에서는 그에 맞는 교재를 사용하고 완전히 새로운 방식으로 수업해야 한다. 학생들을 변화된 수업에 적응하게 하고 참여시키기 위해서는 왜 그러한 방식으로 수업해야 하는지 충분히 이해시키고 설득하여 이끌어야 한다. 그래서 평소보다 더 많은 입시 설명회를 하며 필요한 경우 장기간 학생 또는 학부모 상담을 1:1로 하여 교육 정책이 어떻게 바뀌는지 충분히 설명하고 어떻게 준비해야 하는지 알려 준다.

피드백

학생들은 선생님에게 직접적으로 불만을 이야기하는 것을 아주 민망해한다. 이름을 적지 않고 익명으로 하는 설문조사는 학생들이 학원에 대한 불만을 마음 편하게 말하게 하는 좋은 방법이다. 그래서 일 년에 4회에 걸쳐 학생들이 학원 선생님을 평가하는 설문조사를 시행한다. 학원 선생님 평가 설문은 중간고사와 기말고사가 끝나고 나면 시행하고, 이때 학생들은 학원 운영에 대한 평가와 함께 담임 선생님과 과목 담당 선생님, 암기 과목 담당 선생님에 대해 평가한다.

익명으로 조사한 것이라 어떤 학생이 어떤 불만을 적었는지 모르지만 선생님은 자기가 가르치는 학생들이 이러한 불만을 가지고 있다는 것을 알고 절실히 반성하게 된다. 학생들이 이러한 어려움을 겪고 있다는 것을 알고 그 원인을 여러 선생님들과 논의하여 파악하고 해결점을 찾아 변화된 모습을 보인다.

상담과 생활 지도

선생님은 학생들과 유대관계를 쌓아 일상적인 대화에서 여러 의견을 주고받는다. 그리고 학원에서 선생님은 학생이든 학부모이든 반드시 하루에 한 사람과 상담을 해야 한다는 운영 방침을 마련하고 있다. 상담을 하고 나서는 상담 내용을 학원 관리 홈페이지에 기록으로 남기고 관리자 선생님들은 그 내용을 전반적으로 체크하고 공유한다. 만약 선생님이 판단하기에 긴급한 문제가 있다면 바로 관리자 선생님에게 알리고 대처 방안을 의논한다.

이렇게 해서 약 열 분의 선생님들이 학부모 · 학생과 상담하고 나서 학원 홈페이지에 올린 상담 횟수는 연간 약 1,500건에 이른다. 보통 한 학생당 연간 4~5번의 상담이 이루어진다. 그리고 상담을 하다 보면 자연스럽게 생활 지도를 하게 된다. 학습 지도를 하는 것이 상담의 목적이었지만 학생들이 다양한 일상의 어려움을 선생님에게 이야기하게 되면서 생활 지도도 겸하게 된다.

엄격한 규율: 학습 환경 조성

학습을 방해하고 분위기를 해하는 학생들은 엄격하게 처벌받는다. 학원 건물 안이나 옥상에 숨어 담배를 피우다 발각되면 바로 퇴원 조치를 당한다. 이성 친구와 도를 넘는 행위를 하면 부모에게 연락하는 등 강한 조치를 취한다. 그리고 귀고리 등의 현란한 액세서리를 달지 못하게 하며 단란한 복장을 해야 한다.

만약 학생이 선생님의 지시에도 지속적으로 규율을 어겨 학습 분위기를 훼손하는 경우 운영회의에서 선생님들의 의견을 들은 후 적절한 조치를 취한다. 즉, 그 학생이 특정한 선생님의 특정 과목 수업에서만 그렇게 행동하는지 파악하여 원인이 학생에게 있는지 아니면 선생님에게 있는지 다시 점검한다. 학급에서의 친구 관계에서 문제가 있을 수도 있어 자리 배치를 조정하거나 분반을 다시 하여 조절한다. 그 학생에 대한 적절한 방법이 없을 경우 원장은 퇴원 조치를 하게 된다.

자습실 운영

코리아학원에서는 책상이 80개 정도 있는 규모의 자습실을 운영한다. 책상 하나를 사이에 두고 40명 정도의 학생이 자습하기에 적합한 규모의 공간이다. 자습 감독 선생님이 있어 항상 쾌적한 면학 분위기를 조성하며, 다른 선생님들도 자주 자습실에 들러 학생들이 자습하는 모습을 체크한다. 고등학생의 경우 자습실 자율학습 신청서를 받는다. 학생이 자습을 하기로 하면 자습 감독 선생님은 학생의 자율학습 출석 여부를 철저히 체크하고 정해진 시간 동안 조용히 공부하도록 강제한다.

자습실에서 학생들이 공부 외에 다른 일을 하지 못하게 철저히 감독한다. 자습 감독 선생님은 자습실에 상주하며 핸드폰을 만지거나 과자를 먹는 것, 그리고 친구와 이야기를 하는 등 공부 외의 딴짓을 하는 학생들을 바로 제재하고 10분 이상 잠을 자지 못하게 한다. 또한 학교와 학년 그리고 성별과 성적에 관계없이 자습실을 이용하고 있어 성적 우수자의 모범적인 학습 자세를 보고 배우게 되기도 하고 다양한 학교에 다니는 친구들이 자습실에서 공부하고 있는 모습을 보고서 학습 동기를 갖게 된다. 이와 같이 자습실을 이용하는 학생들은 철저한 감독과 면학 분위기에서 조금씩 공부를 하다가 차츰차츰 학습 습관이 들어 스스로 공부를 하게 된다.

배치고사 대비

7차 교육과정에 따라 고등학교에서 수준별로 반을 구성할 수 있게 되었다. 그래서 고등학교에는 영재반(심화반), 특우반, 우반, 평반 등의 수준별로 반이 나눠져 있다. 학생들은 고등학교에서 치르는 배치고사 결과에 따라 입학 당시 반을 배정받는다. 하지만 수준별 분반운영은 학생의 학업 수준에 맞게끔 학습 지도를 하여 학습 능률을 높이는 것이 취지였으나 시행상 미비한 여러 가지 점으로 학생과 학부모 사이에 "한 번 평반은 영원한 평반이다."라는 인식이 공공연한 진실로 퍼져 있는 만큼 부작용이 심한 상황이다. 그래서 고등학교 입학 당시의 배치고사 성적이 바로 수능 점수이자 장차 들어갈 대학을 결정한다고 할 만큼 중요해졌고 학원에서는 이에 맞추어 배치고사 준비를 학원에서 가장 중요한 교육 활동으로 준비하고 있다.

배치고사 준비는 중학교 3학년 기말고사가 끝나는 11월 중순쯤부터 시작하여 배치고사가 있는 다음 연도 2월 초까지 이루어진다. 학생들은 자율적으로 배치고사 준비반에 등록 신청을 하며, 학원에서 하루에 최대 12시간 동안 학습 활동을 한다.

스탬프 제도와 장학금 지급

성적을 향상시키려면 시험 기간뿐만 아니라 평소에도 꾸준하게 공부해야 한다. 공부 의지력이 강한 학생들만 학원에 다니는 것이 아니다. 시험이 끝나면 쉬고 싶고 느슨해지기 쉽다. 그러한 학생들에게는 두 달 뒤에 있는 시험이라는 목표도 먼 미래의 일이다. 그래서 학원에서는 주로 중학생들에게 스탬프 제도를 시행하거나 칭찬 간식을 주는 방식으로 단기간의 목표를 주어 공부를 꾸준히 하게 한다.

스탬프 제도는 도장을 찍도록 만든 공책을 주고 숙제를 잘 하고 한 단원을 잘 끝낼 때마다 그 공책에 도장을 한 번씩 찍어 주는 것이다. 한 달마다 정산하여 도장 개수에 따라 샤프를 선물하거나 문화상품권을 주고 1만 원이 초과하는 선물을 주는 경우 부모님에게 반드시 알려 교육적으로 사용하게 한다. 그리고 칭찬 간식은 수업 시간에 열심히 하는 두 명 정도의 학생에게 500원 정도 하는 과자를 준다.

전에는 공부를 하게 하려고 체벌을 하거나 혼을 내는 방식을 사용해 학생들이 학원을 부담스럽게 생각하고 무서워하였다. 그러나 스탬프 제도나 칭찬 간식을 주어 공부를 유도한다면 힘든 공부도 즐겁게 할 수 있을 것이다. 장기적으로는 학생들이 꾸준하게 공부하게 되어 공부 습관을 들이게 되니 성적을 크게 올릴 수 있다.

그리고 성적이 우수한 학생에게는 장학금을 수여한다. 전교 5등 이상의 학업 성적을 내는 학생에게는 학원비의 반액이나 전액을 무료로 해 준다. 그리고 성적과 관계없이 열심히 공부하여 가능성이 있는 학생이지만 가정환경이 어려워 수강료를 내기 어려울 때 노력 장학금의 명목으로 학원비를 반액 할인해 주거나 전액 무료로 해 주기도 한다. 코리아학원에서 중학생 150명 중 6명이 성적 장학금을 받고 있으며 7명이 반액이나 전액의 노력 장학금을 받고 있다. 고등학생 180명 중에서는 7명이 성적 장학금을 받고 있다.

놀이 행사

중간고사와 기말고사를 준비하느라 선생님은 물론이고 학생들도 많이 지쳐 있어 재충전의 기회가 필요하다. 그래서 시험이 끝나면 2~3일간의 방학 기간을 가지거나 영화를 보러 간다. 그리고 1주일 뒤에는 학원 전체에서 피자 파티를 열거나 선생님이 개인적으로 학생들과 간식을 먹으며 소담을 나눈다. 또한 해가 바뀌는 12월 말쯤이나 다음해 1월 초에는 스키장이나 놀이공원에 단체로 하루나 1박 2일로 다녀온다.

3. 입시학원의 일 년 생활

학원에서는 중간고사와 기말고사에 충분하게 대비하려고 방학기간을 적극 활용하여 선행학습을 하거나 실력향상학습 프로그램을 운영한다. 학기가 시작되면 수학 과목은 심화학습을 하고 영어 과목은 선행학습을 하며 시험일이 다가오면 3~4주간 시험 대비

1학기 학원 교육과정

<table>
<tr><th>월</th><th>12</th><th>1</th><th>2</th><th>3</th><th>4</th><th>5</th></tr>
<tr><td>학교
교육과정</td><td colspan="3">12월 중순부터 방학</td><td colspan="2">수업하기</td><td>5월 초
중간고사
시행</td></tr>
<tr><td>학원
교육과정</td><td colspan="3">1학기 전체 선행학습
또는 실력향상학습</td><td>심화학습(수학)
또는
선행학습(영어)</td><td>시험 대비</td><td></td></tr>
</table>

<table>
<tr><th>월</th><th>5</th><th>6</th><th>7</th><th>8</th></tr>
<tr><td>학교
교육과정</td><td colspan="2">수업하기</td><td>7월 초
기말고사 시행</td><td>방학</td></tr>
<tr><td>학원
교육과정</td><td>겨울방학 때
못한 선행학습
또는 반복학습</td><td>시험 대비</td><td colspan="2">2학기 선행학습</td></tr>
</table>

학습을 한다. 다음 표는 학교 교육과정에 따라 이루어지는 1학기 학원 교육과정을 나타낸 것이다.

학교에서 5월 초에 있는 중간고사와 7월 초에 있는 기말고사, 10월 초에 있는 중간고사와 12월 초에 있는 기말고사로 일 년에 총 4회 시험을 치른다. 그래서 학원에서는 이러한 4회의 시험에 대비하기 위해 학습한다. 구체적으로 보면, 5월에 있는 중간고사를 대비하는 경우 작년 12월에 겨울방학이 시작되고부터 2월 말까지나 3월 초까지 선행학습을 한다.

그리고 해가 바뀔 때쯤 다음 학년에서 공부를 어떻게 해야 하며 학교 교과 내용을 학습하는 데 앞으로 있을 수 있는 어려움에 대한 정보를 과거의 여러 경험 사례를 제시하면서 알려 준다. 교육 정책과 바뀐 입시 경향에 대하여 전체 학생들에게 입시 설명회를 하여 어떻게 준비해야 하며 학원에서는 어떻게 준비하고 있는지를 알려 준다. 예를 들어, 국가영어능력평가시험제(NEAT)가 도입되어 시험 경향이 읽기와 듣기에서 말하기와 쓰기의 표현 중심으로 바뀐 변화를 상세하게 설명한다. 또한 이제 중 1이 되거나 고 1이 되는 학생들에게는 공부의 양이나 방법이 많이 달라지고 학습 방식이 달라진다는 것을 미리 알려 주고 대비하게 한다.

다음으로 3월 초가 되면 학교에서 교과 진도를 나가는데 학원에서 선행학습을 한 학생들은 학교에서 복습을 하게 되는 격이다. 동시에 비슷한 시기에 학원에서도 반복 · 심화수업을 시작하여 학교 수업에서 복습 한 번, 학원에서 복습 한 번으로 총 두 번의 복습을 하게 된다. 시험일로부터 한 달 남짓 남은 4월 초가 되면 시험 대비 기간이 시작된다. 시험 대비 기간은 학원 전체가 가장 바쁜 때이다. 선생님들도 바쁘고 학생들도 가장 힘든 시기이다. 공부 시간이 밤 11시까지로 최대한 연장된다(지역에 따라 차이가 있음). 학생들은 학교 선생님들에게 시험 범위를 알아서 학원 선생님에게 알려 주고 학원 선생님은 그 범위까지 시험 대비 지도를 한다.

시험 범위 내의 교과 내용을 재확인하거나 암기해야 할 것을 체크시험 등을 자주 치러서 외우게 하고 시험을 앞둔 15일 전부터는 본격적으로 문제 풀이를 하고 질문받기 방식으로 수업을 한다. 시험일이 임박하면 내일 볼 시험 과목을 그 전 날 최종으로 점검한다. 즉, 내일 국어와 수학, 도덕 시험이 있다면 오늘은 이 세 과목을 마지막으로 정리한다. 시험일은 학교마다 조금씩 차이가 있어 4~5개의 학교에서 시험이 시작하고 끝나는 총기간은 7~10일 정도에 걸쳐있다. 그만큼 시험 기간이 길어져 막바지 시험 준비에 총력을 기울이느라 선생님들이 힘들게 된다.

시험 기간에 학생들과 학원 선생님들을 더 바쁘게 하고 힘들게 하는 원인이 있다. 학교에서 갑자기 시험 범위를 변경하거나 바꾸는 경우이다. 특히 학원 선생님들은 학교 선생님들이 학원 선생님들을 골탕 먹이려고 그런 것이 아닐까 의심할 정도로 학교에서는 시험 범위가 일정하지 않고 심지어 완전히 변경하는 경우도 있다고 한다. 예를 들어, 시험 범위를 1과, 2과로 알고 있었는데 학교 선생님이 시험이 며칠 남지 않은 때에 2과를 안 보고 3과를 본다고 하면서 3과의 내용을 갑작스럽게 가르치는 경우이다. 학교에서는 제대로 학생들에게 내용을 전달하지 않으면서 3과 진도를 나갔기 때문에 학원에서는 급히 그 3과에 대해 자세히 보충수업을 해야 하고 그에 대한 학습 체크도 해야 해서 학생과 선생님 모두 매우 힘들어진다. 그래서 학원에서는 시험 대비 학습 기간에 주말을 이용하여 보충수업을 많이 하게 된다. 아래는 시험 대비 기간에 이루어지는 보충 수업 횟수를 표로 나타낸 것이다.

2011년 1학기 기말고사 대비 보충수업 횟수

	국어	영어	수학	사회	과학	기타 과목
횟수	0	0	4	8	1	0

학생들은 표현 그대로 빡세게 학원에서 시험 대비 학습을 하고서 학교에 가서 시험을 본다. 학교 시험은 3일에서 5일 정도의 기간 동안 치러진다. 시험이 끝나기 전 날까지 다음날 시험 대비를 위해 학원에 온다. 학생들은 그날 시험 점수를 예상하고서는 기뻐하기도 하고 우울해하기도 한다. 성적이 안 좋아서 우울해하는 학생은 선생님에게 시험이 끝날 때까지 열심히 하라는 말을 듣고 열심히 공부한다. 예상했던 성적이 안 나와서 펑펑 우는 학생도 있는데, 그

럴 경우 원장이나 부원장과 상담하여 마음을 다잡기도 한다.

부원장 : 지금 이렇게 운다고 해서 뭐가 되나. 네가 평소에 공부한 거를 생각해 보고 그것을 받아들이고 지금이라도 최선을 다해서 공부를 해야 된다. 공부가 그렇게 쉬운 줄 아느냐.

학생 : 선생님 저는 정말 열심히 했어요.

부원장 : 공부가 순간 열심히 한다고 갑자기 점수가 오르지는 않아. 그리고 네가 열심히 했다고 하는데, 전보다 열심히 한 것은 맞지만 평소에 꾸준히 집중해서 하는 것이 더 중요해. 공부는 양보다는 질이야.

시험이 모두 끝나고 나면 학원 선생님은 학생들에게 빈 종이에 점수를 적어 내라고 하여 학생들의 성적을 체크한다. 학생들은 학원 선생님들과 성적과 관련하여 여러 가지 대화를 나눈다. 그러면서 자신에게 있었던 여러 가지 학습 문제점을 점검하고 상담을 받으면서 다음 시험 때는 잘 보기를 기약하고 성적과 관련되어 있을 수 있는 기분 나쁜 감정을 씻어내고 다시 활기찬 수업을 준비하게 된다.

학생들에게는 시험이 끝났지만 학원 선생님들에게는 아직 해야 할 일이 많다. 우선, 학원에서는 학생들의 시험 결과를 분석하고 학원 교육의 문제점과 개선점을 찾기 위해 회의를 여러 번 한다. 특히 전체적으로 성적이 안 좋거나 학교 시험 출제 경향이 바뀐 경우 일주일에 걸쳐 연속적으로 회의를 하고 문제를 점검하여 커리큘럼을 다시 짠다. 이번 2011년 기말고사에서는 전체적으로 영어와 수학 성적이 저조해서 1시간씩 약 8회 교과 회의를 하였다고 한다. 수업할 때에 있는 여러 가지 문제점을 파악하여 수학 수업 시 지켜야 할 교수법을 마련한다. 예를 들어, 수학을 잘 할 수 있는 공부 방법을 적용하기 위해 문제 풀이 기간을 정하고 질문을 받는 규칙을 정한다. 수업 시간에 질문이 너무 많을 경우 전체 수업 진행에 차질이 빚어지기 때문에 주말 보충수업을 하여 질문을 충분히 받기로 한다.

그리고 시험이 끝난 후 수업에 결석하는 학생들에게 반드시 전화하여 학생의 변화를 체크한다. 시험이 끝난 후가 학원 선생님들에게는 시험 대비 기간만큼 힘든 시기인데, 왜냐하면 시험이 끝나고 첫째 주에 학생들이 학원에 다니기를 그만두거나 다른 학원에 가려 하는 등 마음의 변화가 많이 나타나기 때문이다. 학생 한 사람이 개인적인 이유로 학원 다니기를 그만두더라도 친하게 지냈던 친구들이 동시에 학원 다니기를 그만둘 수 있어 학원 선생님들은 각별히 주의하여 학생들을 관리하려 한다. 학원 선생님의 입장에서 자신이 책임을 맡고 있거나 그 학생의 담임으로 있는 경우, 그 학생이 학원에 그만 다니게 되면 무척 걱정이 되는 것이다. 그래서 학원 선생님은 더욱 각별히 주의하여 학생들의 변화를 읽어내고 대응하려 한다. 그러나 그렇게 한다고 해도 학원 수업에 큰 문제가 있었거나 학원 교육이 자신에게 도움이 안 된다고 생각하는 학생의 마음을 되돌릴 수는 없다. 단지 학원 선생님은 시험이 끝나고 쉬고 싶어하는 정도로 마음이 흔들리는 학생들의 마음을 잡아주거나, 학습 진로를 고민하는 학생을 상담해 주어 더 좋은 방법으로 설득하는 경우에만 다시 학생을 학원에 다니게 할 수 있을 뿐이다.

이렇게 학생 관리가 끝나면, 이제 학생들은 학원 전체적인 부분과 학원 선생님, 학원 수업과 관련하여 학원 선생님 평가를 한다. 다음 사진은 중학교 3학년 여학생들이 학원 선생님 평가를 하는 모습이다.

학원 선생님 평가를 하는 학생들(중 3)

학원 선생님 평가는 무기명으로 이루어지며 학생들은 성심껏 학원 선생님 평가를 하여 학원 교육에 대한 의견을 제시한다. 또한 학생들에게는 그동안 힘들었고 쌓였던 불만을 털어놓는 시간이기도 한다. 학원 선생님 평가는 친구들끼리 서로 의견을 주고받고 토론하면서 진행되는데 그 과정에서 학생들은 다양한 이야기를 쏟아낸다. 그래서 한 학생(S 여중 3, 여)은 이렇게 말하기도 한다. "학원 선생님 평가는 불만 100분 토론이에요. 하하." 또 어떤 학생은 학원 선생님 평가를 끝낸 후 선생님에게 점수를 후하게 주었다고 말하면서 어깨에 힘을 주기도 한다. "쌤, 진짜 제가 점수 잘 주었어요. 앞으로 잘해요!"

연구자 : 학원 선생님 평가를 하면 학원 선생님들에게 전달되어 바뀌니?
학생 1 : 아니요. 한 세 번은 찔러야 돼요. 하하.

선생님들은 학원 선생님 평가 설문지를 모두 모으고 세세하게 분석한다. 같은 선생님의 수업이라도 조사 결과는 반마다 학교마다 다르게 나오는 경우가 많다. 또한 선생님에 따라서도 다르게 나온다. 선생님들은 회의를 하여 각 반과 각 선생님마다 그러한 조사 결과가 나온 원인에 대해 토의하고 분석한다. 왜냐하면 조사 결과는 결과일 뿐이지 그 원인을 말하고 있지 않기 때문이다. 최소한 그 해결책은 조사 결과에서 찾을 수 없다.

동시에 선생님들은 학원 선생님 평가 결과를 보고서 자신의 수업 방법과 학습 관리 등의 교육 활동이 학생들에게 어떻게 받아들여져 왔는지 절실하게 느끼게 되고, 자신의 수업을 학생들에게 맞게 현실화하여 훌륭한 선생님이 되는 계기가 된다.

또한 학원 선생님은 학생의 학부모에게 전화하여 학생의 성적과 관련하여 상담을 한다. 학원 선생님은 학생이 성적이 저조한 경우 학부모에게 마땅히 할 말을 찾지 못하여 매우 곤혹스러워한다. "학생이 노력했든 안 했든 간에 학생의 성적을 책임지는 입장에서 학생의 탓을 하는 것은 학부모님에게 할 이야기가 아닌 것 같아서 제일 난처하게 되죠."라며 학원 선생님은 시험 기간이 끝난 후에도 학부모와의 상담에서 긴장감을 가지게 된다.

시험이 끝나고 이러한 여러 일들이 모두 끝나고 나서야 학원 선생님들은 한 단락의 시험 기간과 관련된 일이 완료되어 긴장을 풀고 마음 편히 회식을 하게 된다. 그리고 학생들에게도 피자 파티를 열어 주어 시험 기간 동안 힘들었던 마음을 풀어 준다. 다음 사진은 중학교 2학년 학생들이 피자를 먹고 있는 모습이다.

피자를 먹는 학생들(중 2)

학원마다 다르지만, 영화를 보러 가거나 놀이공원에 가기도 한다. 2학기 기말고사가 끝나고 한 해의 마지막이 되는 12월에는 학원에서 1박으로 캠프를 가거나 스키장에 간다. 지원자에 한해서 참여하지만, 대부분의 학생들이 함께한다. 캠프에 가서는 학생들이 선생님과 어우러져 마음껏 즐기는 시간을 가진다. 영화를 보러 가거나 놀이공원에 갈 때, 겨울에 캠프를 갈 때 학생들은 버스 안에서 선생님과 이야기를 나누며 무척 즐거워한다. 학원에 다니지 않는 친구들도 참여할 수 있다.

이때 고등학교 1학년에 올라가는 학생을 대상으로 배치고사 대비 준비반을 꾸린다. 고등학교는 수준별로 반이 나눠져 있고 처음에 어느 수준의 반에 들어가느냐가 대학 입학 성적에까지 크게 영향을 미친다. "한 번 우반은 영원한 우반이고, 한 번 평반은 영원한 평반이다."라고 말할 만큼 수준별 분반에 따른 부작용이 크게 나타나 배치고사 때 열심히 준비하여 처음에 우반에 들어가는 것이 중요해졌다. 배치고사 준비반은 중학교 3학년 학생들이 11월 초쯤에 치르는 기말고사를 마치고 난 후 신청을 받아 11월 말부터 대비하여 다음 연도 2월 초에 있는 시험 바로 전 날까지 준비한다.

이러한 과정을 모두 거쳐서 다음 학년으로 올라가게 되고 다시 반복하여 같은 과정이 진행된다. 이상에서 학원 교육의 일 년 과정은 중간고사와 기말고사를 중심으로 하여 한마디로 단락이 정해지고 네 번의 마디가 있다. 시험 기간이 끝나고 나서는 성적 관리와 교과 회의, 학원 선생님 평가와 학생 관리가 이루어지는 등 학원 전체 운영에 대한 평가를 한다. 그리고 매 시험이 끝나면 학원에서 피자 파티와 놀이 행사를 하고 일 년이 끝나는 겨울에는 1박으로 캠핑을 가는 등 놀이 행사를 하여, 학원 교육 활동은 네 번의 시험 대비를 위해 공부에 집중하는 시기와 시험이 끝난 후 놀이 등으로 한가하게 시간을 보내는 흐름으로 진행된다.

Tip 학부모들이 자녀 교육에서 실패로 생각하는 것

다음 표에서 볼 수 있는 바와 같이 '그런 편이다'와 '매우 그렇다'를 합해서 볼 때, 가장 많은 수(77.5%)의 학부모가 실패로 생각하는 것은 '자녀가 자립하지 못하고 부모에게 의존하려 하는 것'이다. 그 다음으로는 '자녀가 부모의 권위에 도전, 반항하며 제멋대로 행동하는 것'(71.2%), '자녀가 좋은 직장에 취직하지 못하는 것'(36.8%), '자녀가 대학에 들어가지 못하는 것'(28.0%), '자녀가 일류대학에 들어가지 못 하는 것'(15.4%) 순으로 나타났다. 조사 대상 학부모의 28.0%가 '대학에 들어가지 못하는 것'을, 15.4%가 '일류대학에 들어가지 못하는 것'을 자녀 교육의 실패로 본다고 응답했다는 점은 우리 사회의 치열한 대학 입학 경쟁 현상과 과열되어 나타나는 사교육 현상과 관련하여 새로운 시사점을 던져 준다. 이는 사교육 현상이 학벌주의 때문에 나타나는 것만은 아니라는 점을 반증하고 있어 사교육 현상이 과열되게 나타나는 원인을 섣부르게 판단할 수 있는 단계가 아니며, 다양한 접근방법으로 다시 탐구해야 할 필요가 있다는 것을 알려 주는 의미 있는 자료이다.

학부모들이 자녀 교육에서 실패로 생각하는 것

(명: %)

구분	무응답	그렇지 않다	별로 그렇지 않다	그런 편이다	매우 그렇다	전체
자녀가 대학에 들어가지 못하는 것	203(8.6)	747(31.6)	753(31.9)	595(25.2)	65(2.8)	2363(100.0)
자녀가 일류대학에 들어가지 못하는 것	209(8.8)	995(42.1)	796(33.7)	325(13.8)	38(1.6)	2363(100.0)
자녀가 부모의 권위에 도전, 반항하며 제멋대로 행동하는 것	161(6.8)	226(9.6)	294(12.4)	903(38.2)	779(33.0)	2363(100.0)
자녀가 자립하지 못하고 부모에게 의존하려 하는 것	143(6.1)	170(7.2)	217(9.2)	953(40.3)	880(37.2)	2363(100.0)
자녀가 좋은 직장에 취직하지 못하는 것	211(8.9)	469(19.8)	813(34.4)	780(33.0)	90(3.8)	2363(100.0)

출처: 현주, 한국 학부모의 교육열 분석 연구, 한국교육개발원, 2003.12, pp. 184.

| 5장 |

아이들이 학원에 가는 첫 번째 이유: 수/영/국

Hakwon

1. 개별 맞춤식 수학 수업

2. 능력별 영어 수업

3. 닭갈비 같은 국어 수업

HAK WON

1. 개별 맞춤식 수학 수업

수학 과목은 고급 레스토랑의 고급 요리처럼 비싸고 먹는 방법도 복잡하여 식사하는 데 시간이 다소 걸리지만 푸짐한 음식과 같다. 그만큼 수학 실력을 기르는 것은 쉽지 않아 많은 시간을 들여 노력해야 하고 입시에서 수학 점수의 비중이 높아 무시하기 어려운 과목이다. 그래서 학생들은 이러한 수학 과목의 실력을 기르기 위해 가장 많이 개인 · 그룹 과외를 하거나 학원 교육을 받고 있다.

그러면 학원에서는 수학 과목을 어떻게 가르치고 학생들은 어떻게 공부를 하고 있을까? 학원은 운영상 학생들의 수학 점수를 올려야 유지되고 성장하기 때문에 다양한 차원에서 효과적인 학습 방법을 마련하여 학업 성과를 올리려고 노력한다. 수학 과목은 특성상 철저히 개별 수준에 맞게 교육을 해야 실력이 향상되기 때문에 수준에 맞는 학습을 하기 위한 여러 방도를 개발하고 활용한다.

효과적인 반편성

학원에서는 지역 상황에 따라 학습 효과를 높일 수 있게 반을 자유롭게 편성하여 운영하고 있다. 코리아학원이 위치하고 있는 지역의 중고등학생들에게는 공통적으로 내신 성적을 향상시키는 것이 중요하다. 그래서 내신 성적을 올리면서도 학생들의 개별 수준에 맞는 교육을 하여 효과를 높이는 방법으로 학교별 분반제와 수준별 분반제가 모두 적절하게 활용되고 있다. 이 방법은 수학 과목 외에 다른 과목에도 적용되고 있다.

> 지난 가을부터 내가 다니게 된 학원에서는 학기 중에는 학교별로 반을 나누고 방학 때는 수준별로 반을 나누고 있다. 그래서 방학이 되면 어느 학교에 다니는 것과는 상관없이 나와 비슷한 실력을 가진 학생들이 함께 공부하게 된다. 개학하면 다시 수준별이 아니라 학교별로 반을 나누게 되어 나는 실력 차이와 상관없이 같은 학교에 다니는 친구들과 같은 반에서 공부하게 된다. 얼마 전 겨울방학 3개월 동안 다른 중학교에 다니는 형석이와 나는 가장 수학 실력이 좋은 학생들이 모인 개콘반에서 공부를 같이 하면서 친해졌지만 3월이 되어 개학하게 되자 학교별로 반이 나눠져 다른 반에서 공부하게 되었다. 우리는 열심히 공부해서 다음 여름방학 때도 같은 반에서 만나 공부하자고 다짐하였다. (현민, 고1)

코리아학원에서는 이처럼 방학 때와 학기 중에 다른 기준으로 분반을 하고 있다. 방학 중에는 레벨 테스트에 따라 수준별로 반을 나누고 학기 중에는 학교별로 반을 나눈다. 그래서 일 년 중에 반이 여러 번 바뀌고 학기가 끝날 때에 두 번의 레벨 테스트를 보고 결과에 따라 수준이 정해진다. 이렇게 학교별과 수준별로 반을 여러 번 나누어 편성하는 이유는 학생들의 수준에 맞게 이해도를 높이는 수업을 하고 심화학습의 효과를 높이고 동시에 학교별로 다르게 시험이 출제되고 있어 내신 성적을 효과적으로 올리기 위함이다.

즉, 학기 중에 학교별로 분반하면 학교마다 다른 교재가 사용되거나 시험이 다르게 출제되는 경향이 있어 학교 수업에 맞게 수업을 하기가 용이하다. 학교 진도도 학교마다 달라 학교마다 중간고사와 기말고사 때의 시험 범위가 다르다는 점에서도 학기 중에 학교별로 편성하는 것이 내신 준비를 하는 데 유리하다. 그러면 학원에서는 학교에 따라 수업 진도를 맞추기 쉽고 학교에서 나눠주는 부교재와 인쇄물을 공부하기 쉽게 된다. 그리고 학교에서 수업을 안 하는 방학 기간 동안에는 보충학습의 효과를 높이려고 학생들의 수준에 맞게 교육하고 실력을 높이는 기회를 마련하려 수준별로 반을 편성하는 것이다. 다음 표는 일 년 동안 학교별과 수준별 반편성을 보기 쉽게 정리한 것이다.

코리아학원의 일 년 분반 형태

기간 / 분반 형태	1학기 중	여름방학	2학기 중	겨울방학
중학교 1~3	학교별 반편성	수준별 반편성	학교별 반편성	수준별 반편성
고등학교 1	학교별 반편성	수준별 반편성	학교별 반편성	수준별 반편성
고등학교 2~3	학교별, 문 · 이과별 반편성	문 · 이과별 수준별 반편성	학교별, 문 · 이과별 반편성	문 · 이과별 수준별 반편성

다음으로, 학기가 시작되고 나서 학교별로 분반해서 수업할 때 어떻게 내신 준비를 효과적으로 하고 있는지 보자. 학교별로 진도와 부교재, 필기 내용과 시험 기간 등이 달라 학원에서도 이러한 차이에 맞추어 수학 수업이 이루어진다. 다음 표는 코리아학원에 다니고 있는 W 중, B 중, K 남중, M 여중에 따라 수업이 어떻게 다르게 진행되는지를 나타낸 것이다.

2011년도 2학기 중2 기말고사의 학교별 시험 기간 및 부교재

학교	시험 기간	부교재
W 중학교	12. 6 ~ 12. 9	수학익힘책, OO문제집, 학교 자체 인쇄물
B 중학교	12. 12 ~ 12. 14	G문제집, P문제집, 학교 자체 인쇄물
K 남자중학교	12. 12 ~ 12. 15	G문제집, 학교 자체 인쇄물
M 여자중학교	12. 6 ~ 12. 9	학교 자체 인쇄물

이렇게 반을 여러 번 다르게 편성하면 학습 동기를 부여하게 되기도 한다. 특히 수준별 분반제는 학생들의 수준에 맞추어 수업을 하여 더 효과적으로 수학 실력을 높이기 위한 것이 목적이다. 그러나 학생들이 그 반에 안주하거나 더 높은 수준의 학생들이 있는 반으로 올라가려는 동기 부여가 되지 않는다면 수준별 분반제는 학생들의 실력을 고정시켜 버리기도 한다. 특히 낮은 수준의 학생들만 있는 반에서는 학생들이 질문할 수 있는 친구가 없어 질문 기회가 줄어들고 공부 잘하는 학생들이 학습하는 자세를 배우지 못하게 된다. 그래서 학원에서는 일 년에 두 번에 걸쳐 레벨 테스트를 하여 수준별로 분반해 동기 부여를 한다. 또한 선생님이 학생의 학습 수준을 파악하고 가능성이 있다고 판단되면 바로 다른 수준의 반으로 옮기게 하여 심화학습을 하도록 한다. 그리고 친구관계가 학생들의 학업 자세와 성적 향상에 큰 영향을 미치고 있어 반편성할 때 반드시 친구관계를 고려하고 있다.

개별 맞춤 수업

수학 과목의 특성상 실력을 높이는 데는 특히 학생 개인의 수준에 맞는 수업과 학습 지도가 중요하다. 그래서 학원에서 수학 교육은 점점 개별적인 수업과 지도가 가능한 방향으로 학습 교재와 학습 관리시스템이 개발되고 있다. 선생님은 수업 시간에 수업만 하는 것이 아니라 학생들의 이해 수준을 파악하고 이해 수준에 맞추어 속도를 조절하거나 학습 내용을 선별하고 분량을 조절한다. 개별 설명이 필요할 때 수업이 끝나고 학생과 약속을 잡아 보충하는 방법으로 개별 지도를 하기도 한다. 또한 학생이 감당하고 성취감을 느끼도록 적절한 분량의 과제를 내고 수업만큼이나 과제 관리를 철저하게 하여 학생이 수업이 끝나고 나서 스스로 어떻게 공부하고 있는지, 수업 내용을 잘 이해하고 있는지를 잘 판단하고 동기 부여를 하려 한다.

학원에서는 집중해서 수업을 듣게 된다. 학원 선생님은 내가 어떤 부분을 어려워하는지 훨씬 잘 알고 있기 때문이다. 학교에서 나는 구석에 숨어 있는 편이었고 혹시라도 선생님의 눈에 띄어 질문을 받는 것은 성가신 일이었다. 당연히 몰라서 질문하기도 무섭기도 하여 어렵게 된다. 그런데 학원 수업 시간에는 다르게 공부하고 있다. 학원 선생님은 나에 대해 너무 잘 알고 계신 것 같다. 내가 수업을 듣다 모를 만한 내용에서 선생님은 어김없이 한 번 더 설명해 주시거나 선생님이 먼저 "수형아, 여기서 뭐 이해 안 가는 거 없니?" 하고 물어봐 주신다. 그러면 "이러이러한 부분이 잘 이해가 안 돼요."라고 대답하기도 쉽다. 그러다 보니 이제는 내가 먼저 질문을 하면서 내가 부족한 부분을 보충하거나 가끔 선생님은 따로 불러서 내가 특히 어려워하는 부분을 보충해 주신다. 선생님에게 하지 못한 질문은 친구에게 한다. 학교 수업에서는 선생님이 저기 멀리 앞서 나가는 수업을 따라가려고 아등바등거리다 놓치기 일쑤여서 혼자 공부하게 되는데 학원 선생님은 바로 앞에서 나를 조금씩 이끌어 주고 있다. (현민, 고1)

그렇다면, 학원 선생님은 10명의 학생들이 있는 교실에서 수학 과목을 어떻게 개별적으로 지도하고 있는지 보자. 코리아학원의 수업은 30명이 있는 교실에서 하는 학교 수업과 크게 다르지 않아 보인다. 아래 코리아학원의 수학 수업 진행 흐름을 보자.

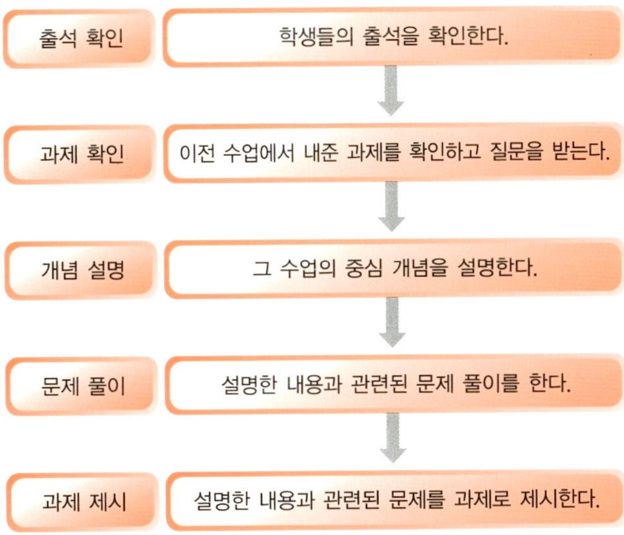

코리아학원의 수업 진행표

선생님은 출석부를 들고 교실에 가서 학생들의 이름을 부르며 출석을 확인하는 것으로 수업을 시작한다. 출석 확인이 끝나면 지난 수업 때 내준 과제를 확인한다. 다음 선생님이 수업을 하고 확인 문제를 푼 후 과제를 내고 수업을 끝낸다. 그래서 수업은 출석 확인 → 과제 확인 → 개념 설명 수업 → 문제 풀이 → 과제 제시 순으로 이루어진다. 이는 학교에서 진행되는 수업과 별 차이가 없다. 실제로 학원에 다니는 많은 학생들은 수업 자체에 대해서는 학교와 학원의 차이점을 크게 느끼지 못한다. 하지만 이러한 큰 틀 안에서 나타나는 개별학습 수준을 파악하고 수업을 하고 학습 관리를 하는 두 가지 점에서 학생들은 학원 선생님의 수업에 집중하게 된다. 아래 코리아학원의 수학 선생님의 수업 계획을 보자. 이 수업은 개별 학생의 수준에 대한 판단과 이해가 큰 부분을 차지하고 구체적이고 효과적인 지도 방법까지 포함하고 있다.

〈코리아학원 수학 선생님의 수업 계획〉

오늘 수업은 곱셈 공식이구나. 이거 어려운데… 근데 이거 모르면 기말시험 완전 망하는데. 일단 공식들을 프린트해서 쭉 돌리고 외우라고 해 볼까?

(중략)

근데 이걸 외우라고 하면 까탈스러운 수영이나 세진이는 “이게 왜 이렇게 되는데요? 그냥 외워요?" 그럴 테고, 이해가 느린 규환이나 대근이는 아예 할 생각도 안할 텐데. 그럼 일단 원리를 설명해 주고 외우라고 해야겠네.

(중략)

여기까지 설명하면 알아들을 친구는 알아듣겠지만 규환이나 대근이는 또 못 알아듣겠지? 그럼 규환이나 대근이에게는 원리나 외우는 방법보다는 계산을 편하게 하는 방법도 가르쳐 주면 좀 낫겠지.

(중략)

이 정도 하면 규환이나 대근이도 알아들을 수 있을 거야. 그런데 이거 설명하고 문제를 풀게 하면 아마 못 푸는 아이들이 많을 거야. 수영이나, 세진이, 영광이는 알아서 풀 것이고 동수는 대충은 알아들었겠지만 관심 있게 지켜보고 있다는 표시를 꼭 해 줘야 하니 앞에 가서 한 번 말 걸어 주고 한 번 짚어 주면 좋다고 풀겠지. 근데 규환이나 대근이는 분명 못 풀 것이 뻔하니 둘이 따로 불러서 좀 봐 주면 되겠네.

그리고 다음은 코리아학원의 수학 선생님이 파악하고 있는 학생들의 학습 성향을 나타낸 것이다.

〈학원 수학 선생님들이 파악하고 있는 학생 정보의 예〉

김○○ : 수학 문제 푸는 속도가 느림. 계산을 못하는 것은 아닌데 속도가 느리고 너무 꼼꼼함. 다른 친구들에 비해 두 배 정도의 시간이 걸림. 따로 시간을 주고 확인해야 함.

이○○: 수학 성적이 괜찮기는 하지만 집중력이 떨어짐. 말이 너무 많고 수업 중에 엉뚱한 과제를 하는 경우가 많음. 과제를 주고 확인해야 함.

박○○ : 말이 많고 한 번씩 딴생각을 함. 이름을 불러 주면 집중함. 지속적으로 이름을 불러 줘야 함.

학원 수업의 가장 큰 장점은 학원 선생님이 학생의 여러 성향들을 잘 이해하고 수업을 한다는 점이다. 그런데 특히 수학 실력을 기르는 데는 수학 내용을 알아듣기 쉽게 설명하는 것도 중요하지만 다른 과목과 비교할 때 수학 과목의 특성상 선생님은 좀 더 철저하게 학생 개별의 수준에 맞추어 지도해야 한다. 그래서 상황이 되고 시간이 허락된다면 판서 수업과 개념 설명보다 개별 지도 수업의 비중을 늘리거나 개별학습 관리를 하려 한다.

코리아학원에서 가르치는 수학 선생님 역시 수업 연구를 할 때 학생들이 내용에 대한 설명에서 어떻게 받아들이고 이해할 것인지 그리고 학생들의 학습 자세를 이해하고 스스로 해 보게 하기 위해 학생들의 다양한 측면을 파악하려고 있다. “수학 학습 지도는 학생이 풀지 못하는 매듭이 무엇인지 선생님이 잘 파악하고 그

매듭을 이해하도록 하는 것이 중요합니다." 아무리 수업을 멋있고 재밌게 한다고 해도 개별 맞춤 지도를 하지 않는다면 학생들의 수학 실력에 큰 도움이 되지 않는다. 이렇듯 수학 선생님은 자신의 수업을 듣는 학생 모두를 자세히 파악하고 있으며 수업 계획을 짜거나 수업을 진행할 때에도 학생 한 명 한 명에게 다가서며 이해시키는 수업을 하고 있다. 말 그대로 개인별 맞춤 지도인 것이다. 바로 이러한 점에서 학원에서 수학 공부할 때 학생들은 수업에 집중해서 공부하게 된다. 그래서 학원에 다니는 많은 학생들은 학원 수업이 자신의 수학 실력을 기르는 데 더 좋다고 생각한다.

> 학교에서는 선생님의 설명을 들어도 이해하기가 어려운데 학원에서는 질문을 하면 선생님이 알아듣기 쉽게 잘 설명해 주세요.
> (코리아학원의 학생들)

학생들의 실력 향상은 한 달간의 시험 대비 기간에 크게 높아지고 다져지는 만큼 개별학습 지도를 더욱더 많이 한다. 이러한 긴 시간 동안 하는 시험 대비 학습은 학교 교육에서는 없는 것이라 학원 교육의 특별한 방식이라고 볼 수 있다. 학교에서는 학원처럼 별도의 시험 대비 학습을 하지 않는다. 물론 학교에서도 시험 기간이 다가오면 학생들에게 자습 시간을 주기도 한다. 하지만 그건 말 그대로 자습이다. 질문이 활발하게 일어나지도 않고 적막 속에서 각자 공부한다. 시험에 대한 준비는 철저히 학생 스스로 혼자서 해야 하는 것이다. 하지만 학원에서의 시험 대비는 학교에서처럼 학생 혼자 위주로 하는 자습과는 다르다. 코리아학원의 시험 대비에서 학교와 결정적으로 다른 부분은 학생들이 개별 지도를 받으면서 자습을 하고 시험 준비를 한다는 점이다.

> 이번 주부터 시험 대비 학습이 시작된다. 시험 대비 기간에 하는 수업은 가만히 앉아서 선생님 수업만 듣는 것이 아니라 내가 직접 문제를 풀고 물어보고 하면서 자기 공부를 챙길 수 있는 시간이다. 학교에서는 시험 대비라 해 봐야 자습 시간을 주고 선생님에게 질문하는 정도인데 학원에서는 적절한 지도를 받으면서 시험 준비를 한다. 선생님은 나의 학습 수준을 파악하고 있고 어느 정도의 점수를 받을지 예상하고 그 점수에서 조금 더 높이도록 하려고 적절한 난이도의 문제를 골라 준다. 가끔 공부 잘하는 친구들이 별이 다섯 개나 되는 어려운 문제를 풀고 있는 모습을 보면 자존심이 좀 상하기도 하지만 지금은 나의 수준에 맞는 문제를 푸는 것이 더 중요할 것이다. (박민주, 고2)

일단 학원 선생님이 이렇게 학생들의 수준에 맞게 자습 지도를 하려면 학생들의 학습 수준을 판단해야 한다. 그리고 선생님이 학생의 학습 수준을 얼마나 잘 파악하느냐에 따라 개별 지도의 질이 달라진다. 그래서 선생님은 학생이 지난 시험에서 받은 점수를 보기도 하지만 그것에만 근거하여 학생의 학력 수준과 시험에서 받을 수 있는 잠재적 가능성을 판단하지는 않는다. 시험 점수가 학생의 학력을 나타내는 전적인 지표가 될 수 없는 이유는 점수는 그 시험에서의 성적만을 나타내는 것이고 잘할 수 있는 학생인데도 실수를 하거나 여러 가지 사정으로 낮은 점수를 받을 수 있기 때문이다. 또는 말 그대로 학생의 실력이 좋아서가 아니라 운 좋게도 자기가 공부했던 문제집에서 문제가 우연찮게 나오게 되어 점수가 잘 나오는 경우도 있다. 그래서 성적이 중위권이라 할 수 있는 점수를 70~80점 정도라 한다면 그 점수를 받는 학생이 중위권의 실력을 가지고 있다고 보기 힘들며 점수가 그 학생의 진정한 수준을 나타내 주지 못하는 경우가 많게 된다.

학원 선생님은 점수보다는 학생이 그 점수를 받게 된 경위를 이해하려 한다. 즉, 선생님은 학생과 수업을 하고 과제를 내고 학습 지도를 하고 상담을 하면서 학생이 수업 시간에 이해하는 정도와 학습하는 자세를 알아야 한다. 그리고 학생에게 일어난 여러 일상에서의 문제들이 공부와 학업 성취에 어떤 영향을 미쳤는지를 파악하고서 그 점수가 어떻게 나오게 되었는지를 이해한다. 그래서 이번 시험에서는 70점이라는 낮은 점수를 받았지만 다음에는 100점 받을 수 있는 잠재력이 있는 학생이라고 판단하고 지도하기도 한다. 또는 100점 받은 학생이지만 평소의 끈기 없는 학습 자세를 보면서 고학년이 되어 공부할 양이 많아질수록 성적이 하락할 것이라는 것을 파악하고 늘 끈기를 가지게끔 한다.

이렇게 좀 더 장기적인 관찰로 학생들의 학력 수준을 판별하고 난 후 그에 따른 처방이 이루어진다. 마찬가지로 개별 수준에 따라 적절한 과제를 제시한다. 상위권 수준의 학생인 경우 고난이도 문제를 제공하여 한 문제라도 틀리지 않게 고득점을 노리는 처방을 한다. 왜냐하면 학교 시험에서는 변별력을 위해 몇몇 난이도가 높은 문제를 출제하기 때문이다. 반면 중위권 학생에게는 몇 문제도 되지 않으면서 난이도가 높은 문제를 대비하는 것은 시간 낭비일 것이다. 오히려 중·하 난이도의 문제와 유형 문제를 풀어 보게 하여 실수 없이 문제를 풀 수 있도록 지도한다.

하지만 이러한 중하위권의 학생이 그 수준에만 머물도록 학원은 놓아 두지 않는다. 학생의 성적이 정체되거나 떨어지면 그 학생이 학원에 안 다니게 되는 경우가 생길 수 있다. 특히 수학 과목의 경우에는, 모든 과목이 그렇지만, 이런 중하위권의 학생들이 평소 꾸준하게 공부하도록 하여 실력을 쌓아 나가도록 지도하는 것이 중요하다. 공부를 잘하는 상위권 학생과 그렇지 못하여 높은 성적을 못 내는 중하위권 학생을 비교할 때 학생이 평소에도 꾸준하게 공부하는지의 차이가 실력 향상에 가장 크게 작용하기 때문이다.

수업보다 중요한 공부 습관 들이기

학원의 경영상 공부를 잘하는 학생이든 그렇지 않은 학생이든 동일하게 수업료를 받고 공부를 시키고 있어 각각에 맞는 효과적인 방법을 찾아 한 명이라도 더 학원 교육에 만족하도록 노력해야 한다. 그래서 특히 수학 과목의 경우, 영어도 마찬가지지만, 중하위권의 학생들에게 공부 습관을 만들어 주어야 실력이 오르기 때문에 수학 선생님은 수업을 잘 하는 것만큼이나 학생들이 공부 습관을 기르도록 지도한다.

공부 습관을 들이는 학습 지도 방식에는 상담 또는 자습 지도 등 다른 장에서 제시한 것들이 있다. 그 외에도 선생님은 수업 시간에 과제시험을 제출하고 그 결과를 철저히 관리하여 나머지 학습을 시켜서라도 그 내용을 제 시간에 익히게 하거나 학생 상담이나 학부모 상담을 통해 신뢰관계를 형성하고 학습이 부진한 이유를 파악하여 적절한 처방을 하기도 한다. 예를 들어, 공부를 못한다고 학교에서든 집에서든 질책을 받아 온 학생의 경우 수학 공부 자체를 싫어하기보다 공부를 하면서 받게 되는 질책이 두려워 공부를 멀리했을 것이다. 그런 경우에는 칭찬과 배려를 많이 해서 공부 시간에 대한 부담을 덜어 준다. 또는 체벌을 없애고 큰 소리를 치는 등 무섭게 하는 지도 방식을 버리기도 한다. 공부를 하게 하려고 그러한 방식을 사용하여 성적을 향상시킬 수 있었지만 그 부작용도 컸다. 즉, 학생들이 학원에 오는 것을 부담스러워하거나 외부에 학원이 무섭다는 식의 소문을 내서 새로운 학생이 들어오지 않게 된다. 또한 수업 시간에 너무 많은 내용을 알려 주려다 학생들이 힘들게 되면 수업이 끝나고 과제마저 하기 어려워하기 때문에, 수업에서는 최소한 알아야 할 내용을 재미있게 이해시켜 가벼운 수업 시간이 되게 한다.

그러나 공부를 하고자 하는 의지력이 없는 중하위권 학생을 시험이 끝나고 나서도 계속 공부하게 하는 것은 쉬운 일이 아니다. 학습 동기가 없고 공부에 흥미가 없고 의지가 없는 중위권 학생에게 두 달 뒤에 있는 시험은 너무나 먼 미래의 일이다. 그러한 학생에게는 바로 단기간의 목표를 주는 여러 장치가 필요하다. 코리아학원에서는 스탬프 제도를 실행하여 숙제를 잘하거나 수업 시간에 열심히 공부할 때 선생님이 스탬프를 학원에서 만든 조그마한 책자에 하나씩 찍어 주어 도장을 채우게 한다. 최소 한 달 단위로 결산하여 도장을 모으는 재미를 주고 두 달 동안 채울 도장을 모으면 더 큰 상품을 주어 꾸준하게 공부하도록 지도한다. 한 달마다 자기가 모은 도장 개수에 따라 작게는 샤프 같은 문구류와 크게는 5천 원에서 1만 원 상당의 문화상품권을 준다.

그리고 1만 원이 넘는 문화상품권을 학생이 받을 경우 반드시 학부모에게 알려서 학생이 다른 용도로 사용하지 않도록 교육적으로 관리한다. 이렇게 학생들이 스탬프를 모으다 보면 꾸준하게 공부하게 되고 시간이 지나면 공부하는 습관이 들게 된다. 또 다른 방법으로 학년이 낮거나 학습 의지가 매우 낮은 학생들이 모인 반에서는 칭찬 간식을 주는 방식으로 공부 습관을 들이려고 한다.

칭찬 간식이란 500원 상당의 과자를 숙제를 잘하는 학생 두 명에게 선생님이 칭찬을 하면서 선물로 주는 것이다.

변화에 발 빠른 대응: 개별 맞춤 학습 지도의 강화

> 수학시험이 많이 어려워지고 있다. 우리 학교만이 아니다. 다른 학교에서도 수학시험 문제가 많이 어려워졌다고 한다. 그래서 모두들 수학 성적이 많이 떨어져 걱정하고 있다. 서술형 문제가 많이 출제되는 등 앞으로 계속 어렵게 나올 거라고 한다. 그래서 학원에서 발 빠르게 대응을 하면서 수학 수업을 하는 방식을 많이 바꿨다. 선생님은 일주일에 한 시간만 판서 수업을 하고 수업 시간도 한 시간이 늘어나 나머지 5시간 동안에는 각자 문제를 푼다. 뿐만 아니라 교재 자체가 완전히 달라졌다. 전에는 책을 사서 책을 보면서 공부했지만 이제는 컴퓨터가 선별적으로 학생 수준에 맞는 내용과 문제를 만들어 출력해주는 교재를 사용한다. 그래서 한 반에서 같이 공부하지만 친구들마다 교재가 다르다. 그리고 그 교재에는 문제마다 QR 코드가 있어 스마트폰을 이용해 해설 동영상 강의를 바로 볼 수 있다. 수업 방식이 많이 바뀌어서 적응하는 데 좀 시간이 걸리지만 학원에서 이렇게 또 준비를 시켜 주니 좀 안심이 되기는 한다. (정성희, 고1)

학원 교육의 가장 큰 장점은, 학교 교육과 비교할 때, 변화된 교육 환경과 입시 변화에 발 빠르게 대응하여 학생들에게 적합한 교육을 제공한다는 점이다. 최근에는 특히 창의성 또는 표현 중심의 교육을 강조함에 따라 영어 과목의 경우 말하기와 쓰기 중심의 실력 테스트를 하는 Neat 시험이 고입시험과 대입시험에 중요하게 활용될 것이라 전망되고, 수학 과목의 경우 서술형 문제가 많이 출제되는 등 학생들이 수학적 사고력을 주요하게 필요로 하게 된다. 코리아학원에서는 기존의 수업 방식으로 학생들의 성적을 올리기가 힘들다고 판단하고 일 년 동안 교과 회의를 하고 외부의 정보를 알아보는 등 변화에 효과적으로 대응하여 학생들의 성적을 올릴 수 있는 근본적인 방법을 고민해야 했다. 다른 교재를 도입하고 적용하면서 문제점이 발견되어 모두 버리는 과정에서 많은 비용이 들어가는 시행착오를 겪었고, 자기 학원의 실정에 가장 적합한 교육 방식과 교재, 학습 관리시스템을 제공하는 프랜차이즈를 찾아 협력하게 되었다.

이렇게 학원이 변화에 대응하고 교육의 질을 높이는 과정은 보통 세 단계를 거친다.

첫째, 변화에 대응하기 위해 적절한 교육 방식을 차용하는 것이다. 이 과정에서는 변화 상황을 파악하고 그 변화에 적절하게 대응할 수 있는 방법이 자기 학원에서 찾기 어렵거나 만들기 어렵다면 외부의 다른 학원이나 많은 프랜차이즈들을 찾아 설명회를 들으면서 해결 방안을 찾아 차용한다.

둘째, 외부에서 교재와 교육 방식 등을 차용하고 난 후 그것을 현지화한다. 현지화란 다른 지역에서 사용되는 교재와 방식을 학원의 실정에 맞게 활용하여 효과를 극대화하는 것을 말한다. 즉, 그것을 그대로 학원에 적용하는 것이 아니라 선생님들이 그러한 교재와 교육 방식을 차용하여 수업을 하면서 문제점이 무엇인지 파악하고 학생들의 반응을 보거나 예상치 못한 문제가 생기는 경우 설문조사를 하여 문제점을 파악한다. 그리고 그러한 새로운 교재와 교육 방식의 활용 범위를 학생마다 다르게 적용하고 그것들이 여기 학생들에게 어떤 점에서 유리하고 어떤 특성의 학생들에게 유용하지 못한지 파악하여 보충할 수 있는 다른 방법을 마련하여 차용에 따른 부작용을 최소화한다.

셋째, 학원교육 프로그램을 개선하여 수학 학습에 실질적인 도움이 되도록 교육 환경을 마련하기도 한다. 종합학원의 학습 프로그램을 개선하여 단과전문 종합학원으로 운영한다. 즉, 수학과 영어 과목의 수업시수를 대폭 늘리고 많은 자습시간을 확보하려고 국어와 사회, 과학 과목을 인터넷강의 교육으로 전환한다. 학원은 모 프랜차이즈와 계약하여 학생들이 학원에 마련된 컴퓨터를 이용하여 인터넷강의를 무료로 이용할 수 있게 하였다.

넷째, 다음에 있는 시험에서 새로운 교재와 방식으로 공부한 학생들이 그렇지 않은 다른 학원의 학생들보다 어떤 장점을 보이며 좋은 결과를 보이는지 지켜본다. 긍정적인 결과가 나올 경우

대대적으로 광고하고 입시 설명회를 하여 신입생을 모집한다.

특히 현지화하는 과정에서 학생들의 의견을 물어보고 실제로 얼마나 학생들에게 적합한지를 파악하는 것이 중요하다. 지난 12월 코리아학원에서는 오랜 교과 회의를 하면서 Y 프랜차이즈에서 제공하는 학습시스템을 도입하였다. 그 프랜차이즈에서는 학습 수준에 따라 선별적으로 문제를 만들고 최첨단 공학기술이 적용되어 스마트폰으로 학습이 가능하여 어떠한 학생에게도 개별 맞춤 교육이 가능하다고 판단하였다. 그러나 3개월째 선생님이 수업을 하면서 몇몇 학생들이 컴퓨터에서 나오는 문제들이 손도 못 댈 정도로 어렵다는 이야기를 하여 학원에서는 전체 학생을 대상으로 설문조사를 하여 상황을 파악하였다. 그 결과 10명 중 1~2명 정도의 최하위권 학생들이 그러한 반응을 보이고 있다는 것을 알게 되었다. 이렇게 문제가 생기는 이유는 서울 중심에 맞게 그 시스템이 맞추어져 있어 레벨에 대한 평가가 모든 지역의 학생들에게 맞지 않았기 때문이다. 그래서 그 학생들에게는 쉬운 교재를 마련해 주어 보완하기로 하였다. 다음은 Y 프랜차이즈에서 제공하는 학습시스템에 대한 고등학교 2학년 학생의 설문조사지이다.

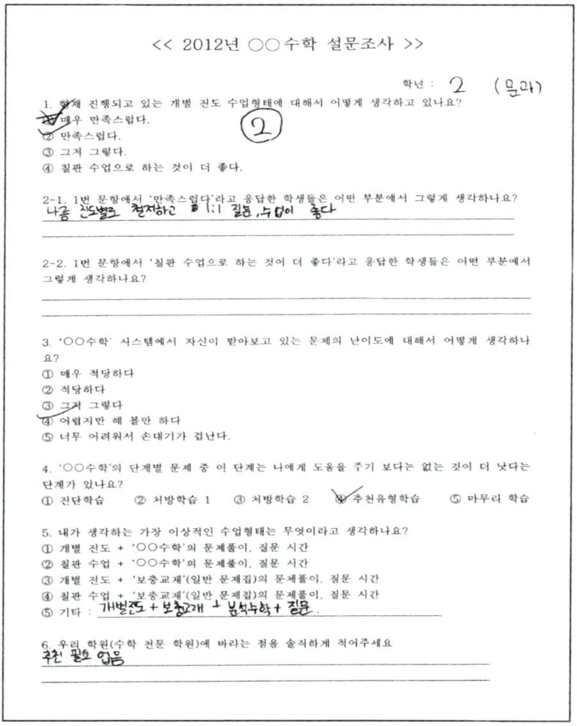

<< 2012년 ○○수학 설문조사 >>

학년 : 2 (문과)

1. 현재 진행되고 있는 개별 진도 수업형태에 대해서 어떻게 생각하고 있나요?
① 매우 만족스럽다.
② 만족스럽다.
③ 그저 그렇다.
④ 칠판 수업으로 하는 것이 더 좋다.

2-1. 1번 문항에서 '만족스럽다'라고 응답한 학생들은 어떤 부분에서 그렇게 생각하나요?
나즘 진도별로 철저하고 1:1 질문, 누답이 좋다

2-2. 1번 문항에서 '칠판 수업으로 하는 것이 더 좋다'라고 응답한 학생들은 어떤 부분에서 그렇게 생각하나요?

3. '○○수학' 시스템에서 자신이 받아보고 있는 문제의 난이도에 대해서 어떻게 생각하나요?
① 매우 적당하다
② 적당하다
③ 그저 그렇다
④ 어렵지만 해 볼만 하다
⑤ 너무 어려워서 손대기가 겁난다.

4. '○○수학'의 단계별 문제 중 이 단계는 나에게 도움을 주기 보다는 없는 것이 더 낫다는 단계가 있나요?
① 진단학습 ② 처방학습 1 ③ 처방학습 2 ④ 추천유형학습 ⑤ 마무리 학습

5. 내가 생각하는 가장 이상적인 수업형태는 무엇이라고 생각하나요?
① 개별 진도 + '○○수학'의 문제풀이, 질문 시간
② 칠판 수업 + '○○수학'의 문제풀이, 질문 시간
③ 개별 진도 + '보충교재'(일반 문제집)의 문제풀이, 질문 시간
④ 칠판 수업 + '보충교재'(일반 문제집)의 문제풀이, 질문 시간
⑤ 기타 : 개별진도 + 보충교재 + 분석수학 + 질문.

6. 우리 학원(수학 전문 학원)에 바라는 점을 솔직하게 적어주세요
추천 필요 없음

새로 도입된 교재에 대해 자세히 알아보면 학생들은 온라인상에서 자기 레벨에 따라 만들어진 교재를 출력하여 풀고 난 후 컴퓨터에 답을 입력한다. 그러면 점수와 취약 부분에 대한 설명이 즉시 나온다. 동시에 그 결과를 반영하여 취약한 영역에 대해서는 유사한 다른 문제가 제시되고 맞춘 문제에 대해서는 관련된 심화 문제가 제시된다. 학생들은 제시된 문제를 출력하여 풀고 난 후 다시 컴퓨터에 답을 입력하는 과정을 반복한다. 그런 과정에서 학

생들은 취약한 부분에 대한 문제를 반복적으로 접할 수 있고 잘 알고 있는 부분에 대해서는 심화문제를 계속적으로 접할 수 있다. 이렇게 자신의 수준에 맞는 문제가 제공되기 때문에 학생들마다 푸는 문제가 다르며 진도도 달라진다.

그래서 기존에는 판서 중심 또는 교사 설명 중심으로 수업이 일괄적으로 진행되어 수업 중에는 개별 맞춤을 하는 데 다소 한계가 있었다면, 새로운 교재와 교육 방식으로 하는 수업에서는 10명이 있는 학급에서도 학생들 스스로가 문제를 풀고 질문하는 시간이 대폭 증가하여 개별 맞춤 지도가 실제로 가능해졌다. 한 학급에 있는 10명의 학생들은 모두 다른 레벨의 다른 교재를 가지고 다르게 진도를 나가고 있다. 변화된 수업 진행 방식을 살펴보면 다음과 같다.

학원의 일주일 수학 수업 진행 상황

시간	1	2	3	4	5	6
수업 내용	개념 설명	자기 주도 학습				

위의 표에서 보듯이 일주일 단위 총 6시간 수업에서 첫 번째 1시간 수업에서는 그 주에 배울 내용에 대한 개념을 전체적으로 설명해 준다. 이때의 수업은 기존의 판서 중심의 전통적 수업과 같은 방식으로 진행된다. 이렇게 하여 최소한 일정 기간 동안 나가야 하는 진도와 학습량을 제시하여 진도를 나가지 않고 마냥 같은

범위의 문제만 풀게 되는 것을 방지하려 한다. 이 시간을 통해 학생들은 앞으로 일주일 동안 다룰 내용에 대한 전체적인 설명을 들으며 앞으로 진행될 자기 주도 학습을 위한 개념을 익힌다. 이후 그 주의 남은 수업에는 자기가 주도하여 학습을 하고 모르는 문제는 선생님과 일대일로 해결한다.

이렇게 수업을 하게 되면 실제 수업에서 여러 가지로 도움을 얻게 된다. 당연히 자기가 주도하여 수학 문제를 풀고 모르는 경우 선생님의 도움을 받는 방식이기 때문에 학생의 수학 실력을 크게 기를 수 있다. 뿐만 아니라 컴퓨터로 개별 맞춤 교재를 제공함으로써 교사의 업무량이 줄어 더 많이 질문을 받고 개별 지도를 할 수 있게 되었다. 기존에는 10명이 있는 학급에서 수업할 때 항상 개별 지도를 하지 못하는 현실적 제약이 있었다. 즉, 40분 수업이라는 짧은 시간에 출석을 부르고 과제를 체크하고 내용을 설명하려면 많은 시간이 소요되어 질문받을 시간이 부족할 수밖에 없었다. 그래서 선생님에게 질문하려고 기다리는 학생이 많아 학생들은 몰라도 질문하지 못하고 넘어가야 하는 경우가 많았다. 그러나 새로 도입한 교재에는 문제마다 QR 코드가 있어 학생들은 학원에 비치된 컴퓨터나 각자 가지고 있는 스마트폰으로 동영상 설명을 바로 보고서 모르는 문제를 해결할 수 있게 되었다. 그래서 선생님에게 질문하려고 기다릴 필요 없이 바로바로 궁금증을 해결하고 다음 단계로 넘어갈 수 있다. 또한 새로 도입된 교재는 레벨에 따라 문제가 제출되며 부족한 영역을 진단하여 다른 문제가 나오도록 되어 있다. 그래서 학생들이 다양한 문제집을 풀면서 중복된 문제를 풀어야 했던 부담이 적어지고 이제는 자기에게 좀 더 알맞고 실력 향상에 도움이 되도록 선택된 문제를 풀 수 있게 되었다.

애들한테 물어봐요. 칠판 수업하는 거랑 이렇게 수업하는 거랑 뭐가 더 나은 것 같아? 그러면 애들이 지금이 훨씬 좋다고 얘기하거든요. 이렇게 일대일로 하면 자기가 원하는 수업을 할 수 있고 자기가 모르는 부분을 바로바로 이야기할 수가 있다는 거지요. 칠판 수업을 했을 때는 어쨌든 거기에 끌려가야 되거든요. 자기가 모르는 부분이 있어도 일단은 나가야 되는 부분이 있고, 또 자기가 아는 부분이 있어도 그냥 듣고 있어야 하거든요. 그런데 이런 방식으로 수업을 하면 그렇지 않다는 거지요. 자기가 모르는 부분이 있으면 바로 이야기할 수 있고 그냥 멍하니 보내는 게 없으니까 좋다고 이야기하거든요. 애들도 좀 변했어요. 어떤 애들은 수업 시작하기 1시간 전에 오는 애들도 있어요. 그리고 일단 오면 뭐라도 하지요. 전에는 안 그랬거든요. 딱 시간 맞춰서 오거나 늦고 그랬었거든요. 지금은 모두 일찍 와요. (정원철 선생님, 30세)

이렇게 학생들이 적절한 수준으로 선별된 문제를 풀고 일대일 개별 지도로 학습하면서 이해가 안 되거나 너무 어려워 엄두를 못 내고 포기했던 수학 내용을 조금씩 이해해 나가면서 자기도 수학을 잘할 수 있다는 자신감을 갖게 된다.

시형이라는 학생이 있어요. 그 애는 수학을 정말 싫어해요. 근데 그 애가 이면지(연습장)를 달라는 거에요. 그래서 줬어요. 근데 좀 있다가 와서 또 달라는 거에요. 그래서 한 몇 장을 줬어요. 근데 나중에 보니까 그 이면지를 빽빽하게 채워서 문제를 풀더라고요. 자기도 수업에 참여하고 있다. 참여할 수 있다. 그런 걸 느낀 거지요. 물론 어려운 문제는 아니지요. 그런데 쉬운 문제, 어려운 문제를 떠나서 중요한 건 본인이 참여를 한다는 거지요. 문제를 풀고 맞혔다는 자신감. 별거 아니네. 자기도 수업에 적극적으로 참여하고 있다. 이런 만족감을 느끼는 거지요. (정원철 선생님, 30세)

요컨대, 위에서 살펴본 것처럼 학원은 개별 맞춤 학습 지도로 학생들이 고급 레스토랑 음식과 같이 푸짐하지만 비싸고 복잡한 수학을 잘 소화하는 데 도움을 주고 있다. 학원은 학생들이 수학을 공부하면서 겪는 어려움을 알고 수학 과목의 특성에 맞는 학습 방법을 강구하여 적극적으로 학습자의 요구를 효과적으로 수용하고 있다. 더불어 학원 교육의 본질은 선행학습과 문제 풀이 중심이라 비교육적이라고 오해받아 왔지만 오히려 학원 교육은 학교보다도 더 학생 개개인에 대해 허용하고 학습자를 중심에 두는 교육 방법을 구상하고 있고 더 많은 관심을 가지고서 더 적합한 학습 지도로 학생의 성적 향상을 돕고 있다. 한마디로 학원 교육의 본질은, 최소한 수학 과목의 경우, 학습자를 철저히 고려한다는 점에서 더 인간적이며 더 개별적이다.

2. 능력별 영어 수업

학원 영어 교육의 가장 큰 특징은 철저하게 레벨링을 하여 학생의 수준을 진단한 후 능력별로 교육한다는 점이다. 학생의 수준에 따라 레벨을 나누고 그에 알맞은 교재를 선정하여 개개인의 영어 실력을 효과적으로 향상시키고 있다. 학원 선생님은 레벨링으로 학생들의 영어 수준을 정확히 진단하므로 학생에게 가장 적합한 교재를 선택할 수 있음은 물론 학생들이 수업을 이해하고 자신감을 갖게 하는 만족스러운 수업을 진행할 수 있다. 이러한 레벨에 따른 학습은 학생들이 더 높은 레벨로 도전하게 하는 동기를 부여하고 있어 영어 교육의 만족도를 더욱 높이고 있다. 학원 교육에서 영어에 대한 효과적인 학습, 영어 수업에 대한 학원만의 노하우와 방법을 살펴보자.

수준에 적합한 학습을 위한 레벨링

학원 영어 교육의 가장 중요한 특징은 학생들의 영어 수준을 레벨에 따라 분류하는 것이다. 이는 학교에서의 영어 수업과는 가장 큰 차이를 보이는 부분이라 할 수 있다. 일반적으로 학교에서의 영어 수업은 다양한 수준의 학생들이 한 교실에서 진도에 맞추어 똑같은 교재와 내용으로 학습하는 반면, 학원에서는 학생들의 영어 실력을 레벨 테스트하여 수준에 맞는 반에 배정하고 적합한 교재로 학습한다. 이것을 '레벨링'을 한다고 표현하며 대부분의 영어 학원에서 이러한 레벨링에 따른 교육을 하고 있다.

레벨링은 학생들의 수준을 고려하여 효과적으로 교육하기 위한 것이다. 학생들은 저마다 나름의 수준을 보이고 있어 그 수준을 제대로 평가하고 그 수준에 적합한 학습 교재와 수업 방법이 무엇인지 진단하는 것이 매우 중요하다. 만약 학생 개개인의 수준과 관계없이 수업 내용이 너무 쉽거나 너무 어렵다면 학생에게 무의미한 학습이 되기 쉽다. 즉, 한 반의 대다수는 to 부정사에 대해 잘 알고 있는데 새로 들어온 몇 명의 학생들 때문에 설명을 다시 하게 되면 기존에 있던 학생들이 불만족할 수 있고 설명하는 내용을 잘 이해 못하는 몇 명의 학생들은 자기가 잘 모르는 부분도 그냥 넘어간다고 불만이 생길 수 있다. 그래서 학원에서는 학생들의 수준을 정확하게 진단하는 여러 가지 신중한 노력을 하고 있다.

※중간기말 시험후

레벨테스트 문제 만드는 양식

	출제자	듣기 (실장)	문법 (4지선다형) 난이도	문법 (4지선다형) 문항수	단어	쓰기 난이도	쓰기 문항수	읽기 문제형태	읽기 문항수
중1 (총 100문제)	유승보샘	20문제	상	10문제	10문제	상	(영작) 5문제	단순해석 (EU: 한문장형태)	10문제
			중	10문제					
			하	10문제		하	(순서배열) 5문제	문제풀이 형태	20문제 (EU 10문제, 외부 10문제)
중2 (총 100문제)	김미숙샘	20문제	상	10문제	10문제	상	(영작) 5문제	단순해석 (EU: 한문장형태)	10문제
			중	10문제					
			하	10문제		하	(순서배열) 5문제	문제풀이 형태	20문제 (EU 10문제, 외부 10문제)
중3 (총 90문제)	김미진샘	20문제	상	10문제	10문제	상	(영작) 5문제	단순해석	해석:10문제 (수업:5문제 외부:5문제)
			중	10문제					
			하	10문제		하	(순서배열) 5문제	문제풀이 형태	10문제 (수업:5문제 외부:5문제)
고1	허준샘	1. 고등부 모의고사(사설 모의)를 정함. 2. 고등부 모의고사 선정시 지금까지 학교나 학원에서 치지 않았던 문제여야 합니다. 3. 학생들에게 배부되는 시험지는 모두 시험치는 출판사명과 몇월달 모의고사인지를 모두 화이트로 지우고 프린트 하셔야 합니다.							
고2	허준샘								

1. 선생님들은 문제를 만드실 때 맡은 학년에 들어가는 모든 책을 참고 하셔야 합니다.

: 기존의 맡은 반의 교재만을 가지고 문제를 만들면 학생들 간의 형평성이 없어지므로 각 학년의 다른 반 교재도 참고하여 공정히 문제의 양이나 난이도를 생각하셔서 문제를 출제해야 합니다.

예) 중1 레벨테스트 -선행반, 중1A, 중1B 모든 교재를 고루 섞어서 문제 제출 하셔야 함.

레벨 테스트 문제 만드는 양식

우선, 학생들의 정확한 수준을 잘 변별할 수 있는 레벨 테스트 문제지를 만드는 것이 중요하다. 문제의 출제는 학원 선생님들과 회의를 통해서 결정하게 되며 원장은 방향을 설정하고 문제의 양, 난이도를 나누는 정도를 의논한다. 반드시 선생님은 '레벨 테스트 문제 만드는 양식' 의 지침에 근거하여 듣기 20문제, 문법 10문제, 단어 10문제, 쓰기 10문제, 읽기 10문제 해서 총 100문제를 출제한다. 또한 학생들 간에 형평성을 고려하여 각 학년의 다른 레벨의 학습 교재들도 참고하여 공정하게 출제한다. 고등부 학생들의 경우 세 종류의 시험지에서 조합한 문제로 구성된 레벨 테스트를 만들어 평가한다.

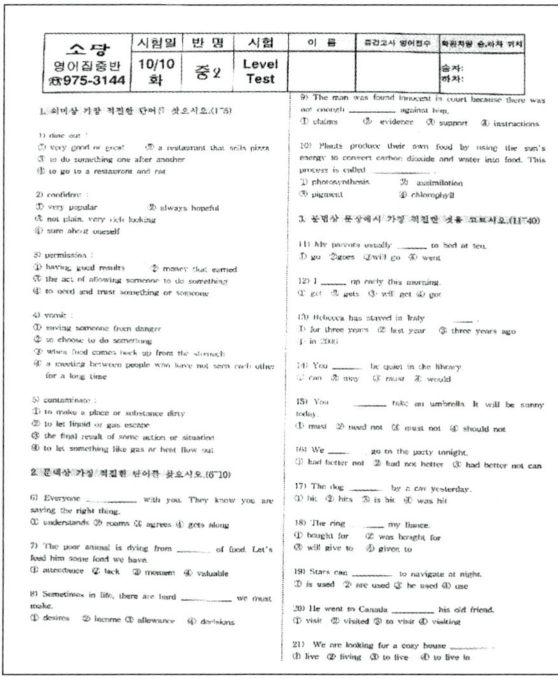

소당 영어집중반 ☎975-3144	시험일	반 명	시험	이 름	중간고사 영어점수	학원차량 승,하차 위치
	10/10 화	중2	Level Test			승차: 하차:

1. 의미상 가장 적절한 단어를 찾으시오.(1~5)

1) dine out :
① very good or great ② a restaurant that sells pizza
③ to do something one after another
④ to go to a restaurant and eat

2) confident :
① very popular ② always hopeful
③ not plain, very rich looking
④ sure about oneself

3) permission :
① having good results ② money that earned
③ the act of allowing someone to do something
④ to need and trust something or someone

4) vomit :
① saving someone from danger
② to choose to do something
③ when food comes back up from the stomach
④ a meeting between people who have not seen each other for a long time

5) contaminate :
① to make a place or substance dirty
② to let liquid or gas escape
③ the final result of some action or situation
④ to let something like gas or heat flow out

2. 문맥상 가장 적절한 단어를 찾으시오.(6~10)

6) Everyone ________ with you. They know you are saying the right thing.
① understands ② roams ③ agrees ④ gets along

7) The poor animal is dying from ______ of food. Let's feed him some food we have.
① attendance ② lack ③ moment ④ valuable

8) Sometimes in life, there are hard ________ we must make.
① desires ② income ③ allowance ④ decisions

9) The man was found innocent in court because there was not enough ________ against him.
① claims ② evidence ③ support ④ instructions

10) Plants produce their own food by using the sun's energy to convert carbon dioxide and water into food. This process is called ________ .
① photosynthesis ② assimilation
③ pigment ④ chlorophyll

3. 문법상 문장에서 가장 적절한 것을 고르시오.(11~40)

11) My parents usually _____ to bed at ten.
① go ②goes ③will go ④ went

12) I _____ up early this morning.
① get ② gets ③ will get ④ got

13) Rebecca has stayed in Italy ____ .
① for three years ② last year ③ three years ago
④ in 2006

14) You _____ be quiet in the library.
① can ② may ③ must ④ would

15) You _____ take an umbrella. It will be sunny today.
① must ② need not ③ must not ④ should not

16) We ____ go to the party tonight.
① had better not ② had not better ③ had better not can

17) The dog _____ by a car yesterday.
① hit ② hits ③ is hit ④ was hit

18) The ring ____ my fiance.
① bought for ② was bought for
③ will give to ④ given to

19) Stars can _______ to navigate at night.
① is used ② are used ③ be used ④ use

20) He went to Canada ________ his old friend.
① visit ② visited ③ to visit ④ visiting

21) We are looking for a cozy house ______ .
① live ② living ③ to live ④ to live in

일일테스트 시험지

뿐만 아니라 일 년에 4회에 걸쳐 레벨 테스트를 시행하여 학생들의 변화된 영어 수준을 가능한 한 빨리 반영하려고 한다. 모든 레벨의 학생들은 학교에서 치르는 중간고사와 기말고사가 끝난 후 레벨 진단 테스트를 보며, 그 결과에 따라 20~40%의 학생들이 레벨을 이동하고 있다. 더불어 이렇게 여러 번 레벨 테스트를 시행하여 학생들이 계속적으로 더 높은 레벨로 올라가게 동기를 부여하려고 한다. 레벨에 따른 수업은 학생의 수준에 맞는 효과적인 수업을 가능하게 하지만, 더 높은 학습 동기가 부여되지 않고 도전적인 과제가 주어지지 않을 때 학생의 수준을 그 레벨에 고착화하는 역효과가 나타날 수 있기 때문이다.

그러나 학원 선생님은 테스트 결과에 전적으로 의존하여 서열을 짓고 학생들의 레벨을 결정하지는 않는다. 왜냐하면 아무리 변별력 있는 레벨 테스트 문제지를 만들더라도 한계는 있을 수밖에 없으며 한 번의 테스트가 모든 것을 말해 주지는 않기 때문이다. 학생이 레벨 테스트를 치르는 날에 건강 상태가 안 좋았을 수 있으며 실수를 했을 수도 있다. 반대로 실력이 낮은 학생이 우연찮게 점수를 잘 받은 경우도 있다. 때로는 학생들이 친한 친구와 같은 레벨에 속하고 싶어 아는 문제도 틀리게 답하는 경우도 있다. "테스트 결과에서 70%를 고려하고 나머지 30%는 선생님이 학생에 대해 잘 알고 판단하는 것이 필요해요." 그래서 담임 선생님은 학생의 학습 자세와 이해도를 파악하고 친구관계를 알고 있어 간혹 레벨 테스트 결과를 무시하고 학생의 레벨을 정하기도 한다.

학생이 학원에 들어온 지 오래되지 않아 선생님이 그 학생의 학습 자세와 이해력을 모른다고 할 때는 레벨 테스트 결과에 따라

줄을 세울 수밖에 없어요. 그러나 선생님이 그 학생에 대해 안다면 레벨 테스트 결과를 보지만 그 결과에만 의존하지 않는 것이 필요해요. 그래서 임의대로 학생을 더 높은 레벨로 올리거나 더 낮은 레벨로 내리기도 해요. 왜냐하면 점수 결과만으로 레벨을 결정했을 때 그 부작용이 드문드문 나타나거든요. 예를 들어 실력이 부족한 학생이 시험을 잘 봤어요. 레벨을 올렸는데 사실은 학생이 그 수준의 실력이 안 되는 거죠. 그러면 학생이 허우적거리게 돼요. 자기는 그 레벨에서 공부할 실력이 안 되는데 그 레벨 반에서 어려운 교재를 보고 진도가 너무 빨라 못 따라가게 되니까. 그러면 애들의 실력이 늘지 않아요. (허준 선생님, 32세)

이러한 과정을 거쳐 학생들이 레벨 이동을 하고 나서도 학원 선생님은 약 일주일간 수업을 하면서 학생이 그 레벨에 적합한지 관찰하고 학생들도 배정된 레벨이 자신에게 적합한지 선생님에게 알려 준다. 특히 레벨이 맞지 않으면 학생이 먼저 선생님에게 이야기하여 다시 레벨을 조정하게 된다. 레벨 테스트를 해서 레벨을 정했는데 학생이 그 레벨에서 공부하기가 힘들고 어렵다고 해서 낮은 레벨로 이동하거나 반대로 학생이 더 높은 레벨로 가서 학습하는 것이 적합하다고 판단되면 마지막으로 조정하여 레벨에 따른 반편성을 완료한다. 한 반의 학생 수는 선생님이 학생들의 개별적인 관리가 가능하도록 최대 12명을 넘지 않도록 한다.

교재 선정

이렇게 학생들의 수준에 따라 레벨을 정하고 나면 그에 맞게 교재를 선별하는 것이 중요하다. 즉, 학원은 학생들의 수준에 맞는 교재를 선정하고 학습하는 것에서부터 차츰 영어 실력을 향상시킨다. 쉽게 말해서, 학교에서는 학생들의 레벨과 상관없이 교과서 중심으로 수업이 진행되어 무의미한 학습이 되기 쉽다. 그래서 학생들은 "학교 수업은 우리로부터 1m 멀리서 시작한다면 학원 영어 교육은 우리 수준에서 바로 1cm 앞에서 시작한다."고 한다. 이와 같이 학원에서는 학생들의 수준을 학교의 교과서처럼 학년별로 나누지 않고 좀 더 세분화된 교재를 사용하여 가르침으로써 효과적으로 영어 실력을 향상시키고 있다.

이렇게 교재를 선별하고 학습할 교재의 순서를 정하는 것은 학원 선생님들의 많은 협의와 의논 끝에 정해진다. 우선, 서점에서 영어와 관련된 교재를 참고하고 학생들에게 어떤 책이 적절할 것인지 판단하고 단어, 문법, 독해 교재를 구분한 후 난이도에 따라 순서를 배열한다. 선생님들은 학원에 다니고 있는 각 레벨의 학생들의 학습 자세와 이해력 등을 고려한다. 선생님들은 어떤 책이 공부하기에 가장 좋을지 의논하여 교재의 질, 학습의 효율성과 학생의 부족한 부분을 가장 잘 찾아줄 수 있는 책들을 선정한 후 학습할 교재의 순서까지 정한다. 이는 그 학원만의 노하우로서 다른 영어 학원과 차별성을 가지게 된다.

각 레벨에서 학습할 교재의 순서가 정해지면 편성된 반에 따라 정해진 교재로 수업을 진행한다. 학생 명단에는 학생 수와 그 달에 사용할 교재명이 포함되어 있다. 아래는 H 선생님이 맡은 네 개 반의 명단과 학습할 교재를 나타낸 표이다.

3월 3일(목) 영어 탑클래스 명단	
중1A(9)	K○○ - 권○○, 김○○, 김○○, 이○○, 이○○, 전○○(B-> A), 구○○, 박○○(2/22 신규) – 교재 : Grammar basic, 레벨 4.3 교재, 어휘교재(1)
중1B(10)	Y○ - 김○○, 신○○, 손○○, 박○○, 전○○, 김○○, 정○○, 진○○ (2/21 신규) – 교재 : Grammar basic, 레벨 3.2 교재, voca(초등) 교재
고1선행(7)	M○○ - 권○○, 김○○, 박○○, 박○○, 오○○, 우○○ – 교재 : 고3모의고사, 고2사설, 어법어휘 교재
고1A(12)	M○○ - 김○○, 김○○, 도○○, 방○○, 정○○, 채○○(2/19 신규), 심○○, 이○○, 이○○(중3 : 3명) , 임○○(B-A) – 교재 : 어법 어휘, 고1전국 모의고사, VOCA 3, 리/본2

영어 레벨별 명단 및 교재

중학교 1학년 학생의 반별 교재의 차이를 보면 중1A반은 English Grammar Basic, EU 교재 레벨 4.3, 절대어휘 이렇게 세 권으로 수업을 하며, 중1B반의 경우 English Grammar Basic은 같은 교재이나 EU 교재는 레벨 3.2와 This is Voca라는 초등학생 교재를 사용해 수업을 한다. 같은 학년이라도 반에 따라 다른 교재를 사용하게 되며 학생을 진단한 결과를 통해 선정한 교재들로 수업을 한다. 중학교 2학년까지 기본 어휘와 문법 중심으로 수업을 하고 중학교 3학년부터는 수능을 대비한 교재를 사용한다. 고등부는 모두 모의고사에 초점을 맞춰 영어 교재를 선택한다.

학원에서 가르치려는 방향에 따라 교재의 종류가 달라질 수 있다. 학원에서 우수한 실력을 가진 학생들이 텝스(Teps)를 대비한 공부를 하려고 하면 선생님은 텝스와 관련된 책들 중 어떤 책을 교재로 택할 것인지 확인하고 교재의 수준을 정한 뒤 학습할 교재의 순서를 배열한다. 예를 들어, 어떤 책에서 대부분의 문제들이 한글로 표시되지 않아 당장 학생들이 공부하기 어렵겠다고 판단하면 뒤쪽의 순서로 보낸다. 반면에 문제들의 난이도가 전체적으로 쉬워 처음에 학습하기에 적합하다고 판단하면 그 책을 제일 먼저 배우는 것으로 정하여 각 교재에 따라 전체적인 학습의 순서를 정한다. 이러한 과정은 영어 선생님들의 지속적인 협의를 통해 이루어지며 유연하게 수정될 수 있다.

또한 교재 선정에서 학생들의 학습 수준을 고려할 필요가 있다. 현재 1레벨, 1.5레벨, 2레벨, 2.5레벨 … 6레벨, 6.5레벨 … 9.5레벨, 10레벨 총 20개의 레벨이 있고 그에 따라 교재가 다르며 수업 진행이 달라진다. 보통 학생의 수준에서 1레벨이 높은 교재를 사용하나 하위권 학생에게는 0.5 정도 높은 레벨의 교재를 사용하여 알고 있는 내용을 많이 반복하여 다시 익히면서 실력을 높여 나간다. 반대로 상위권 학생에게는 2레벨이나 높은 교재를 사용하여 도전적으로 학습하는 것이 좋다.

상위권 학생들은 도전적인 교재로 학습하는 것이 좋아요. 그네들이 보기에 교재가 만만하게 보이잖아요. 그러면 몇 달 학습하다 보면 자기들이 실력이 별로 늘지 않았다는 걸 알게 돼요. 별로 배울 것이 없다고 결국 학원에서 나가게 되죠. (김지원 선생님, 32세)

레벨에 따른 듣기 학습

학원에서는 E-CAMP와 EU 교재를 차용하여 레벨에 따른 듣기 학습을 한다. 이 교재는 온라인상에서 제공되는 것으로 개인별 · 수준별로 듣기 과제를 제공하고 있다. 선생님은 월요일마다 학생이 듣기 학습할 범위를 정해 주고 일요일까지 과제를 하도록 한다. 학생은 동일한 문장을 5회 반복하여 듣고 따라 말한다. 학생은 제공되는 10개의 문제를 풀어야 하는데 모르는 문제의 경우 5회 반복해서 학습한다. 이렇게 듣기를 하고 난 후 각 문장을 그대로 받아쓰기를 한다. 다음으로 영어 문장을 그대로 따라 말하기를 여러 번 반복하여 올바른 발음과 비슷한 속도로 표현하도록 연습하여 녹음을 하는 것으로 듣기 과제가 완료된다.

학생은 자기의 레벨에 맞는 듣기 과제를 학원이나 집에서 컴퓨터를 이용하여 수행한다. 듣기 공부는 학생들이 수업 시간 후나 방과 후에 집에서 자율적으로 하도록 했다. 왜냐하면 학생들은 테이프에서 나오는 표준적인 발음을 듣고 따라할 때 효과적으로 정확한 발음을 익힐 수 있기 때문이다. 아무리 한국 사람이 외국어에 능통하더라도 표준적인 발음과 속도로 표현하기는 쉽지 않다.

> 외국에 연수도 다녀와서 저 나름대로는 제가 상당히 회화를 잘 한다고 자부해요. 한 번은 미국인하고 대화를 했는데, 그 미국인이 제가 멕시코 지역의 사투리로 말하는 것 같다고 했어요. (최선미 선생님, 35세)

또한 듣기 실력을 향상시키는 데는 학생이 스스로 같은 문장을 여러 번 반복하여 듣고 정확히 따라해 말하려고 노력하는 것이 중요하다. 반복적으로 해야 하는 듣기 학습을 위해 굳이 수업 시간을 할애하여 동일한 영어를 반복하여 들으면서 시간을 보낼 필요는 없다. 그래서 듣기 학습은 온라인상에서 제공되는 프로그램으로 자율적으로 학습을 하도록 하는 것이 효과적이다. 그리고 온라인상에 학생의 듣기 학습의 수행 상황이 모두 기록되어 선생님은 학생의 듣기 학습 상황을 진단하고 점검할 수 있다. 대부분의 학교에서는 학생의 수준에 맞는 듣기 학습을 할 여건이 조성되어 있지 못하고 수준과 관련 없이 전체 학생을 대상으로 동일한 문장을 듣게 하고 있어 학원에서의 이러한 듣기 학습은 강점이 되고 있다.

한편, 학원에서는 학생들에게 듣기 학습 방식이 적합하고 수준별로 구성된 과제들이 여기 학원에 다니는 학생들에게도 적합한지 알아보기 위해 학생들에게 설문조사를 한다. 다음은 한 학생이 작성한 학원에서 듣기 공부에 관한 설문지이다.

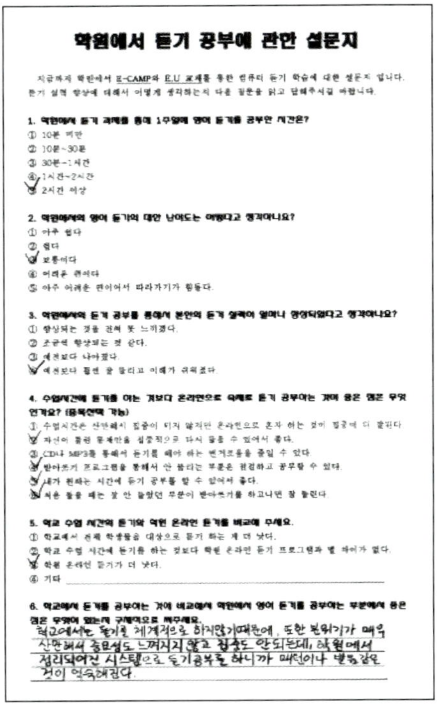

학원에서 듣기 공부에 관한 설문지

지금까지 학원에서 E-CAMP와 E.U 교재를 통한 컴퓨터 듣기 학습에 대한 설문지 입니다. 듣기 실력 향상에 대해서 어떻게 생각하는지 다음 질문을 읽고 답해주시길 바랍니다.

1. 학원에서 듣기 과제를 통해 1주일에 영어 듣기를 공부한 시간은?

① 10분 미만
② 10분~30분
③ 30분~1시간
④ 1시간~2시간
⑤ 2시간 이상 ✓

2. 학원에서의 영어 듣기의 대한 난이도는 어떻다고 생각하나요?

① 아주 쉽다
② 쉽다
③ 보통이다 ✓
④ 어려운 편이다
⑤ 아주 어려운 편이어서 따라가기가 힘들다.

3. 학원에서의 듣기 공부를 통해서 본인의 듣기 실력이 얼마나 향상되었다고 생각하나요?

① 향상되는 것을 전혀 못 느끼겠다.
② 조금씩 향상되는 것 같다.
③ 예전보다 나아졌다.
④ 예전보다 훨씬 잘 들리고 이해가 쉬워졌다. ✓

4. 수업시간에 듣기를 하는 것보다 온라인으로 숙제로 듣기 공부하는 것에 좋은 점은 무엇인가요? (중복선택 가능)

① 수업시간은 산만해서 집중이 되지 않지만 온라인으로 혼자 하는 것이 집중에 더 잘된다
② 자신이 틀린 문제만을 집중적으로 다시 들을 수 있어서 좋다. ✓
③ CD나 MP3를 통해서 듣기를 해야 하는 번거로움을 줄일 수 있다
④ 받아쓰기 프로그램을 통해서 안 들리는 부분은 점검하고 공부할 수 있다. ✓
⑤ 내가 원하는 시간에 듣기 공부를 할 수 있어서 좋다. ✓
⑥ 처음 들을 때는 잘 안 들렸던 부분이 받아쓰기를 하고나면 잘 들린다 ✓

5. 학교 수업 시간의 듣기와 학원 온라인 듣기를 비교해 주세요.

① 학교에서 전체 학생들을 대상으로 듣기 하는 게 더 낫다.
② 학교 수업 시간에 듣기를 하는 것보다 학원 온라인 듣기 프로그램과 별 차이가 없다.
③ 학원 온라인 듣기가 더 낫다. ✓
④ 기타 ____________________

6. 학교에서 듣기를 공부하는 것에 비교해서 학원에서 영어 듣기를 공부하는 부분에서 좋은 점은 무엇이 있는지 구체적으로 써주세요.

학교에서는 듣기를 체계적으로 하지않기때문에, 또한 분위기가 매우 산만해서 중요성도 느껴지지 않고 집중도 안되는데, 학원에서 정리되어진 시스템으로 듣기공부를 하니까 패턴이나 발음같은 것이 익숙해진다.

학원 영어 듣기 학습에 대한 설문지

이는 외부에서 차용한 듣기 학습 프로그램을 여기 학원에 다니는 학생들에게 적합하게 활용하여 효과를 극대화하기 위해 현

지화하는 과정이다. 이 조사 결과에 따르면, 대부분의 학생들이 학원에서 내준 듣기 과제를 최소 1시간에서 2시간 이상 공부하고 있으며 듣기 학습의 난이도나 학습 방법에 만족하고 있었다. 많은 학생이 컴퓨터로 하는 듣기 공부로 예전보다 훨씬 잘 들리고 이해가 쉬웠다고 했으며 자신이 틀린 문제만을 집중적으로 다시 들을 수 있다는 점, 받아쓰기 프로그램으로 안 들리는 부분을 점검하고 공부할 수 있으며, 반복 학습을 통해 부족한 부분을 집중해서 학습할 수 있다는 점에서 긍정적으로 평가하고 있다. 그리고 듣기 공부를 정해진 시간이 아닌 자신이 원하는 시간에 집중해서 할 수 있다는 점이 장점으로 작용하고 있다.

일일테스트와 재시험

학생들은 온라인상에서 듣기 학습을 하고 있지만 학원은 오프라인 교육을 토대로 한다. 선생님은 면대면 접촉으로 학생들과 지속적으로 상호작용을 하고 피드백으로 유용한 정보를 얻어 학생들의 학습 상황을 파악하고 지속적으로 지도하는 것이 중요하다. 다음 이야기를 통해 영어 실력을 올리기 위한 학원만의 방법은 어떤 것인지 살펴보자.

민철이는 오늘 감기몸살 때문에 학원에 가지 않았다. 학원에 갈 시간쯤 해서 집에 도착하니 문자가 한 개 와 있었다. 왜 학원에 오지 않았냐는 문자였다. 오늘 몸이 아파서 못 간다고 문자를 보내고 집에서 쉬기로 했다. 저번에도 결석한 적이 있어서 문자를 받는 것이 어색하게 느껴지지 않았고 오히려 학원에서 나를 챙겨 준다는 느낌을 받았다.

다음날 학원에 가니 선생님께서 괜찮냐고 물으셨다. 이제 다 나아서 괜찮다고 말씀드리고 그날 수업을 들었다. 수업은 항상 일일테스트로 시작한다. 매일매일 시험을 바로 본다는 것이 처음에는 불편했지만 이제는 익숙하다. 매일매일 본다고 소홀할 수는 없다. 왜냐하면 일일테스트에서 10% 이상 틀리면 재시험을 치르기 때문이다. 저번에도 재시험을 치른다고 늦게까지 남아서 푼 적이 있다. 재시험 선생님께서 정해 준 시간에 가서 풀어야 하는데 공부를 제대로 하지 않아 모르는 것이 많아서 시간이 많이 걸렸다. 재시험을 치르는 스트레스 때문에 학원을 그만둔 친구들도 많다. 하지만 나는 이런 재시험 때문에 매일매일 배운 내용을 점검해 보고 다시 복습할 수 있다는 점에서 영어 학습에 많은 도움이 된다. 비록 재시험 시험지를 학원 선생님께서 다시 설명해 주시는 것은 아니지만 재시험 선생님이 있고 시간을 정해서 통과해야 된다는 제도만으로 나 자신을 다시 한 번 채찍질할 수 있기 때문이다. 이번에는 재시험에 걸리지 않기 위해 신중을 기해서 문제를 풀었다. 다행히 이번에는 재시험에 걸리지 않았다.

오늘 재시험을 치르는 친구들은 두 명이다. 재시험은 똑같은 시험지로 치르게 되는데 출석부에 틀린 개수와 재시험 여부를 계속 체크해서 레벨 테스트와 반편성할 때 반영하기 때문에 계속해서 걸리지 않는 것이 중요하다. 이런 방식은 학원 선생님이 내 수준을 계속적으로 정확하게 확인해 보고 지도해 줄 수 있다는 점에서 좋은 것 같다. 친구 두 명은 계속 재시험을 치르는 것을 보니 다음 반편성 때 다른 반으로 가게 될 것 같다.

오늘 수업은 동명사에 대해서 좀 더 자세히 살펴보았다. 원래는 문법 20분, 독해 20분 정도로 수업을 하지만 동명사에 대해서 모르는 친구들이 많아 선생님께서 좀 더 자세하게 설명하시겠다고 했다. 나도 이 부분에서 이해되지 않던 것이 있었는데 다시 한 번 짚어 줘서 기억을 다잡을 수 있었다.

이 학생의 이야기에서 알 수 있듯이, 학원에서는 일일테스트를 하고 통과하지 못한 학생에게는 재시험을 치르도록 한다. 선생님은 그 결과를 출석부에 모두 기록하여 학생들의 학습 상황을 파악하고 학습 상황을 관리한다. 재시험은 학생이 총 문제에서 10% 이상 틀린 경우에 보는 것이다. 선생님은 재시험을 봐야 하는 학생에게 시험 일정을 알려 주며 학생은 한 번 더 익혀 시험을 치른다. 학원 선생님은 이러한 일일테스트와 재시험을 철저하게 관리한다. 일일테스트와 재시험을 봐야 하는 것 때문에 학원에 다니기를 그만둔 학생들도 있을 정도다.

선생님은 학생이 일일테스트와 재시험 방식의 학습을 수행하는 과정을 관찰하여 레벨을 조정하기도 한다. 학생이 그 레벨에서 부과되는 일일테스트와 재시험을 잘 수행하지 못한다면 레벨이 낮은 반으로 이동할 수 있다. 또 선생님은 학생이 일일테스트와 재시험 학습을 쉽게 수행해 낼 때 더 높은 레벨 반으로 이동시킬 수도 있다. 그럴 경우 전체 회의에서 담임 선생님은 그 학생의 학습 상황을 보고하고 학생의 의사를 고려하여 레벨 이동을 결정한다. 또는 학생이 일일테스트 시험을 잘 수행할 경우 다음에 있는 레벨에 따른 반편성에서 지금보다 한 단계 높은 레벨로 이동시키는 의견을 낸다.

종합학원과 영어전문학원의 차이점

학원 영어 교육은 기본적으로 학생들을 레벨로 나누어 수준에 맞는 학습을 지향한다. 그러나 내신 대비 위주의 종합학원과 레벨에 따라 학습하는 영어전문학원이라는 각각 다른 목적으로 학습하는 두 종류의 학원이 있다. 한 학원에서 이 두 가지 방식의 교육을 동시에 하기도 한다. 학생들은 종합반과 영어전문반 중 하나만 선택하거나 둘 모두를 수강하기도 한다. 다음 표는 종합학원과 영어전문학원이 목적과 교재, 반편성에서 어떤 차이점을 보이는지 나타낸다.

종합학원과 영어전문학원의 차이

구분	종합학원	영어전문학원
목적	학교의 중간, 기말시험에 대비	학생 본인의 영어 실력 향상
교재	학교에서 쓰는 교과서와 보충 교재를 정리한 학습지	학원에서 정한 교재 순서에 따른 레벨별 교재
반편성	학교별 학년별 편성	레벨 테스트를 통한 수준별 편성

두 가지가 모두 대입을 지향하고 있는 것은 같지만, 종합학원은 학교의 내신 성적을 높이기 위해서 학교에서 배우는 교과서와 보충 교재 위주로 수업을 진행하는 반면 영어전문학원에서는 개개인의 수준에 맞춘 교육으로 영어 실력을 효과적으로 향상시키는 데 목적을 둔다. 학생들의 실제적인 영어 실력을 높이는 데는 레벨링에 따른 분반 학습이 효과적이다. 학원은 장기적인 관점에서 영어 실력을 높이는 것도 중요하며 단기적으로 학교 내신 성적의 향상을 위한 학생들의 요구에도 적절하게 대응할 필요가 있다. 그래서 종합학원에서는 내신 향상을 목적으로 학교 교과서의 내용에 맞추어 수업을 한다. 학교에서 쓰는 교과서와 부교재를 철저히 분석하여 자체 교재를 만들고 그 자료를 가지고 수업을 한다. 학교마다 쓰는 부교재와 교과서 내용이 다르기 때문에 학교별로 반을 편성한다. 학원에 따라 다르지만, 영어전문반에 다니는 학생들도 시험일이 다가오면 내신 위주의 수업을 한다. 평상시에는 레벨링으로 반을 나누어 수준별 수업을 하다가 약 한 달 동안의 시

험 대비 학습 기간에는 학교별로 분반하여 수업한다.

종합학원에서는 교과서 내용을 학습하기에 효과적인 자료로 재구성하여 내신 대비를 한다. 좀 더 자세하게 살펴보면, 한 단원을 학습하는 데 6차시로 나눠 6단계로 학습한다. 즉, 처음 시간에는 단어를 확인한 후 그 단원의 지문에 나오는 문법을 익힌다. 그리고 잠시 지난 시간에 했던 단어를 복습한다. 2차시에는 본문을 읽고 독해하면서 학습한다. 3차시에는 간략하게 본문 내용과 관련된 시험을 보고 채점하여 학습 상황을 파악하고 개별 지도를 하고 과제를 부과한다. 4차시에는 과제를 확인한 후 본문 뒤에 있는 Exercise와 Speaking 등의 내용을 학습한다. 5차시에는 배운 내용 중 부족한 부분을 보충하고 질문을 받고 또 다른 과제를 부과한다. 6차시에는 한 단원에 대한 시험을 본다. 이러한 학습 과정에서 학원 선생님은 학교 교과서와 보충 교재의 내용을 분석하고 정리하여 학생에게 나눠 준다. 그리고 과제물을 부과하고 여러 번 테스트를 해서 학생이 자신의 실력을 점검하면서 스스로 학습하도록 조력한다.

학원 선생님은 한 단원에서 여러 가지 형식의 문제지를 만든다. 우선, 교과서에서 단어를 먼저 추출하여 제시하고 본문의 기본적인 내용을 정리한 후 단어 학습용 시험지를 만든다. 10% 이상 틀린 경우 재시험을 보게 하여 학생이 단어를 완전히 익히게 한다. 그리고 본문의 내용에 빈칸을 넣어 학생이 빈칸에 들어갈 단어나 문장을 넣는 문제지를 만든다. 이는 모두 학생들이 교과서의 내용을 완벽하게 익히게 하려는 것이다. 학생들은 학원에서 수업을 듣고 여러 학습지 과제와 시험을 치르면서 내신에 완전히 대비할 수 있게 된다. 다음은 학원 선생님이 학교 교과서와 학교 보조 교재에서 한 단원의 본문 내용에 빈칸을 넣어 만든 시험지 형식의 학습지이다.

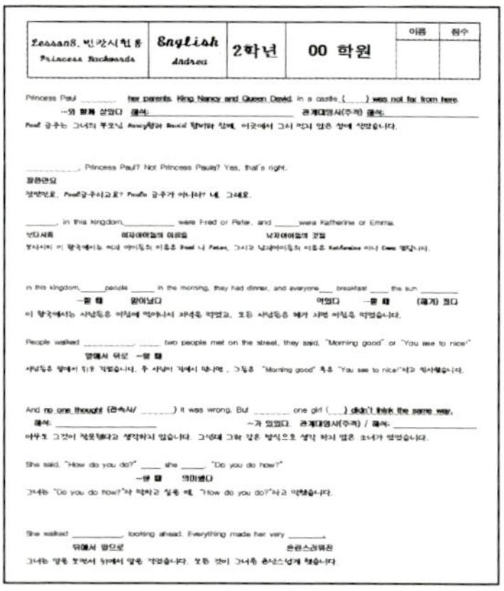

Lesson8. 빈칸시험용 Princess Backwards	English Andrea	2학년	00 학원	이름	점수

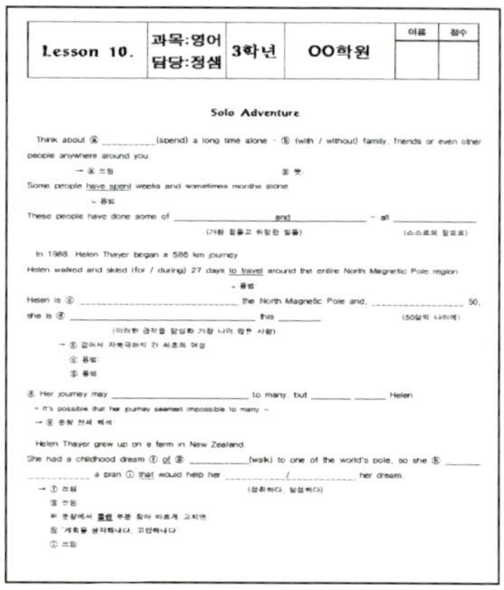

Lesson 10.	과목:영어 담당:정샘	3학년	OO학원	이름	점수

Solo Adventure

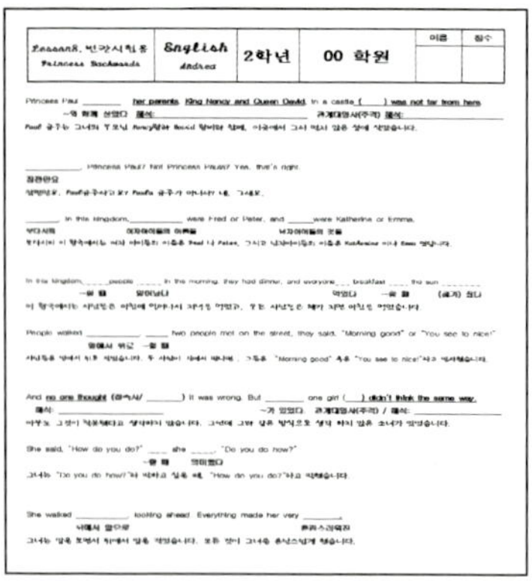

Lesson8. 빈칸시험용 Princess Backwards	English Andrea	2학년	00 학원	이름	점수

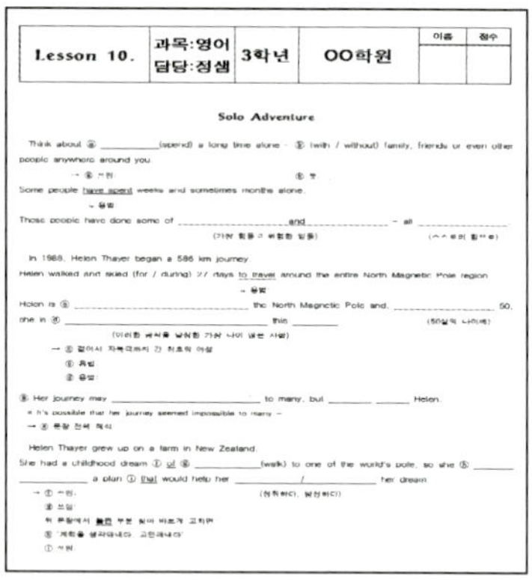

Lesson 10.	과목:영어 담당:정샘	3학년	OO학원	이름	점수

Solo Adventure

학원에서 만든 학교 내신 대비 학습지

이와 같이 내신 위주의 수업은 단기적인 시험 성적을 올리기 위한 학습에 초점이 맞추어져 있다. 학원 선생님은 여러 가지 학습 방법으로 학생들이 학교 교과서의 내용을 완전히 익히게 조력한다. 학생들은 학교 수업에서 이해하지 못한 부분을 학원 선생님에게 질문하여 해결한다. 학교 시험은 학교 선생님이 출제하므로 학생들은 학교 선생님이 어떤 내용에 중요한 표시를 하라고 하였는지에 대한 정보를 학원 선생님에게 알려 주기도 한다.

영어 교육의 새로운 방향에 대한 철저한 대응

학원 영어 교육의 또 다른 강점은 교육 정책의 변화에 빠르게 대응한다는 점이다. 학원은 새로운 제도와 경향에 한 발 더 앞서 나가서 그에 맞춘 교육을 준비하고 학생들을 지도한다. 최근 우리나라의 영어 교육은 큰 변화를 보이고 있다. 시험 평가 방식과 교육의 방향을 개선하여 실질적으로 학생들의 영어 실력을 향상시키기 위해 듣기와 읽기의 이해 중심에서 말하기와 쓰기의 표현 중심으로 변화하고 있고 그러한 경향에 맞추어 국가영어능력평가(NEAT) 시험제도가 곧 시행될 전망이다. 2012년 4월 13일자 헤럴드 경제신문 보도에 따르면, 올해(2013학년도) 대학 입시부터 일부 대학은 NEAT를 수시모집 전형에 반영하며 이르면 2016학년도(현 중학교 3학년 대상) 대입부터 NEAT가 대학수학능력시험 외국어영역을 대체할지 여부도 올해 말 결정된다. NEAT는 듣기와 읽기만 평가했던 수능과 달리 말하기와 쓰기를 포함하여 네 개 영역을 평가한다. 또 수능은 지필시험이었지만, NEAT는 컴퓨터(인터넷)로 시험을 보게 되어 수험생의 체감 난이도는 크게 높아질 것으로 보인다. 뿐만 아니라 학교 시험에도 이러한 경향이 반영될 것으로 예상된다. 그에 따라 읽기와 듣기 능력을 평가하는 문항 수가 크게 줄어들고 말하기와 쓰기에 대한 비중이 절대적이 될 것이다. 즉, 학생은 제시된 주제에 대해 약 1분 또는 2분간 영어로 자신의 의견을 논리적으로 표현하는 것이 중요해질 것이다.

문제는 기존 영어 교육에서 읽기와 듣기 중심의 학습 방식으로는 변화된 경향과 NEAT에 대비할 수 없다는 점이다. 모두 알다시피, 그 동안의 영어 교육에서는 읽기와 듣기 학습을 중요시한 반면 말하기와 쓰기 학습은 부차적으로 다루었다. 말하기와 쓰기 학습을 위한 영어 교육은 기존의 읽기와 쓰기 중심의 교육과는 다른 방식으로 접근해야 하는 것이다.

말하기와 쓰기 교육을 하려면 우선 주제 중심으로 학습 내용을 구성하고 듣기 학습을 하면서 동시에 따라서 말을 하고 자신의 의견을 글로 표현하면서 문장 교정을 받고 다시 읽기를 하는 방식으로 전환해야 합니다. 그래서 교재의 종류와 구성이 달라지며 수업 방식과 관리 · 지도 그리고 평가 방식이 모두 바뀌게 됩니다. (코리아학원장, 42세)

학원은 이러한 변화에 미리 대응하지 못하면 도태되게 된다.

> 열심히 학원에서 공부하는 학생이 얼마 후에 새로 도입될 Neat 시험에서 좋은 성적을 못 얻게 되면 불만을 가지게 돼요. 학원에서 열심히 공부했는데 아무 소용없다는 식이 되죠. 듣기와 읽기의 이해 중심으로 학습한 애들은 표현 중심의 시험을 잘 치를 수가 없어요. 왜 그러냐면 수업 시간에 뭔가 말하는 학습을 하지 않았기 때문이에요. 표현하는 학습을 하지 않은 거죠. (코리아학원장, 42세)

학원에서는 정확한 정보를 빠르게 획득하여 대응책을 마련하려 노력한다. 코리아학원에서는 일 년 전부터 그러한 정보를 얻었으나 학원 자체의 역량만으로 적절하게 대응하기에는 한계가 있다고 판단하여 외부의 모 프랜차이즈와 협력하게 되었다. 왜냐하면 기존처럼 선생님이 강의를 하고 학생은 선생님의 설명을 듣고 이해하는 방식의 교육으로는 대응하기 어렵기 때문이다. 이제는 학생이 직접 발음을 익히고 말하며, 의견을 표현하고 글을 작성하도록 하는 교재와 학습 과정이 중요해졌다. 그래서 그 프랜차이즈는 주제 중심 영어 교육으로서 읽기, 듣기, 쓰기, 말하기 영역을 통합하여 학생이 참여하면서 학습하도록 교재를 구성하고 온라인상의 학습시스템을 제공하고 있다. 그래서 학생들은 하나의 주제를 읽기, 듣기, 쓰기, 말하기 영역에서 통합적으로 학습하게 된다.

우선 학생들은 온라인상에서 학습할 주제와 관련된 단어를 익히고 듣기 예습을 한다. 즉, 그 주제와 비슷한 내용의 문장을 듣고 따라하면서 수업 시간에 학습할 내용에 대해 예습한다. 수업 시간에는 그 주제와 관련된 본문을 해석한 후 그 본문에서 메인 아이디어를 찾아보고 세부적인 내용을 알아본다. 이제는 브레인스토밍과 마인드매핑으로 그 주제와 관련하여 학생이 스스로 자기 의견의 논지를 소개, 본문, 결론의 형식으로 구성해 본다. 그러면 학생들은 자신의 논지를 최대한 영어로 정리해 보며 영어로 표현하기 어려울 경우 한글로 우선 적는다. 선생님은 학생이 작성한 논지를 체크하며 학생은 한영사전을 이용하여 한글로 표현한 의견을 영어로 다시 표현한다. 이러한 과정이 끝나고 나면 온라인상에서 듣기 복습을 하고 정확한 발음을 익힌다. 마지막으로 학생은 자신의 논지를 한 페이지 분량으로 작성하여 프랜차이즈가 맺은 해외 대학의 외국인에게 메일로 자신이 작성한 글을 보내고 3일 안으로 첨삭 지도를 받아보고서 한 주제에 대한 학습을 완료한다. 학원에서 새로운 변화에 대응하기 위해 어떻게 듣기 교육을 하는지 하나의 예로서 자세히 알아보면 다음과 같다.

코리아학원에서는 온라인상으로 모 프랜차이즈에서 다양한 레벨에 따라 듣기 학습과제를 제공하는 프로그램을 운영한다. 이러한 온라인상의 듣기 학습은 수업할 단원의 예습과 복습으로 이루어지고 있다. 듣기 학습에서 예습과 복습을 하도록 하는 이유는 듣기 실력을 향상시키려면 학생이 스스로 반복적으로 듣고 따라 말하는 것이 중요하기 때문이다. 이와 같은 듣기 학습에서 학생들은 한 단원에 대한 듣기 예습과 수업, 복습(shadowing)을 하는 과정에서 같은 문장을 최소 열 번 정도 반복적으로 듣고 따라하게 되어 완전하게 학습하게 된다. 또한 이러한 듣기 학습의 채점 결과와 학습 시간이 모두 온라인상에서 기록되어 학습 관리시스템에서 학생의 성취도라는 항목에 정리된다. 그래서 선생님은 학생들의 온라인상의 학습 상황에 대해서도 쉽게 체크하고 지도할 수 있다. 다음 사진은 듣기 학습을 하고 있는 학생들의 모습이다.

컴퓨터로 하는 듣기 학습

우선, 듣기 예습은 다음 시간에 공부할 학습 내용을 학생이 학원에 마련된 컴퓨터나 집에 있는 컴퓨터로 온라인상에서 미리 듣기 학습을 하는 것이다. 학생은 온라인상에서 제공되는 듣기 프로그램에 자신의 이름을 입력하여 자신에게 맞는 레벨에 따라 다음에 공부할 수업 내용과 관련된 듣기 과제를 학습한다. 컴퓨터 화면에는 번호만 적혀 있는 빈 공간들이 있고 학생은 컴퓨터에서 나오는 영어 문장을 듣고서 순서대로 그 빈 공간에 입력하는 10개 정도의 문제들을 제공받는다. 그리고 영어 문장을 듣고 제대로 된 발음으로 그대로 문장을 표현해야 하는 여러 문제들이 있다. 이 학습에서 각 문제마다 학생들이 어느 정도 입력하지 못하거나 표현하지 못하면 통과하지 못하여 다음 문제로 넘어가지 않는다. 통과점수는 레벨에 따라 다르며 보통 50~70점으로 상황에 따라 선생님이 조절할 수 있다. 보통 학생들은 레벨에 따라 주어진 문제를 3~5번 반복하여 들으면서 어느 정도 맞게 입력하고 바르게 표현하게 된다. 영어 실력에 대한 레벨링이 잘못되지 않은 이상 대부분의 학생들이 자신의 레벨에 따른 듣기 학습에서 20분 정도의 시간으로 완료한다. 학생들은 이렇게 듣기 예습을 하고서 수업을 듣게 되어 예습에서 잘 안 들렸던 부분을 더욱 확실하게 다지게 된다.

다음으로 듣기 복습은 수업이 끝나고 마찬가지로 온라인상에서 개별적으로 하며 영어 문장을 듣자마자 바로 따라 하도록 하였다. 이러한 듣기 복습은 그림자처럼 따라서 표현한다고 하여 새도우잉(shadowing) 학습이라 한다. 이는 실제로 외국인이 말하는 표현을 발음과 속도에서 일치되게 따라 하게 하는 학습으로서 시차를 두고서 듣고 표현하는 학습보다 듣기와 표현의 학습에 효과적이라고 한다. 보통 학생들이 듣기 학습을 완료하는 데에 한 문장을 최소한 3회 듣고서야 통과될 만큼의 새도우잉을 할 수 있게 되며 90점을 받아야 복습과제를 완료하게 된다.

이렇게 새로운 변화에 대응하고 새로운 학습 방식으로 도입하여 수업하는 과정에서 학생과 학부모들에게 변화를 설명하고 이러한 학습의 필요성을 충분하게 설득하는 것이 중요하다. 학원에서는 학생과 학부모를 대상으로 입시 설명회를 주마다 시행하는 것과 함께 석 달에 걸쳐 학생과 학부모와 일대일 상담을 한다. 왜냐하면 학생과 학부모에게 새롭게 시행될 교육이 너무나 생소하기 때문이다. 또한 기존에 읽기와 듣기 그리고 문법을 중심으로 교육을 받아 온 학생들이 학원에서 시행하는 표현 중심의 교육을 받으면서 체감하는 어려움은 상당히 크기 때문이다. 특히 고학년일수록 새로운 학습을 어려워하고 거부감을 가지고 있어 학원에서는 학생들에게 왜 이렇게 공부해야 하는지 설득하는 것이 중요하다.

처음에는 학생들의 불만이 많았어요. 왜냐하면 전에는 선생님의 강의를 잘 듣고 열심히 공부만 하면 되었다면 이제는 자기들이 직접 듣고 말하고 표현해야 하니까 힘들다는 거죠. "왜 내가 이렇게 공부해야 하냐?" 며 그러죠. 어떤 학생은 "쌤, 저는요. 성격이 내성적이라서 못 따라가겠어요." 라고 말해요. 그러면 "그럼, 너는 내성적이니까 니트(NEAT) 안 볼 거니?" 라며 설득해요. (코리아학원장, 42세)

그 외에도 기존의 교육 방식에 익숙해진 학생들이 새로운 방식으로 학습하면서 나타나는 학원 교육의 여러 과제들이 있다. 우선, 표현 중심의 교육으로 바뀜에 따라 학생이 직접 참여하는 수업이 되어야 하며 교사는 조력자 또는 코치로서 역할하기를 기대된다. 그래서 선생님은 기존의 교육 방식에 익숙해진 학생들, 특히 고학년 학생들이 참여하는 수업을 만들어야 하는 중요한 과제를 안고 있다. 다음으로 학원에서 모 프랜차이즈에서 제공하는 학습프로그램에 따라 정형화된 수업이 이루어지는 단점이 있다. 그래서 학생들이 지루하게 느낄 수 있어 오히려 수업에 대한 참여가 줄 수 있다. 더불어 예전에는 선생님이 학생들의 분위기에 따라 수업의 속도를 조절하거나 학생들과 수업 외의 이야기를 나누는 등 자율적으로 수업을 운영하며 학생들과 많은 상호작용을 하였으나 이제 학습 프로그램에 따라 수업하게 되면서 선생님이 학생들과 관계 맺는 기회가 줄어들 수 있다. 이러한 과제들은 조력자로서 교사의 전문성이 발휘되고 학생들이 참여하는 수업에서 새로운 흥미를 찾으면서 해결 가능한 것이다. 아무리 좋은 교재와 훌륭한 학습시스템을 구비하더라도 선생님이 어떻게 활용하느냐에 따라 그 효과는 완전히 달라진다. 학원에서는 새로운 학습 방식을 차용하면서 나타나는 이러한 부작용을 최소화하고 효과를 극대화하기 위해 여러 활용 방안을 구상한다.

> 시스템과 교재보다 누가 그것을 어떻게 활용하느냐가 교육에서 가장 중요합니다. 교육이 좋은 교재와 시스템만으로 저절로 된다면 성공 못하는 학원이 어디 있겠어요? (최선미 선생님, 35세)

3. 닭갈비 같은 국어 수업

학교에서 국어는 가장 중요한 과목이다. 여러 대학교의 교수들과 직접 가르치는 학교 선생님, 배우는 학생들까지 모두가 국어를 중요한 과목이라고 말한다. 생각해 보면 당연한 말이다. 국어는 우리나라에서 쓰는 말이기 때문이다. 국어를 제대로 모른다면 공부는 물론이거니와 심지어는 제대로 된 일상생활을 하기도 어려울 것이다. 그래서 학교에서는 일반적으로 일주일에 5~6번 정도 국어 수업을 한다. 거의 매일 수업을 하는 셈인데, 다른 과목들에 비해서 아주 많은 수업을 하는 것이 사실이다. 수업 시간만을 놓고 볼 때, 도덕 과목에 비하면 4배, 5배 많고, 수학이나 영어에 비해서도 많아 학교 교육과정에서 국어 과목을 가장 많이 수업한다.

이 점에 대해서 우리나라 중등학생들은 어떻게 생각할까? 아이러니하게도, 학생들에게 대학교에 가기 위해 치르는 수능에서 국어는 제일 중요한 과목이 아니다. 그 이유로는 첫째로 수능시험의 영향이 크다고 할 수 있다. 대학수학능력 시험에서는 언어 영역, 즉 국어를 1교시에 치르고 있지만 실제로 수능시험 점수의 당락을 결정하는 과목은 수리 영역과 외국어(영어) 영역이다. 수리와 외국어 영역은 우리가 평소에는 잘 쓰지 않는 어려운 공식이나 문법이 시험에 나오기 때문에 상대적으로 학생들이 느끼는 어려움이 다른 과목들에 비해서 높다. 반면에 언어 영역의 경우에는 고등학생이라면 이해할 수 있을 만한 문학작품이 나오고 비문학의 영역에서도 주변에서 쉽게 볼 수 있는 신문의 사설이나 논평, 설명문이 나오기 때문에 학생들이 다른 과목에 비해서 국어 과목을 쉽게 생각한다. 그래서 학생들이 국어 과목을 수학이나 영어보다 덜 중요하다고 생각하고 있어 비교적 공부도 덜 하고 있다.

이렇게 학생들이 국어를 더 배우고자 하지 않기 때문에 학원에서는 상대적으로 요구가 더 많고 중요한 수학과 영어 과목에 집중하여 가르치고 있다. 실제 코리아학원에서는 2011년 국어 과목을 수강하려는 학생들이 적어 폐강되기도 하였다. 학교와 달리 학원에서 국어 과목은 중요한 과목이 아닌 것이다.

학생들 중에서 국어 과목만을 공부하려고 학원에 오는 경우가 잘 없어요. 왜냐하면 일단 수학하고 영어가 기본이라고 생각하거든요. 영어, 수학이 안 되어 있는데 국어를 위해서 학원에 다니기가 쉽지 않은 거죠. 영수 학원비를 내면서 국어 학원비까지 내기는 부모님 입장에서도 힘들고, 따라서 국어 학원에 다니는 학생들은 성적이 아주 좋으면서 부모님이 생각이 남다르신 분들(국어 공부

를 시켜야겠다고 생각하시는 분들)이시죠. (코리아학원 국어 선생님)

이 면담에도 드러나듯이, 수능시험을 준비하는 고등학생들의 입장에서는 수학과 영어 점수를 올리기도 벅차다. 분명히 영어와 수학이 제일 중요한 과목이라 영어와 수학을 공부하려고 학원에 다니는 학생들은 많아도 국어 학원에만 다니는 학생은 찾아보기 힘들다. 수능시험에서 언어 영역이 다른 과목보다 대체로 쉽게 나오고 학생들도 국어를 쉽게 생각해서 그렇기도 하다. 학원에서는 이러한 학생들의 고민을 제대로 이해하고 있고 그에 따라 수업을 하고 있다. 다음 표는 코리아학원 중등부의 일주일 시간표이다.

코리아학원 중등부 시간표

구분	월	화	수	목	금	토
1교시	수학	영어	수학	영어	수학	영어
2교시	영어	수학	영어	수학	영어	수학
3교시	국어	사회	과학	사회	과학	국어

위 시간표에서 학교에서 배우는 기술 · 가정이나 예체능 같은 과목은 물론이고 학교 시간표에서 매일 빠짐없이 등장하던 국어도 찾아보기가 쉽지 않다. 직접 세어 보면 이 학원에서 주당 국어 과목의 시수는 2시간뿐이다. 이는 사회나 과학 과목의 시수와 비

슷한 수준이다. 반면에 수학과 영어는 각각 일주일에 6시간의 시수로 학교에서 그 과목들의 각 수업 시수보다 훨씬 많이 배정되어 있다. 다시 말하면, 학원 교육에서 국어, 과학, 사회 과목의 시수는 최소이나 수학과 영어 과목의 수업 시수가 압도적으로 높다. 영어와 수학 두 과목들의 시수를 합치면 나머지 과목들의 시수들을 모두 합친 것의 두 배가 되고 있어 학원에서는 영어와 수학을 매우 비중 있게 가르치고 있다는 것을 알 수 있다.

위의 사실에서 알 수 있는 것은 학원의 교육과정에서 국어 과목이 중요하지 않게 다루어지고 있다는 점이다. 국어 시험이 쉽게 나오기도 하고 더 어렵고 중요한 영어, 수학 과목이 있기 때문이다. 그러나 국어 역시 공부를 하지 않으면 점수가 좀처럼 오르지 않는다. 오히려 영어, 수학보다 국어 점수 올리는 것이 어렵다고 하는 학생들도 있다. 실제로 국어, 영어와 같은 언어 과목의 특성상 단기간의 학습으로 곧바로 점수를 올리기 어렵다. 왜냐하면 글을 읽고 글의 내용을 정확히 파악하려면 어릴 때부터 책을 많이 읽거나 공부를 꾸준히 해야만 하기 때문이다. 그래서 국어 과목은 뜯어 먹기는 힘들고 그렇다고 버리기에는 아까운 살이 조금 남은 닭갈비와 같다. 종합학원이나 국어 단과학원에서는 이러한 국어 과목을 잘 이해하고 있다. 그렇기 때문에 학원에서는 닭갈비에 붙어 있는 살을 발라내듯이 학생들이 학원의 국어 수업을 통해 짧은 시간 안에 최고의 효과를 거둘 수 있도록 여러 가지 전략들을 사용하고 있다. 여기서는 고등부에서의 국어 교육에 대해 알아보겠다.

국어 수업 살펴보기: 리듬이 있는 수업

우선 학원에서 국어 수업을 어떻게 하는지 고등학교 기간 전체에 걸쳐 학원 수업의 대략적인 흐름을 살펴보면 아래 표와 같다.

국어 선생님의 고등학교 학년별 수업 유형

구분	고등학교 1, 2학년	3학년(수능 이전)	수능 이후(논술)
교재	학교 보충 수업 교재, 학원 자체 교재	EBS	특별한 교재 없음
수업	교과서 지문 외우기, 학교 시험 유형 꿰뚫기	글을 읽고 문제를 파악하는 힘 기르기	글 쓰고, 첨삭 지도 받고, 유형 연습하기

위 표를 보면 어떤 고등학생이 1학년부터 졸업할 때까지 학원에서 공부할 경우 학원 학습에는 크게 세 가지 리듬이 존재한다는 점을 알 수 있다. 우선 첫 번째 리듬인 고등학교 1, 2학년에서는 수능시험보다는 학교 시험에 대비한 공부를 주로 한다. 그 다음 두 번째 리듬인 고등학교 3학년이 되어서야 비로소 수능시험 대비를 본격적으로 하게 된다. 세 번째는 수능시험이 끝난 이후의 논술 수업이다. 논술 수업은 논술을 요구하는 대학교에 지원하는

학생들을 위한 준비이다.

이러한 모습은 수능시험의 난이도와 관련 있을 수 있다. 수능시험에서는 국어(언어 영역)가 어렵게 나오는 경우가 거의 없기 때문에, 굳이 일찍부터 수능시험 대비를 하지 않아도 된다. 따라서 1, 2학년 때에는 집중적으로 학교 내신을 대비하게 된다. 특히 절대적인 수업 시수가 적기 때문에(일주일에 많아야 두 번의 수업이 있다), 두꺼운 학교 교과서 지문을 파악하고 여러 가지 내용들을 외우고 지문에 함축되어 있는 사회적 배경과 같은 심도 있는 내용을 나가는 데만 해도 수업 시간이 절대적으로 모자라게 된다. 학원에서는 앞에서 설명한 국어 교과의 특성을 최대한 파악하여 적은 시간 동안 최고로 효율적인 수업을 하고 있다. 각 리듬을 자세하게 살펴보면 다음과 같다.

리듬 1(고등학교 1, 2학년): 완벽한 학교 '맞춤' 수업

첫 번째 리듬에서 학원 국어 수업의 목적은 학생들이 최대한 학교 수업을 이해하고 학교 시험에 어떠한 문제가 나오더라도 바로 이해하고 문제를 풀 수 있도록 하는 데 주안점을 둔다. 그런데 학교와 달리 학원에서는 절대적인 국어 수업 시수가 부족하다. 일주일에 2시간 정도 수업하기 때문에 수업에서 이것저것 많은 내용을 가르치거나 한 번에 두세 개씩 교재를 학습할 수가 없다. 그래서 학원에서는 학교에서 어떤 교재를 쓰는지를 제일 관심 있게 본다.

> 학교 시험에서 점수를 잘 받기 위해서는 절대적으로 교과서를 열심히 봐야 해요. 시험 문제는 학교 선생님이 내니깐, 교과서 어느 부분에 필기되어 있는지, 무엇이 중요하다고 말했는지, 그냥 넘어간 부분은 없는지 꼼꼼하게 확인합니다. 그렇지 않으면, 아무리 공부해도 소용없어요. 시험에 나오지를 않으니깐. (코리아학원 국어 선생님)

이렇게 학원 수업에서는 주로 교과서를 사용하기 때문에 고등학교 1, 2학년 학생들은 학원에서 뭔가 특별한 수업을 할 거라 기대해서는 곤란하다. 특히 위에서 설명했듯이, 국어 과목은 미리 수능을 준비하는 것이 그다지 유용한 방법은 아니다. 그리고 수능만큼 중요한 것이 학교의 중간고사와 기말고사이다. 게다가 학교 시험 점수가 높은 학생은 대학교를 선택할 때 꽤 유리한 위치를 차지할 수 있다. 당연히 학원에서는 이러한 흐름을 잘 알고 있다. 고등학교 1, 2학년 학원 수업의 기본은 시험 범위 내 학교 진도를 확실하게 배우는 것으로 시작한다. 우선은 교과서의 지문 및 보충 교재에 나오는 지문을 분석하는 것이 주된 수업 내용이 된다. 학교 시험 문제는 결국 교과서 지문 안에서 나올 수밖에 없기 때문이다. 그래서 지문의 내용을 하나하나 자세히 읽어 보고 문제가 될 만한 부분을 외우면서 이해한다. 주로 외우는 내용은 이야기의 한 부분에서 주인공이나 다른 인물들의 마음이 어떠한지 그리고 지문의 각 문단은 어떠한 주제를 갖고 있는지에 대한 것이다.

그리고 국어 교과서에 나오는 단어들도 필수적으로 외운다. 간혹 처음 들어 보는 낱말도 있고 그 글에서 특별한 의미를 가지는 낱말도 있기 때문이다. 어느 내용이 중요한지는 이미 학원에서 분석해 놓았다. 학원에서는 시중에 나와 있는 출판사의 문제집은 물론이고 학생들이 다니는 학교의 기출문제를 미리 분석한다. 학교에서는 지문의 어느 부분에서 문제를 많이 내는지를 파악하는 것이다. 이렇게 중요한 부분을 미리 확인하고 수업에 들어가게 된다. 학생들은 학원의 데이터를 바탕으로 빠르고 효율적으로 지문을 이해하고 문제를 풀 준비를 하게 된다.

국어 교과의 반복학습 순서

반복 횟수	반복 방법
첫 번째(12월 ~ 2월)	방학 기간 예습(훑어보기)
두 번째(3월 ~ 5월)	학교 수업
세 번째(3월 ~ 5월)	학원 수업(중요한 내용 암기)
네 번째(4월)	시험 기간 특강(세세한 부분까지 암기)

한편, 교과서의 내용을 공부하는 것은 단 한 번으로 끝나지 않는다.

위 표는 겨울방학부터 중간고사 시험일까지 학교에서 배우는 내용을 학원에서 몇 회 반복하여 배우는지를 보여 준다. 두 번째에 위치한 학교 수업을 제외하고 학원에서는 총 3회에 걸쳐 반복학습을 한다. 그래서 전체적으로 학생들은 학교 수업 1회와 학원 수업 3회를 학습하여 총 4회 국어 내용을 반복학습한다. 미리 간단하게 설명하면 방학 중 선행학습, 학기 중 학교 수업과 학원 수업 병행, 마지막으로 시험 기간 중 총정리까지 해서 총 4회 반복학습을 한다. 이렇게 4회 정도 지문을 분석하면서 보게 되어 '보통의 학생' 들은 '수업만 제대로' 들으면 국어 교과의 내용을 확실하게 이해할 수 있다.

첫 번째로 방학 기간에 예습을 실시한다. 국어 교과서에서 한 학기 분량의 지문을 다 읽어 보면서 배경지식을 쌓는 시간을 가진다. 따라서 수업에서도 무조건 주제나 주인공을 외우는 단순한 수업이 아니라 앞으로 어떠한 내용을 배우게 될지, 교과서의 학습문제를 미리 풀어 보기도 하면서 어느 내용이 쉽고 어느 내용이 어려운지를 점검한다. 지문의 내용 역시 상세하게 읽지 않는다.

새 학기가 시작되면 예습 내용을 바탕으로 하여 학교 진도와 학원 진도가 같이 나가게 된다. 학교 수업을 하고 학원으로 오면 학원에서는 학교 진도에 따라 복습하는 형태로 수업을 한다. 학원에서 예습한 학생들은 학교 수업을 다른 학생들보다 좀 더 빨리 이해할 수 있게 된다. 하지만 이것도 부족하다. 세 번째 반복을 통해서 이제 자세한 내용을 확실히 암기한다. 이쯤 되면 이미 학생들은 교과서의 어떤 지문이 나오더라도 글의 주제를 기억하고 그 글에서 중요한 단어들을 잘 알고 있다. 이와 같이 반복학습을 통해서 내용을 충분히 이해하고 지문을 외우다시피 반복학습한 다음에 문제를 집중적으로 풀어 본다. 왜냐하면 내용을 이해하지 못하고서 문제를 무작정 풀게 되면 투자한 시간에 비해서 효과가 떨어지기 때문이다. 문제를 풀 때도 무조건 양을 많이 해서 풀면 비효율적이므로 여러 문제집에서 좋은 문제만을 선별해서 풀게 된다.

시험 기간에 마지막으로 한 번 더 반복학습한다. 이때 집중적인 암기학습이 이루어진다. 지금까지 배운 학습 내용에서 일반적인 지식부터 학교 시험에 자주 출제되었던 지문 그리고 문제 유형까지도 외운다. 이미 학원에 다니고 있는 학생들은 반복적으로 학습하면서 국어 교과서에 나오는 지문에 숨어 있는 작가의 의도나 의미를 찾는 훈련을 계속해서 해 왔다. 게다가 시험에 주로 출제되는 문제를 반복해서 학습했기 때문에 웬만한 학교 문제 정도는 쉽게 풀 수 있다. 마지막으로 이렇게 집중적으로 암기학습을 하여 학교 시험에 아무리 긴 지문이 나오더라도 짧은 시간 내에 이 글의 주제를 찾고 문제의 답을 찾을 수 있게 되는 것이다.

물론 이것만 가지고도 학교 시험을 잘 치를 수 있다. 하지만 학교에서 공부하는 교과서와 보충 교재를 단순히 학원에서 반복

학습해 주는 것만으로는 부담하는 학원비가 아깝다. 학생들은 좀 더 공부에 효율적으로 사용할 수 있는 유용한 것을 원한다. 그래서 학원에서는 이러한 요구를 반영하여 집에 가서도 스스로 공부할 때 활용할 수 있는 '자체 교재' 를 만든다. 자체 교재는 형식도 다양하기 때문에 인쇄물 형식으로 그때그때 학생들에게 나누어 주거나 미리 학원 선생님이 책 형식으로 편집을 한 뒤에 주기도 한다.

자체 교재는 오로지 수업용으로만 만들어진 것은 아니다. 물론 수업을 하는 경우에도 사용되지만 수업 시수가 부족해서 주 교재인 교과서와 학교 보충 교재를 공부하기에도 벅차다. 자체 교재는 학생들이 집 또는 자습실에서 학습할 분량을 조절하면서 공부할 수 있게 제작된다. 즉, 분명 수업 시간에 전적으로 이 자체 교재를 활용하지는 않지만 학원 선생님들은 학생들이 스스로 얼마나 그 교재로 공부하는지 일일이 체크한다. 그리고 자체 교재에는 난이도에 따라 문제를 분류해 놓아 자신의 실력으로 풀 수 없는 문제에 매달려 시간을 낭비하는 일이 없도록 매일매일 공부 진행 상황을 파악한다. 학생이 어느 정도까지의 문제를 스스로 풀 수 있는지 알아내고 절대 자신의 수준에 맞지 않는 문제를 풀지 않도록 학습 지도를 해 준다.

이러한 자체 교재는, 학원과 학원 선생님에 따라 약간의 차이가 있지만, 대부분 학기별로 발간한다. 학기가 끝나면 학교 시험의 출제 경향에 맞추기 위해 반년에 1회 자체 교재를 개정하여 수정판을 만든다. 따라서 학생들은 고등학교 1, 2학년이 지나 고등학교 3학년이 되면 약 4~5권의 자체 교재를 받아서 스스로 공부하는 시간을 가지게 된다. 물론 학원에서 자체적으로 만든 것이기 때문에 대형 출판사에서 나온 책처럼 깔끔하지는 않다. 그러나 학원의 이름을 걸고 나가는 책이기 때문에 학원의 마크와 학원의 이름이 빠짐없이 겉표지와 속지에 들어가게 된다.

물론 책으로 만들어 내는 것은 학원 선생님에게 일종의 번거로운 업무이기 때문에 많은 학원에서 일회성 인쇄물을 나누어 주는 경우가 많다. 그러나 학생들은 인쇄물을 그 수업 시간에만 쓰고 버리거나 잃어버리는 경우가 대부분이라 코리아학원에서는 매 시기마다 학생들에게 수업할 내용에서 중요한 내용을 책으로 직접 만들어서 제공하고 있다. 이렇게 책의 형식으로 자체 교재를 펴내게 되면 학생들이 쉽게 잃어버리지 않으며 자율학습 시간이라든지 집에 가져가서도 다시 볼 수 있게 된다. 게다가 학생이 학교에 이 교재를 가져가서 공부하는 것만으로도 자연스럽게 학원에 대한 홍보가 되어 책으로 펴내는 것이 학생과 학원 모두에게 이익이 되는 셈이다.

한편, 자체 교재의 구성은 다음과 같다. 먼저 국어 교과서와 동일한 목차가 나온다. 왜냐하면 학교 교과서의 내용을 빠짐없이 배우는 것이 중요하기 때문이다. 그러나 간혹 학교 선생님의 진도에 맞추기 위해서 학원 선생님의 판단에 따라 중요한 단원만을 교재 내용으로 선정하는 경우가 있다. 또 학교 교과서와는 별도로 교과서에 나오지는 않지만, 보통 중요하다고 생각되는 문학 작품이나 학생들이 이해하기 어려워하는 한글 맞춤법 내용을 책으로 엮어서 학생들에게 나누어 주기도 한다.

자체 교재의 각 단원에는 교과서와 문제집에서 그대로 가져온 지문들이 있다. 교과서의 지문을 실어 자연스럽게 학교 공부가 되도록 하였고 문제집에서 학습에 효과적인 지문을 찾아 싣는다. 즉, 문제집에 나오는 지문의 경우, 교과서의 지문과 내용이 같지는 않지만, 글의 문단을 알아보기 편하게 구분을 잘 해놓았고 학생들이 혼자서도 무난하게 공부할 수 있도록 단어 풀이가 되어 있으며 중요한 포인트를 미리 제시해 주고 있다. 그래서 학원 선생님은 이러한 문제집의 지문도 자체 교재에 싣는다. 그리고 각 지문 옆에는 학교 시험에 자주 나오거나 간단한 개념을 확인할 수 있는 문제들이 난이도에 따라 구분되어 제시되어 있어 학생들은 집에서 또는 자습 시간에 이 교재를 가지고 자신의 수준에 맞게 학습하여 선생님의 지도를 받는다. 예를 들어 학생이 자신의 국어 실력이 높지 않다고 생각한다면 기본 또는 보충 문제만을 풀어 보고 반대로 국어 실력이 높다고 생각한다면 심화 문제까지도 풀어 다음 수업 시간에 학원 선생님에게 확인받는다.

이러한 자체 교재는 서점에서 구입할 수 있는 문제집들과 비슷한 구성으로 만들어져 있다. 다른 문제집처럼 자체 교재 역시 교과서에 나오는 지문을 분석하고 있고 지문 내용의 이해를 돕기 위해 문제를 실어 놓은 형식이기 때문이다. 그러나 학원의 자체 교재는 무시할 수 없는 몇 가지 강점을 가지고 있다.

첫째, 자체 교재는 학원 선생님이 학생들을 가르치면서 나타나는 여러 부족한 부분을 보완하고 학생들의 피드백으로 얻은 정보에 근거하여 계속적으로 수정하면서 좀 더 효과적인 수험서로 진화된다는 장점이 있다. 학원 선생님들은 오랜 시간 동안 학생들과 수많은 교재로 수업을 하면서 어떤 출판사의 교재가 효과적인지, 또 문제가 좋은 교재가 무엇인지, 요점 정리가 잘 되어 있는 교재가 무엇인지를 잘 알고 있다. 따라서 학원 선생님은 수업하기에 가장 좋은 내용만을 뽑아서 매년 자체 교재를 수정하고 개정한다. 이것이 자체 교재의 첫 번째 강점이라고 할 수 있다.

둘째, 자체 교재는 '스마트' 하다.

제가 이것(자체 교재)을 만들면요, 일단 일 년 동안 가르친 게 남아요. 애들이 풀었던 것을 받기도 하고, 내가 가르치면서 아 이건 아닌데 한 것도 메모를 해 놓고요. 그러면 그 다음해에 교재를 다시 만들 때는 훨씬 편해요. 이미 내가 한 번 만들었기 때문에, 교재 고치는 건 별로 문제 되지 않아요. 특히 애들이 잘 몰라 하는 거는 더 자세히 만들기도 하고, 지우기도 하고, 교재 양이 확 늘거나 하지는 않는데, 점점 더 내가 가르치기에 편해지는 거죠.

(코리아학원 국어 선생님)

학교 선생님이든 학원 선생님이든 간에 선생님은 학생들을 가르치면서 학생들과 부딪히게 되고 소통하면서 많은 것을 배운다. 경력이 높은 선생님일수록 더 좋은 대우를 받는 것을 당연하게 생각한다. 그러나 학교 선생님이 가르침의 도구로 사용하는 교과서는 그렇지 못하다. 한 해 동안 가르쳐 보니까 이 부분은 좀 부족한 것 같다고 해서 다음해에 교과서가 바로 바뀌어 나오지 않는다. 반면에 학원 선생님은 수업을 해 나가면서 부족한 부분을 스스로 보완하고 좋은 교재가 새로 나왔다면 그 교재의 내용을 첨가하며 학생들이 이해하지 못하는 내용이나 시험에 더 이상 나오지 않는 내용은 빼 버린다. 그래서 교육 경력이 높을수록 학원 선생님이 똑똑해지는 만큼 자체 교재도 똑똑해진다. 예를 들어 올해 수업을 듣는 학생들이 문학을 많이 어려워해서 시험 점수가 좋지 않게 나왔다면 당장이라도 문학과 관련된 내용을 보완하여 다음 학기에라도 문학 점수를 올려 학생들의 요구에 빠르게 대처한다.

셋째, 자체 교재는 그 자체로 학원의 '브랜드'이다. 자체 교재의 내용이 알차고 좋기 때문에 학생들이 그 학원에 관심을 갖게 되고 그 교재를 얻기 위해 학원에 오기도 한다. 학원 선생님들은 자체 교재를 만들기 위해서 시중에 나와 있는 수십 개의 교재에서 학생들이 이해하기 쉬운 내용만을 골라서 편집하고 핵심 문제만을 뽑아낸다. 필요한 경우 선생님이 직접 문제를 만들어 싣는다. 자체 교재 하나를 만들기 위해 들어간 문제집 가격만으로도 이미 1인당 학원비를 넘어선다. 학생들의 입장에서는 자체 교재만 얻게 되더라도 계산상 학원비가 아깝지 않은 것이다. 마찬가지로 인터넷으로 강의하는 모 교육업체에서 만든 자체 교재 역시 그 강의의 수강자 외의 학생들이 더 많이 구입할 정도로 잘 엄선된 책이다.

리듬 2: '힘'을 기르는 수업

두 번째 리듬은 고등학교 3학년이 되면 시작된다. 왜냐하면 이때 국어 수업의 목표가 크게 바뀌게 되며 교재도 달라지기 때문이다. 즉, 고등학교 1, 2학년 때는 학교에서 치르는 중간고사와 기말고사에서 내신 성적을 높이는 것이 목표였으나 3학년 때는 수능시험에서 높은 점수를 얻는 것으로 학원 수업의 목표가 바뀌게 된다. 이렇게 목표가 바뀌게 되면서 학습 교재가 완전히 달라진다. 이제는 학원에서 만든 자체 교재는 잘 찾아볼 수 없게 된다. 왜냐하면 아무래도 자체 교재에는 자칫 잘못하면 학원 선생님의 편견이 들어갈 위험이 있기 때문이다. 특히 언어 영역에서는 동일한 말을 다르게 해석할 수 있기 때문에 모두가 인정할 수 있도록 기준에 맞는 문제와 정답을 제시해야 한다. 다시 말하면 선생님의 입장에서 해석해 놓은 문제가 정작 수능시험에서는 완전히 다른 정답이 될 수 있어 영어와 수학 과목과는 달리 모두가 인정하는 기준을 담고 있는 EBS 교재를 선택하게 된다. 그래서 국어 과목에 있어서만큼은 EBS에서 나온 교재들이 절대적인 표준이 된다고 말할 수 있다.

또한 교과부에서 수능시험 문제를 EBS 교재에서 많이 반영하여 출제한다고 말하고 있다. 언어 영역의 특성상 숫자가 바뀌면 다른 문제가 되어버리는 수리 영역과 달리 운 좋게 자신이 보았던 지문이나 문학 작품이 나오게 되면 학생들이 체감하는 난이도가 많이 낮아지게 되어 특히 언어 영역에서는 절대적으로 EBS 교재를 사용한다. 왜냐하면 글을 이미 알고 있기 때문에 자세히 읽지 않아도 바로 문제를 풀 수 있기 때문이다. 학생들 대부분이 이 점을 공감하고 있어 EBS 교재는 필수로 가지고 있어야 하는 것이라 생각한다. 이렇게 학생들은 EBS 교재를 공부하면 수능시험에서 유리하다는 점을 피부로 느낀다. 그것은 학원 선생님들도 마찬가지이다.

EBS를 많이 써요. 뉴스에 보면 수능에 EBS 70% 반영이라고 하잖아요? (그것을 실제로 느끼는가요?) 네, 실제로 EBS에 나왔던 신문 기사 글이 그대로 나온 것도 보고, 확실히 EBS 공부했을 때 아이들도 '아 이게 시험에 많이 나오는구나!' 하고 생각하더라고요. (코리아학원 국어 선생님)

이렇게 많은 인기를 얻고 있는 EBS 교재라고 할지라도 단점이 전혀 없는 것은 아니다. 지문들과 문제들이 난이도에 따라 정렬되어 있지 않고 단순히 나열되어 있다. 책의 디자인도 요즘 학생들이 좋아하는 것처럼 알록달록하고 멋지지 않다. EBS 강의를 보면서 공부할 수 있는 장점이 있지만 교재 자체만을 놓고 보면 부족한 감이 없지 않다. 그만큼 학생들이 EBS 교재를 혼자서 공부하기에는 어렵다는 것을 잘 알고 있다. 그래서 대부분의 학원에서는 고등학교 3학년 학생들에게 EBS 교재를 가지고 집중적으로 수업하고 있다. 또한 국어 수업에 많은 시간을 활용하지 못하는 학원의 입장에서 이러한 절대적인 교재가 있는 것이 긍정적이다. 어쨌든, 아이러니하게도, 학생이 스스로 공부하도록 국가에서 장려하고 있는 EBS 교재는 고등학교 3학년 학생들이 학원에서 가장 많이 사용하는 교재가 되고 있다.

고등학교 3학년이 되면 공부 방법과 지도 방식이 크게 달라진다. 수능시험은 학교 시험과 다르기 때문에 교재가 달라질 수 있다는 점 정도는 보통 사람들이면 이해를 한다. 그러나 학원에서 이전까지 사용하던 방법을 고등학교 3학년 수능시험을 준비할 때에는 그 틀부터 완전히 바꾼다는 사실은 눈여겨볼 점이다. 이미 학원에서는 학교 시험과 수능시험의 성격이 달라 학습 방식이 많이 달라져야 함을 깨닫고 있다. 사실 고등학교 2학년 때까지 학교 시험에서는 대부분의 학생들이 학원 선생님이 알려준 내용을 무조건 암기만 하더라도 어느 정도 점수를 잘 받을 수 있었으나 이제 학생들은 수능시험에 대비하기 위해서 글을 빨리 이해하고 문제 상황을 효과적으로 해결하는 능력을 갖추어야 한다. 예를 들어 수능시험 문제에서는 학생들이 잘 모를 만한 시를 내놓고는 이 시의 작가와 같은 마음을 가지고 있는 시를 고르라고 한다. 학생들은 각 시에서 화자가 어떠한 마음을 가지고 있는지 해석한 후에 문제를 풀 수 있게 된다. 즉, 학생들은 스스로 문제를 해결할 수 있는 '힘'이 필요한 것이다. 학원은 이러한 '힘'을 길러 준다. 다음 표는 고등학교 3학년 국어 수업의 연간 흐름을 나타낸 것이다.

코리아학원 고등학교 3학년 국어 과목의 수업 방법

기간	수업 방법
2월 ~ 6월 (개강 후 여름방학까지)	문학 작품 분석 및 해설, 글 읽고 주제 찾는 방법 연습
6월 ~ 수능	문제 풀이, 오답 정리 및 분석
수능 이후	지원 대학별 논술 준비

이 표에서 고등학교 1, 2학년 학생들에게 했던 반복학습이라든지 암기와 같은 방식을 고등학교 3학년 학원 수업에서는 전혀 사용하지 않는다는 것을 알 수 있다. 단순히 글에 나오는 주제를 반복학습을 하여 외우거나 내용을 외워서는 수능시험을 잘 볼 수 없다는 점을 알고서 수능시험 출제 경향에 맞는 방법을 사용

하고 있다. 즉, 우선 2월부터 6월까지는 수능시험에 자주 나왔던 문학이나 주요 개념을 익힌다. 한마디로 국어 과목의 기본을 다지는 학습을 한다. 2학기부터는 본격적인 문제 풀이에 들어가야 하기 때문에 이 기간 동안 학생들은 충분히 기본기를 다져 놓아야 한다.

고3 수업 시간은 아주 바빠요. 일주일에 두 번 수업하는 경우가 대부분이고, 시간이 없을 때에는 일주일에 한 번밖에 할 수 없어요. 그렇기 때문에 대부분은 국어 과목에 자주 나오는 작품이나 주요 개념을 공부합니다. 외워서 수능 대비를 하려고 하면 안 됩니다. 그러기도 불가능하고요. 소설이나 고전문학은 몰라도, 수능시험에는 몇 달 전의 신문기사 사설이나 논설문이 나오기도 하는데, 그걸 다 어떻게 외웁니까? 그렇기 때문에 어떠한 지문이 나오더라도 핵심적인 내용을 바로 캐치할 수 있도록 훈련을 합니다. (코리아학원 국어 선생님)

수능시험이라든지 모의고사에는 학생이 봤던 지문이 거의 나오지 않는다. 학생이 아무리 많은 글을 읽고 외웠다고 해도 처음 접하는 지문을 읽고 단박에 문제를 풀어내기란 결코 쉽지 않다. 따라서 고등학교 3학년 수업 시간만큼은 교과서를 펴 놓고 그 안에 나오는 많은 작품들을 문단별로 표시해 가면서 외우는 모습을 볼 수 없다. 대신 수많은 작품들을 직접 읽어 보면서 글의 종류나 주제를 직접 생각해 보고 작품에 담긴 여러 가지 의미에 대해서 탐구하는 수업이 주가 된다. 그래서 학원 선생님들은 학생들에게 '이 부분이 문제로 나온다면 어떻게 할 수 있을까?' 또는 '너희들이 문제 출제자가 된다면 어디서 문제를 내볼 수 있을까?' 와 같은 질문을 학생들에게 계속 던지면서 학생들이 스스로 중요한 부분을 직접 찾을 수 있도록 지도한다. 이전까지는 학교 시험에서 중요한 내용을 모두 알려 주고 많은 반복을 통해서 암기시키던 장군과 같은 모습의 선생님이었다면 이제 선생님은 학생이 스스로 난관을 헤쳐 나갈 수 있도록 여러 가지 요령을 알려 주고 도움을 제공하는 코치의 역할을 한다. 선생님의 이러한 모습은 기초 공부가 끝나고 본격적인 문제 풀이에 들어가는 6월 이후가 되어도 달라지지 않는다. 학생들도 이러한 지도를 받으면서 선생님이 중요한 내용을 항상 가르쳐 주지 않아도 어느 정도는 스스로 지문의 주제와 글의 의미를 찾아낼 수 있게 된다.

6월이 되면 본격적으로 문제 풀이 학습을 한다. 선생님은 EBS에 나오는 문제를 중심으로 문제 풀이를 하고 학생 자신의 약점을 체크하는 활동들로 수업을 채운다. 학생들은 거의 반 년 동안 탐구 방식의 수업을 받으면서 스스로도 문제가 무엇을 묻는지 이해하고 해결할 수 있게 되고 대부분의 학습은 학원에 마련된 자습실에서 학생 스스로 하게 된다. 선생님은 학생들의 학습 상황을 확인하고 잘못된 공부 방향을 바로잡거나 부족한 부분을 보충하는 방식으로 수업을 한다. 학생들은 자신이 스스로 공부하다 이해가 잘 되지 않는 어려운 내용에 대해 수업 시간에 학원 선생님에게 편하게 질문한다. 그러면서 학원 선생님은 그에 맞추어 수업 내용을 선정하고 소요 시간을 조절한다. 만약 대부분의 학생들이 특정 부분에서 많이 어려워하면 그 부분을 좀 더 시간을 들여 설명한다. 또는 모의고사에서 많은 학원 학생들이 소설 문학에서 낮은 점수를 받았다면 수업 시간에는 소설의 흐름이라든지 소설에서 주인공의 마음을 헤아리는 방법과 같은 내용을 보충해서 수업한다. 그래서 부족한 학원 수업 시수와 비교할 때 1년에 10권 가량의 EBS 교재가 출간되어 학습할 양이 많아 보여도 더 이상 그것이 문제 되지 않게 된다.

리듬 3: 성공적인 마무리를 위한 굳히기

마지막 리듬은 수능시험을 치르고 논술 대비를 하면서 시작된다. 국어 과목의 논술은 다른 과목 논술 준비의 기본이 되는 만큼 국어 수업의 세 번째 리듬이 논술 대비와 함께 시작된다고 볼 수 있다. 학생들은 수능시험을 치르고 나면 마음이 한결 편해지지만 학원 선생님들은 수능시험이 끝났다고 해서 절대 모든 일이 끝난 것이 아니며 새로운 내용에 대해서 연구를 시작한다. 일단 각 대학교별로 논술의 흐름이 어떻게 변하는지를 파악하고 똑같은 논술 주제라고 할지라도 각 대학별로 학생이 어떤 글을 써 냈을 때 높은 점수를 받는지를 연구한다.

> 논술은 자기 생각을 남들이 납득할 수 있도록 설득하는 글입니다. 따라서 논술을 할 때에는 자신의 견해를 분명히 밝히는 게 무엇보다 중요합니다. 자신이 무엇을 말하고자 하는지 말하는 것이 중요하다는 것이지요. 아무리 멋진 주장을 한다고 하더라도, 글에 나타난 생각들이 분명하지 않으면 독자들이 이해하기 어려워요. 따라서 논술을 쓸 때에는 자신의 생각을 분명히 하여 논지가 서로 엇갈리지 않게 하는 것이 무엇보다 중요합니다. 예를 들어 안락사에 대해서 찬성하는가? 반대하는가? 이런 문제가 있다고 합시다. 처음 도입부에서는 안락사에 찬성한다고 쓰고 있다가 중간부터 논지가 엇갈려서 끝에 가서는 안락사에 반대한다는 글이 되면 논술로서 0점입니다. 중간에 안락사와는 상관없는 내용이 나오는 것도 마찬가지입니다. 혹여라도 처음에 시작한 논지가 잘못되었거나 자신의 생각과 맞지 않는다는 것을 발견했다 할지라도 (시간이 없거나, 고칠 수 없는 경우에) 끝에 가서 논지를 바꾸는 것보다는 앞서 언급한 논지를 그대로 끌고 나가는 것이 오히려 낫다고 할 수 있습니다. 일관적이게 자신의 생각을 나타내는 것이야말로 논술의 정석이라고 할 수 있습니다. (코리아학원 국어 선생님)

논술 지도의 기준을 정하는 데는 각 대학별 논술 문제 출제 경향과 채점 기준에 대한 연구가 필요하다. 예를 들어 대학교마다 글에서 요점이 잘 드러나도록 문단 구분을 잘 했을 때 높은 점수가 나왔다거나 특정한 단어를 중심으로 풀어내고 내용(정의나 공정한 사회 같은 주제)으로 진술한 글이 항상 높은 점수를 받는다는 규칙이나 공식 같은 것들이 있다. 물론 모든 대학교의 논술에 대하여 분석할 수는 없지만 논술 수업을 듣는 학생이 가고자 하는 대학교의 논술 시험에 대해 최대한 분석하고 그 기준에 맞는 수업을 하고 논술 첨삭 지도를 해 준다.

주로 수능에서 고득점을 받고 상위권 대학에 진학하려고 하거나 수시 전형으로 대학에 진학하려는 학생들이 논술을 준비하기 때문에 논술을 준비하기 위해 학원에 다니는 학생은 많지 않고 논술 수업에서 학급당 5명을 넘지 않는다. 더구나 수능시험이 끝난 직후이기 때문에 모든 국어 선생님들이 논술 지도를 하는 데 참여할 수 있어 실제 대부분의 수업에서 학생들은 학원 강사와 1:1 또는 1:2 수업을 한다.

논술 수업은 글을 쓰면서 진행된다. 처음에는 약간의 이론을 배우기도 한다. 이는 주로 글을 어떻게 하면 보기 좋게 쓸 것인지와 주제를 확실하게 나타내는 방법과 같은 아주 기초적인 것이다. 그 이후에는 대부분이 스스로 글을 적어 보면서 수업이 진행된다. 선생님은 예상되는 논술 문제 또는 기출 문제를 학생에게 제시한다. 그러면 학생들은 정해진 시간 내에 글을 쓰는 훈련을 한다. 그리고 반드시 선생님의 1:1 첨삭 지도를 받는다.

서로서로 글을 돌려 보는 방식도 좋아요. 하지만 수준이 비슷한 학생들이 자기들 글을 돌려 보고 마는 것은 조금 위험하죠. 결국 중요한 것은 논술을 채점하는 사람들이니까. 선생님들이 글을 읽어 보고서 자기가 채점자들이라면 어느 항목에 점수를 더 많이 주겠는가에 대한 것도 좀 보고요. 그런 것들을 애들한테 말해 줘요. (코리아학원 국어 선생님)

논술 공부에서 첨삭 지도는 대단히 중요하다. 학생이 단순히 글을 써 보는 것만으로는 절대 높은 점수를 받을 수 없다. 학생들은 글을 작성하면서 자신의 생각을 고쳐 나가고 논리적이고 설득력 있게 표현할 수 있어야 한다. 그래서 각 대학이 무엇을 중요하게 생각하는지 깊이 공부한 학원 선생님들이 학생들의 글에 나타난 생각을 고쳐 주고 더 설득력 있게 의견 또는 주장을 진술하도록 지도해 준다.

가장 많이 지도하게 되는 경우는 불분명하지 않은 말투를 썼을 때입니다. 요즘 고등학생들뿐만 아니라 사람들이 대부분 글을 쓸 때 ~인 것 같다, ~한 것 같다는 말을 많이 씁니다. 물론 이것이 공손한 느낌을 주기는 하지만, 논술에서만큼은 그러면 안 됩니다. 확실히 내 생각은 이러이러하다고 쓰도록 지도합니다. 학생들의 생각을 고쳐 주는 것은 별 대단한 과정은 아닙니다. 하지만 글 전체에서 나는 내 주장에 확신이 있다는 분위기가 나도록 만들어 주면 확실히 학생들의 논술 점수가 올라갑니다. (코리아학원 국어 선생님)

논술을 공부하는 데 있어서 특별하게 정해진 교재는 없다. 어떤 학원에서는 시중에 나와 있는 대학교 논술 기출문제집을 구입해서 학생들과 풀어 보기도 하고 또 다른 학원에서는 교사가 직접 나올 만한 주제나 문제들을 묶어 교재로 만들기도 한다. 학원마다 교재가 모두 다르다는 것이다. 왜냐하면 수능시험과는 달리 각 대학별로 논술 문제의 형식이나 종류가 달라서 학생이 어느 대학에 지원하는가에 따라 교재가 달라지며 학원들마다 선생님들의 경험상 가장 적합한 교재를 선택하거나 제작하여 논술 수업을 하기 때문이다.

| 6장 |

아빠는 잘못 알고 있다: 선행학습과 심화학습

Hakwon

1. 영어 수업에서의 선행학습

2. 수학 수업에서의 선행학습

HAK WON

학원 교육의 큰 특징은 긴 방학 기간을 학교 공부를 보충하는 데 활용하고 있다는 것이다. 기말고사가 끝나고 바로 한 학기 동안 배울 내용을 두루 살펴보거나 핵심 개념과 원리를 익히며 예습한다. 3월이 되면 방학 기간에 익힌 기초 실력을 바탕으로 교과서를 깊이 공부하고 응용된 문제를 풀어 보면서 심화학습을 한다. 이때는 학교에서 선생님의 수업을 들으면서 한 번 더 학습내용을 다져 나가는 시기이기도 하다. 4월 초가 되면 3~4주 뒤에 있을 중간고사 시험 대비 학습이 시작된다. 유형문제를 풀어 보거나 복습을 하며 실전에 대비한다. 이러한 과정이 중간고사와 기말고사를 기준으로 하여 주기적으로 반복된다. 학원의 교육과정을 간략히 그림으로 나타내면 아래와 같다.

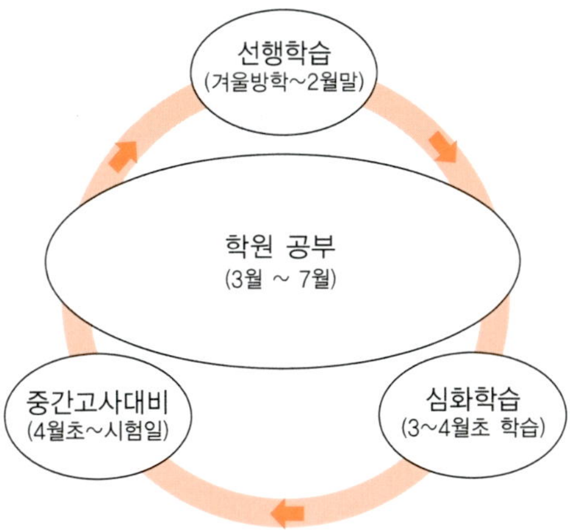

학원의 교육과정(영어와 수학)

주요 과목 모두를 공부하는 종합학원이든 영어 또는 수학만 하는 전문학원이든 대부분의 학원에서 방학 기간을 적극 활용한 이와 같은 학습시스템을 기본 바탕으로 교육하고 있다. 이러한 세 단계의 학습시스템은 상중하 성적과 관련 없이 누구나 교과서를 잘 익히고 내신 성적을 향상시키는 데 가장 적합한 과정이라고 한다. 이 시스템에서 "수업 시간적인 부분과 선생님이 맡을 수 있는 학생 수의 문제 그리고 제일 중요한 학생의 학습 의지가 학습시스템의 개선과 학급인원 축소, 학생 · 학부모 상담으로 마련된다면" (정원철 선생님, 30세) 최고의 내신 성적 향상 효과를 낼 수 있다. 여기서는 영어와 수학 과목에 대해 알아보자.

1. 영어 수업에서의 선행학습

영어는 학습 수준을 레벨 테스트하고 그에 적합한 교재로 수업을 하는 것이 실력을 향상시키고 성취감을 높이는 데 가장 효과적이다. 많은 학생들이 자신의 수준과 관계없는 교과서로 공부하며 너무 쉬워서 학습 의욕이 없다거나 자기에게 너무 어려운 책이라 선생님의 설명을 아무리 들어도 이해하지 못하기도 한다. 영어전문학원에서는 철저히 레벨 테스트를 하여 학생의 수준에 적합한 교육을 하고 효과적이고 이해도가 높은 수업을 하고 있다. "학원에서는 하루하루 실력이 늘어가는 것을 느껴요." 학생들은 자신의 레벨에 맞는 학습을 하고 한 단계 레벨을 높여 나가는 노력을 하면서 실력을 향상시킨다. 중간 · 기말고사가 다가오면 잠시 레벨에 따른 학습을 멈추고 2~3주 정도 학교 교과서를 보며 내신 대비를 한다. 그래서 영어전문학원에서는 레벨에 따른 학습을 하다 시험일이 다가오면 잠시 교과서를 보며 내신 대비를 하는 과정으로 학습한다.

종합학원에서는 영어전문학원에서와 같이 지속적으로 레벨에 따라 학습할 수 없다. 종합학원에서는 주요 과목인 국어, 영어, 수학, 사회, 과학 등 모든 과목을 배운다. 전 과목 평균에 따라 수준별 분반을 하고 있어 철저하게 영어 과목의 학습 수준에 따라 분반할 수 없다. 그래서 긴 겨울방학과 여름방학을 잘 활용하여 수준에 맞는 학습을 한다. 학기 중에는 학교별 내신 점수를 높이는 데 효과적인 학교별 분반을 하다 방학이 되면 전 과목에 따른 수준별로 분반을 한다.

예를 들어 보자. 경기중학교에 다니고 있는 중학교 2학년인 서희는 학기 중에는 경기중학교에 다니는 친구들과 같은 반에서 공부를 한다. 방학이 되면 학교와 관계없이 함께 수준별 분반 시험을 치르고 나서 성적에 따라 서희의 반이 지정된다. 이때는 영어와 수학 과목에 대한 시험만을 쳐서 최대한 영어와 수학 과목의 수준을 반영하려 한다. 이렇게 방학 때 수준에 맞는 교재를 활용하여 적합한 학습을 하며, 학기가 시작되면 다시 학교별로 반을 편성하고 학교 진도보다 1~2주 정도 앞서 학교 교과서를 예습하며 철저히 익혀 나간다.

시험일이 다가오면 3주간 유형문제를 풀어 보거나 평소에 이해만 했던 내용을 암기하면서 실전에 대비한다. 그래서 종합학원에서의 교육과정은 방학 동안에 수준별 분반으로 효과적으로 실력을 높이려는 실력 향상 학습 단계와 학기 중에 학교별 분반으로 교과서를 1~2주 앞서 공부하는 선행학습 단계 그리고 3주간의 시험 대비 단계로 진행된다. 다음 그림은 영어전문학원과 종합학원에서의 영어 교육 학습 과정을 그림으로 나타낸 것이다.

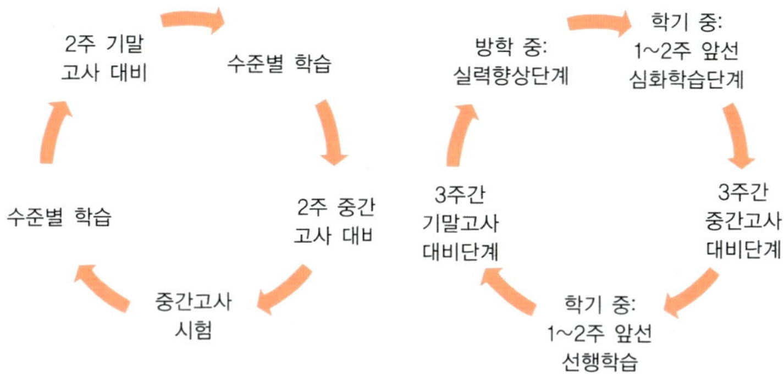

영어전문학원의 한 학기 교육과정　　종합학원의 한 학기 교육과정

*방학 중: 수준별 분반, 학기 중: 학교별 분반

실력 향상 학습: 몸풀기와 기초 실력 향상

영어전문학원에서는 레벨에 따라 수준에 적합한 교육을 실현하고 있다는 것을 알았다. 그러면 종합학원에서는 어떻게 영어 교육이 이루어지는지 자세히 알아보자. 우선, 방학 중에 수준별로 분반하여 실력 향상 학습을 하고 있다. 특히 겨울방학은 기간도 길어 부족한 실력을 보완하거나 한 단계 실력을 높일 수 있는 좋은 기회이다. 학원에는 실력이 탄탄하고 스스로 공부하는 학생들도

다니지만 학교 진도도 제대로 따라가지 못해 답답해하는 학생들도 많이 다닌다. 상위권 학생들은 실력을 한 단계 높이고 중하위권 학생들은 한 학기 학습에 미리 대비한다.

> 일단은 아이들이 많이 처져요. 그래서 미리 준비시키는 게 가장 크죠. 그니까 짧은 기간 동안에 아이들을 완성시키기가 버거우니까, 기간이 짧으면 애를 다그치게 된다고. … 미리 시작해서 먼저 가면서 여유를 갖는 거죠. 그니까 어렵게 가야 할 부분을 우리가 조금은 완충시켜 주는 거죠. 여유를 주면서 애들이 부담감을 좀 덜 갖게끔, 몸 풀기해 준다고 생각해도 될 거 같아요. 단순히 시험을 치르게 하기 위해서라기보다는 먼저 알고 가니까, 수업 시간에 좀 이래 이래 편한 마음으로 저거 맞아 무슨 얘긴데, 학원에서 들었어. 그럼 덜 낯서니까, 그런 부분에 있어서 좋지 않을까. … 학기가 시작되고 학교에 다니면서 부족한 실력을 보충하기는 쉽지 않아요. (박소영 선생님, 32세)

그러나 방학 기간에 영어 실력을 보충하고 실력을 한 단계 향상시키기 위해 학원과 선생님은 다양한 노력을 한다. 왜냐하면 학생들이 학교에서 배울 내용을 여러 번 반복하여 본다고 해서 되는 단순한 문제가 아니기 때문이다. 선생님뿐만 아니라 학원 전체 차원에서 내신 대비에 효과적인 학교별 분반을 수준별 분반으로 다시 편성하여 효과적으로 실력을 높이기 위해 환경을 조성하고 좀 더 효과적인 교재를 선정하기 위해 교과회의를 하고 설문조사를 하여 학습의 어려움을 경청한다.

> 어디까지나 영어 점수를 높이려면 실력을 탄탄히 하는 과정이 필요해요. 보통 학원은 애들 머리 뚜껑 열어 가지고 정답을 채워 주는 거라고 생각하는데, 똑같은 걸 계속 반복하면서 학생들이 이해도 못하면서 하는 그런 공부에는 한계가 있거든요. 또 그렇게 하고 싶은 생각도 없어요. 원리를 터득하지 못하고 어디에 써먹을지도 모를 지식을 여기 하나 저기 하나 집어넣어 가지고 나중에 뒤죽박죽 섞이게 하는 거는 교육이 아니죠. 기본 교육을 바탕으로 깔고 거기에 플러스로 성적을 내야 한다는 목표로 가는 거죠. (박소영 선생님, 32세)

영어 과목의 내용에는 교과서나 다른 교재나 별반 차이가 없다. 같은 내용일지라도 학습 단계와 학생의 수준, 학생의 흥미를 고려하여 책을 선정하고 수업 방식도 다르게 해야 한다.

> 방학 때조차도 학교 교과 진도에 맞추어 간다면 너무 지루하지 않을까요? 방학 때부터 시험 대비를 위한 학습을 하려고 계속 같은 내용을 배우고 같은 문제를 풀게 하면 지치지 않을까요? 학생들도 사람인데. 단순한 반복일 것 같으면 그 지루한 작업을 못해내죠 우리도. 교육이 단순하게 반복되는 거라면. 반복은 맞아요. 원래 우리가 전달하고자 하는 내용의 핵심은 똑같잖아요. 반복은

맞는데 모양이 다르죠. (박소영 선생님, 32세)

방학에는 학년 전체를 아우르는 통합 교과서를 기본 교재로 사용한다. 이는 교과회의에서 마련한 학습 매뉴얼에 따라 모든 영어 선생님들이 사용하는 공통 교재이다. 이 통합 교재는 방학 기간 동안에 체계적으로 학습하도록 구성되어 있으며 교과서와 직접적인 관련은 없다. 영어는 언어학습의 특성상 문법과 독해, 말하기와 읽기 · 쓰기 등 다양한 영역에서 체계적으로 학습하여야 기본적인 실력을 효과적으로 갖출 수 있다. 바쁜 학기 중에 학습하지 못하는 다양한 관련 내용을 체계적으로 배우고 다음 학기에 배울 내용을 미리 두루두루 살펴보아 학생들의 학습 부담을 줄여준다.

영어는 언어라서 말하기와 듣기, 읽기, 쓰기를 다 같이 학습해야 해요. 그래서 방학 때 하는 영어 교육을 단순하게 선행이라고 얘기하기는 그래요. 학기 중에는 시간이 부족해서 터치하기(학습하기) 어려운 부분을 이 여유 있는 방학에 배워 나가는 거죠. 수학 과목은 파트가 나눠져 있어 다음에 뭘 배울지 예상할 수 있지만 언어는 파트가 없거든요. 모든 게 다 될 수 있잖아요. 문법도 학년에 따라서 구분된다고 하는데 실제로 언어가 만들어지는데 문법을 구분해서 만들어지지 않잖아요. 영어에서는 선행 개념이라기보다는 애들이 조금 더 다양하게 접할 수 있는 기회를 준다고 봐야 되지 않을까요. 그렇게 공부하면서 교과서 내용을 학습하는 데 필요한 기초를 더 튼튼히 마련하게 되고요. (박소영 선생님, 32세)

선생님은 수업에서 배운 내용을 복습하도록 학습지를 만들어 준다. 다음 수업이 시작될 때 학습지를 받아 5분 동안 테스트를 한다. 매일 영어 수업이 있어 수업에서 배운 내용을 이렇게 매일 복습하고서 다음 공부할 내용을 학습한다. 선생님은 학생이 자기 학습지를 자기가 직접 채점하게 한다. 그러면서 자기가 무엇을 알고 있고 무엇을 모르고 있는지 확인하게 하고 틀린 문제를 다시 봐도 모를 때 질문하라고 한다.

중학교 1학년에 올라가는 유진이는 열심히 해서 정답을 다 적을 수 있었다. 지훈이는 네 개 문제의 답을 틀리게 적었고 다시 책을 보면서 답을 고쳐 적었다. 책을 봐도 이해가 안 되면 선생님에게 질문한다. 선생님은 채점된 학습지를 받고서 점검한다. 선생님은 지훈이의 학습지를 받고서 질문할 것이 있는지 확인한다. 지훈이가 아직 확실히 익히지 못한 것 같아 다시 한 번 더 같은 시험을 보게 한다. 선생님은 다음날 스케줄을 잡아 주고 자습실에서 감독 선생님에게 학습지를 받아 재시험을 보게 한다. 다음 그림은 채점한 유진이의 학습지이다.

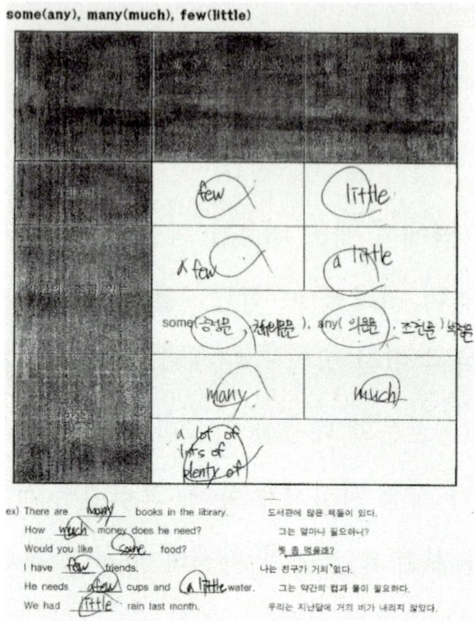

유진이의 학습지

더불어 재미있고 흥미를 줄 수 있는 교재를 하나 더 선택해서 함께 공부한다. 선생님은 방학에도 공부하는 학생들에게 공부한다는 생각을 잊게 하고 지루하지 않게 하려고 흥미로운 교재로 짬짬이 시간 날 때마다 함께 익혀 나간다.

공부하고 약간의 휴식을 취하고, 공부하고 다시 휴식을 하는 흐름으로 진행해요. 아이들이 시험이 다가오면서 공부를 열심히 해야 하기 전까지는 머리를 식혀 주면서 대비할 수 있도록 하는 것이 필요해요. 방학 때는 그럴 때이죠. 아마 아이들은 방학이라 공부가 아닌 다른 뭔가를 하고 싶을 거에요. (박소영 선생님, 32세)

이렇게 다양한 노력이 필요한 이유는 선생님이 학생들의 흥미를 고려하면서 지도해야 하고 상담도 하여 공부하려는 의지도 높여야 학생이 스스로 공부하기 때문이다. 그렇게 조금씩 학생이 꾸준하게 학습하는 습관을 익히면서 실력이 향상된다. 학원과 선생님은 학생들이 꾸준하게 학습하여 실력을 높이도록 흥미를 높이거나 상담을 하고 칭찬 간식이라는 단기 목표를 주어 학습 습관을 익히게 한다. 그래서 학습할 내용을 미리 앞서 배운다는 것을 뜻하는 '선행' 이라는 단어로 방학 동안에 이루어지는 학원 교육의 모습을 잘 나타낼 수 없다고 한다.

단순하지 않아요. 방학 동안에 하는 학습을 선행학습이라는 단어로 표현하기 어려워요. 용어를 잘못 선택해서 [실제를] 왜곡시키는 거죠. 이걸 알아야 되는데요. 점수를 올리기 위해서 교과서만 계속하면 점수가 오르는 게 아니에요. 점수를 올려야 될 당사자인 학생이 준비되어 있어야 돼요. 학생이 방학 때부터 열심히 하면 분명히 점수를 올릴 수 있는 가능성이 있다고 해서 교과서 문제를 풀리고 또 풀리고 하면 흥미를 떨어뜨려 역효과가 나게 돼요. 학생이 공부를 하고자 하는 마음만 먹게 되면 스스로 자기가 이 문제 저 문제 다 풀 거에요. 그래서 애들한테 이런 기회 저런 기회를 줘 보는 거죠. 문제 푸는 방법만 있는 게 아니에요. 이런 식, 저런 식의 공부 방법이 있는 거죠. 책을 해도 되고 동화책도 해도 돼요. 방법을 제시해 보는 거죠. 그러면 애들이 덥석 물고…. 이 아이가 공부하고 싶다는 마음이 생기게끔 영어든 수학이든 [방학 때] 여러 기회를 줘봐야 해요. (박소영 선생님, 32세)

방학 학습 부교재

그래서 초등학생 6학년의 경우에는 재미있는 영어 동화책을 선택하여 읽기를 하거나 '소피의 세계'라는 원서에서 재미있는 부분을 발췌하여 학생들에게 프린터하여 나눠 주고 함께 공부하기도 한다. 그리고 중학교 1학년부터 3학년까지 공용으로 『3030, 미국 유치원생처럼 말할 수 있다』는 책을 통합 교재와 병행하여 수업한다. 이 책은 1일부터 30일차로 되어 있고 제일 처음에는 단문으로 되어 있으며 차차 스토리와 대화로 구성되어 있다. 예를 들어, 1일차에는 뛰어라, 먹어라, 쉬어라, 공부해라 등의 단문으로 되어 있고 날이 지날수록 장문으로 되어 있어 영어로 말하는 데 효과적이다. 이 교재는 학생들이 방학이라는 기간에도 공부하고 있는 만큼 선생님이 학생들의 학습 부담을 줄이고 흥미를 가질 기회를 주기 위한 노력의 일환이다. 선생님은 수업이 시작하기 전이나 끝나기 전, 수업

후 시간이 남았을 때 이러한 교재를 같이 읽고 배워 나가며 학생들이 영어에 친숙해지게 한다.

> 올해 들어서 영어 교육에 변화가 있었잖아요. 몇 년 영어 공부를 했는데 말문이 안 트인다며 그런 문제를 해결하는 책도 많이 나왔어요. 나도 마침 그쪽에 관심이 있어서 애들 입을 좀 열게 해 보자. 입을 열게 하려면 그래도 차라리 통문장을 따라 읽게 해야 해요. 『3030, 미국 유치원생처럼 말할 수 있다』는 책은 30일만 하면 유치원생처럼 말할 수 있게 구성되었어요. 이게 초등학생, 중학생처럼 말할 수 있다며 계속 이어지는 시리즈에요. 이 책을 방학 때 ○○○○ 통합 교재를 기본으로 하면서 중간 중간에 하고 있어요. 이게 은연중에 젖어 들어요. 이건 문법 설명이나 이런 거 하는 게 아니고 그냥 자연스럽게 말 배우는 거에요. 꼬맹이가 말 배우듯이 따라 하는 거기 때문에 그냥 표현을 뭐, 이런 표현을 외우고 따라 하는 거기 때문에 학생들이 시험을 치른다는 부담감도 없게 돼요. … 이걸 하고 1일차를 하면서 소리 내어 따라 읽고 하죠. 시간이 많이 안 걸렸어요. 재미있어하면 그게 힘이고, 뒤에 가면 앞에서 했던 게 뒤에 가서 자동으로 교과에 반영되어 보충 학습이 돼요. (박소영 선생님, 32세)

이렇게 학원에서는 통합 교과서로 한 학기 동안 배울 내용을 미리 두루 살펴보고 흥미로운 책을 함께 학습하면서 실력을 향상시키려 한다. 학생들은 학년이 바뀌게 되면서 학기 중에 갑자기 어려운 내용을 접하게 되어 혼란스러워할 수 있다. 이러한 학습은 다음 학기에서 무슨 내용을 배울 것인지 전반적으로 지도를 그리면서 몸을 풀어 주는 워밍업 단계이며 학생이 느낄 수 있는 어려움을 줄여 준다. 학기 중에 진도에 맞추어 가면서도 할 수 있지만, 미리 시작해서 두루 살펴봐 두면 학생이 학교 수업에 부담을 덜 느끼게 된다. 더구나 학생들이 다양한 영어 공부를 접하면서 영어 공부에 조금이라도 재미를 느끼게 될 것이다.

> 누구나 똑같이 중상위권 성적 수준과 관계없이 학년이 올라가는 거잖아요. 자기는 중학교 3학년에 다니고 있는데 중학교 1학년 정도의 수준밖에 안 된다고 그 수준의 학습을 할 수는 없잖아요. 그렇다면 이 아이가 중학교 3학년 수준의 영어 공부를 해야 된다는 것을 인정하고서 방학 준비 기간 동안에 앞으로 이런 내용이 나올 거니까 준비하는 거예요. 해 보고 어려운 게 있으면 이 시기에 조금씩 해결해 나가죠. 그래서 학기가 시작되고 실제로 당면했을 때는 학생이 어려움을 덜 느끼게 되는 거죠. 그렇지 않고 아이가 학교에서 처음 어려운 내용을 듣고서 "아! 너무 어려워. 도저히 못하겠어."라고 좌절만 하게 되요. 이런 경우에 직면하지 않게 하려고 가급적이면… 그래서 아이들이 학원에 오는 게 아닐까요. (박소영 선생님, 32세)

선행학습: 교과서 중심 학습

3월 개학이 되면 방학 때 해 오던 기초 실력 향상 학습을 마무리한다. 내신 대비 효과를 높이려고 수준별 반을 학교별로 다시 편성하고 학교별 교과서로 학습한다. 학교 진도보다 1~3주 앞서 배워 나가며 선행학습하고 중간고사 시험 범위까지의 내용을 4월 초까지 마무리한다. 이때는 교과서의 내용을 충실하게 공부한다. 교과서만 보면, 중간고사와 기말고사에서 보통 3과 정도 분량이 시험 범위가 된다. 1과를 2주 동안 학습하여 세 과를 6주 안에 마친다. 그리고 요즘에는 학교에서 교과서와 더불어 부교재나 인쇄물을 많이 이용하고 시험 출제 비중도 높아지고 있다. 학생들이 공부해야 할 분량이 많아졌고 학교 선생님이 그 많은 내용을 충분하게 설명하지 못하는 경우가 많아 학원에서 그 내용을 수업하기도 한다.

> 교과서와 학교에서 배우는 내용을 중심으로 철저하게 학습해 나가죠. 그러니까 아이들이 생각할 수 없는 거나 혼자서 공부했을 때 접근할 수 없는 중요한 내용들을 선생님들이 지적해 주는 거예요. (박소영 선생님, 32세)

해석과 문법 설명을 같이 해 나면서 수업을 진행한다. 되도록 수업은 가볍고 즐겁게 가르친다. 학생들이 어느 정도 수업에서 만족을 얻으려면 수업은 지루하지 않고 시간 가는 줄 모르게 몰입되어야 한다. 보통 선생님이 수업 시간에 많은 내용을 가르치면 잘 가르쳤다고 생각한다. 선생님은 많은 내용을 가르쳐 주고 싶어한다. 하지만 학생들 입장에서 보면 공부에 흥미를 잃게 할 수 있다. "수업 내용이 많으면 애들한테 오히려 더 안 와 닿을 수 있거든요." 그리고 많은 내용을 전달해 주려다 학생들의 반응을 잘 살피지 못하게 된다. 수업 현장에서는 학생들이 선생님의 설명에 집중하는지 분위기가 산만한지 아니면 피곤해하는지 졸려하는지 분위기를 잘 살펴야 한다. 그래서 차라리 가르칠 내용이 10개 있다면 3, 4개로 줄여 가볍고 집중적으로 가르치는 것이 효과적이다. "오늘 수업 들었을 때 애들이 배워 갔으면 하는 내용만 선정해서 가르쳐요." 문법을 가르칠 때에도 일반적인 내용을 책 읽듯이 설명하지 않고 학생들의 일상에서 가장 친숙한 것으로 설명하여 분위기를 전환시킨다.

> 예문을 쓸 때, "야들아, 김소월 원장님은 나보다 뭐가 많을까?" 라고 애들한테 물어봐요. 그러면 애들이 "샘보다 돈이 많아요." 카면서. "맞지" 카면서. 수업적인 측면에서 그런 거를 애들이 좀 안 지루하게 좀 그런 거를 일부러 접목하려고 해요. 아무래도 애들한테 덜 지루하죠. 원장님은 애들한테 좋은 호재거든요. 무섭기도 하면서 웃음거리를 주는 소재예요. (조가희 선생님, 29세)

수업만큼이나 중요한 것은 수업 전과 후에 학생들이 스스로 하는 과제 학습이다. 교실 수업에서 필요한 모든 교육이 이루어지는 데 한계가 있다. 수업만 잘 하면 끝났다고 생각하지만 그 이상의 노력이 필요하다. 학생들이 학습 내용을 잘 이해하고 과제를 잘 수행하도록 학습 수준을 고려하는 것이 중요하다. 선생님은 동기 부여도 하며 잘 리드해야 하고 과제를 잘 해 오는지 판단하고 지켜보며 꾸준히 공부하도록 학습 습관을 만들어 주는 것이 실력 향상에 가장 필요하다. 진정한 수업이란 학생들이 교실과 수업 밖에서 어떻게 학습하는지 파악하고 학습하도록 이끄는 것이다.

열강하는 선생님과 잘강하는 선생님이 있어요. 열강하는 선생님은 열심히 강의하는 선생님이구요. 잘강하는 선생님은 잘 가르치는 선생님을 말해요. 열강하는 선생님은 수업만 신경 쓰는 거예요. 수업만 빡세게 가르쳐야지라고 생각하고 수업이 끝나면 끝났다고 생각하시는 분이에요. 잘강하는 선생님은 유하게 수업해요. 수업은 가볍고 재미있게 하고 대신에 뒤에서 작업을 많이 하세요. 애들이 과제를 해 오는지와 제대로 해 오는지에 대해 신경을 많이 쓰세요. 왜냐하면 수업을 아무리 열심히 들어도 내가 아무리 열심히 피를 토해도 애들이 학생들이 공부 안 하면 끝이잖아요. 그러니까 그렇게 열강 안 하는 거예요. 애들 입장에서 힘들다, 빡세다, 지루하다, 이렇게 되어 버려요. 정작 효율성은 떨어지고. 반대로 잘강하시는 분은 수업 시간에 시간도 잘 가고 뭔가 이해가 되는 것 같고. 그런데 수업이 끝나고 학생이 공부해야 되는 과제를 주죠. 수업이 어느 정도 홍미 있었기 때문에 과제를 하거나 또 공부를 해도 반감을 덜 느끼게 되죠. 수업이 흥미도 없고 힘들어 죽겠는데 또 과제도 해야 된다면 애들이 별로 반갑지 않게 느끼게 돼요. 한마디로 과유불급이에요. (박소영 선생님, 32세)

성은이와 주영이는 Y 중학교 3학년에 다니고 있다. 다른 6명의 친구들과 함께 8명이 가족처럼 공부하고 있다. S 중학교 반은 두 학급이나 되고 한 학급에 13명이나 된다. 그에 비하면 Y 중학교 친구들은 정말 적게 다니고 있다. 성은이는 예비 중학생을 모집할 때 이 학원에 와서 3년째 다니고 있다. 주영이는 이제 6개월째 다니고 있는데 칭찬과 격려를 많이 해주는 영어 선생님을 만나 성적이 많이 오르고 있다. 주영이의 부모님은 자녀 공부에 욕심부터 앞서서 못한다고 꾸중하고 혼을 많이 냈었다. 주영이는 공부를 하려다 보면 꾸중받고 혼났던 기억이 앞서 두렵기만 하였다. 처음에 주영이가 숙제도 안 해 오고 그래서 선생님도 혼을 냈었다. 선생님은 학부모 전화상담을 하고서 부모의 욕심이 많이 앞선다는 것을 알고서 주영이가 지금까지 칭찬받을 기회가 없었던 것을 알아챘다. 그래서 곧 전략을 바꿔 주영이가 잘한 것만 칭찬해 주고 격려해 주었다. 잘 못하면 "그래 이까지라도 했으니까 다행이다. 다음에 더해 보자."라고 말해 주었다. 주영이는 조금씩 바뀌어 갔고 "선생님! 제가 한 숙제 보세요. 잘 했죠?"라며 공부에도 흥미를 보였다.

모든 학생들에게 기본적으로 나가는 숙제에는 빈칸 넣기 학습지 공부하기와 교재에 있는 문제들을 풀어 보는 것이 있다. 빈칸 넣기 학습지는 교과서의 본문 내용을 통문장으로 익히게 하기 위해 문장에서 군데군데 단어를 비워 칸을 만들어 놓은 것이다. 이는 내신 대비를 하려면 기본적으로 공부해야 하는 가장 중요한 과제이다.

빈칸 학습지는 책을 보고 빈칸을 채워 오는 거예요. 학생이 책을 보고 손으로 적어 오는 것 자체도 공부에요. 책을 안 보고서 다 외우고 적어올 수 있는 능력이라면 시험을 칠 필요가 없지요. 그러니까 이 빈칸 넣기는 그냥 편한 마음으로 하는 과제에요. '우리가 지난주에 이런 거 저런 거 공부했어. 책을 확인하면서 한번 찾아 적어와. 그러면 배웠는지 안 배웠는지 기억이 나는지 안 나는지 알 거야. 하다 보면 모르겠는 게 있을 거야.' 라며 과제를 내주어요. 배웠는데도 모르겠는 게 있잖아요. 과제를 하면서 스스로 [모르는 부분을] 걸러 내는 거지요. 어떤 거는 좀 쉬웠는데 어떤 부분은 좀 막히더라. 이렇게 일차로 [모르는 부분을] 자기 스스로 걸러 내는 거죠. 그러면 "샘! 이거는 괜찮은데요. 이 부분은 잘 모르겠어요."라며 다음 시간에 저에게 질문해요. (박소영 선생님, 32세)

성은이와 주영이는 오늘 Lesson 5를 배웠다. 이틀 후면 이 단원 학습이 마무리된다. 보통 한 과를 다 배우는 데는 2주가 걸린다. 선생님은 지지난주에 배웠던 Lesson 4의 빈칸 넣기 시험지를 주며 숙제를 해 오라고 하셨다. 시간이 지나 배운 내용을 잊을라 하면 선생님은 숙제로 내서 복습하게 한다. 모두 7페이지 분량이고 교과서 Lesson 4의 본문에 나오는 문장을 모두 외우게 하였다. 성은이는 빈칸 넣기 학습지를 받고 집에 가서 기억을 되살려 빈칸에 하나하나 채워 나간다. 주영이는 한 번 더 익힌다는 생각으로 책을 보며 하나하나 따라 적으며 복습한다. 다음은 성은이의 Lesson 4의 빈칸 넣기 학습지 일부 모습이다.

Become a Better Problem Solver

1. What would you do if you lost your money on the way to the movies?
(어떡할래? / 돈을 잃어버린다면 / 영화보러 가는 도중에)

2. Or (what would you do) if you took the wrong bus and didn't know where you were ?
(버스를 잘못타서 / 모른다면 / 네가 어디에 있는지를)

3. Running into problems in your life is a sure thing.
(살다보면 우연히 문제를 만나는 것은)

4. It's as (sure / surely) as having (have) to brush your teeth.
↳ 대명사 it가 가리키는 것을 찾아 영어로 쓰면: 앞문장 주어 : Running into problems in your life

5. But you don't need to worry about it. (걱정할 필요없다)
= don't have to worry
= need not to worry
→ 대명사 it가 가리키는 것을 찾아 영어로 쓰면: Running into problems in your life.

성은이의 Lesson 4 빈칸 넣기 학습지

선생님은 학생들 중에서 가장 잘한 빈칸 넣기 학습지를 정답지로 만들어 모두에게 나눠 준다. 학생들은 정답지를 보고 채점하며 어떤 부분이 맞고 틀렸는지 보고 모르겠는 부분을 확인한다. 틀린 부분에는 색깔 볼펜으로 수정한다. 다시 봐도 모르겠다면 선생님에게 질문한다. Lesson 5를 모두 배우고 Lesson 6를 배울 때쯤 Lesson 5 내용의 빈칸 넣기 학습지를 주어 같은 방식으로 숙제해 오게 한다. 시험 범위까지 이렇게 교과서 내용을 익혀 나간다.

수업해 주고 나면 선생님의 역할은 그만큼 줄어드는 거죠. 자기들이 직접 부딪쳐서 공부해야 되니까요. 자기들이 직접 부딪칠 수 있게 해야 하는데 어떻게 해야 될까 하고 방법을 찾죠. 하나씩 던져 보고 던져 보고 하면서 빈칸 넣기 학습지가 제일 좋은 숙제라고 생각해요. 과거에는 매일 단어 시험을 치렀는데 문장에서 단어를 따로 분리한 거라 좋은 학습 방법이 아니에요. 그리고 채점할 때 OX로 하지 않아요. 애들이 매기면서 자기가 뭐 틀렸는지 확인하는 과정이어야 되잖아요. 우리가 그걸 매겨 주면 우리가 공부하는 거죠. 이것도 일일이 자기가 매기게 해요. 매길 때 OX 하지 말고 틀린 부분에 색깔 볼펜으로 수정만 하는 거죠. 틀린 부분 그 밑에다가 색깔 볼펜으로. 그러면 자기가 뭐 틀렸는지 알잖아요. OX 이런 거는 필요 없어요. 여기가 틀렸잖아요. 그러면 여기 색깔 볼펜으로 빠진 거 적고. 그래야 자기가 뭐 틀렸는지 알잖아요. 다시 봐도 모르면 질문을 만들어 오라고 해요. (박소영

선생님, 32세)

시험 대비: 복습과 유형문제 풀이

시험일이 가까워지면 방학 때부터 공부한 실력을 바탕으로 시험 대비 학습을 시작한다. 시험 대비 학습은 시험일의 3~4주 전부터 시작하며 실력 향상과 선행학습 등 내신 대비 학습 단계들에서 제일 마지막에 해당된다. 학원 학습이 빡세다고 말할 정도로 공부하는 시간이 늘어나고 자율자습에서 의무자습으로 바뀌어 출석 체크를 정확히 하고 정해진 시간까지 자습을 해야 한다. 주말에도 등원하여 보충 수업을 받거나 자습을 한다. 자습을 하지 않겠다는 학생은 학원에서 퇴원 조치를 할 만큼 강제적이다. "수업만 듣고서 성적은 안 오른다. 공부는 너 스스로 해야 한다. 자습을 안 하겠다는 거는 공부를 안 하겠다는 것이다."라고 설득한다. 또는 자습을 안 하는 대신 선생님은 과제를 주고 해 오도록 강제한다.

방학 때부터 학생들이 함께 학습했더라도 학생들마다 이해 수준이 다르다. 열심히 공부한 학생도 있지만 여러 가지 일이 생겨 공부에 집중하지 못한 학생도 있다. 학생들은 이 기간 동안에 지금까지 배운 내용을 최종 점검하고 확실하게 익혀 나간다. 선생님은 같은 빈칸 넣기 학습지를 한 번 더 복습하게 한다.

성은이와 주영이는 내일까지 Lesson 4를 공부하고 다음 주까지 Lesson 5, 6을 공부해야 한다. 교실에서 자습을 하며 Lesson 4를 공부하고서는 지우개와 샤프만 들고서 교실 밖으로 나간다. 입구 쪽에 비치된 시험지함에서 자기 시험지를 들고서 복도에 있는 책상에 앉아 빈칸을 채워 나간다. 세 번째 익히는 거라 그렇게 어렵지는 않다. 그런데 5페이지 넘어갈 때쯤 공부했던 내용이 기억나지 않는다. 성은이는 다시 시험지를 복도에 있는 시험지함에 꽂아 두고 교실에 들어가서 한 번 더 교과서를 보고 익힌다. 다시 볼펜과 지우개를 들고 와서 시험지함에 꽂아 둔 빈칸 넣기 시험지를 가져와서 나머지 빈칸을 채워 나간다. 이렇게 성은이와 주영이는 다음 주까지 Lesson 5와 6을 빈칸 채우기를 하며 모두 복습한다. 이렇게 복습하다 책을 봐도 모르는 부분이 있다면 질문한다.

이와 같이 선생님은 시험 대비 기간에 강의식 수업을 하지 않는 만큼 개별 지도에 더 많은 시간을 낼 수 있다. 선생님은 학생들마다 개별적으로 학습 상황을 점검하고 지도하면서 학생의 학습 수준에 맞게 지도한다.

기본이 안 되어 있는 학생들에게는 문제지를 주지 않아요. 방학부터 지금까지 공부했어도 아직 기본 내용에 대한 확인이 안 된 아이들이 많아요. 열심히 공부해 온 학생들도 있지만 그렇지 않고 게으름을 피운 학생들도 있어요. 그런 학생들에게는 다시 했던 걸 복습시켜야 되겠죠. 그러면서 문제를 풀게 해요. 제일 중요한 거는 본문에 나온 내용을 80% 정도 숙지하고 나서 문제 풀이를 해야 효과가 있어요. 그래서 다시 교과서의 내용을 복습하고 나서 숙제로 나가거나 아니면 어려운 부분은 같이 풀면서 나갈 수가 있어요. 그러고 나서 빈칸 넣기 과제를 하게 해서 암기하게 해요. (박소영 선생님, 32세)

시험일을 1주일 남겨 두고서는 같은 빈칸 채우기 학습지를 스스로 채점하게 한다. Lesson 4, 5, 6 시험 범위의 빈칸 넣기 시험지는 모두 20페이지가 넘을 정도로 많다. 학생들이 다시 새 시험지에 빈칸을 또 채워 넣느라 시간을 보내는 것보다 정답지를 주

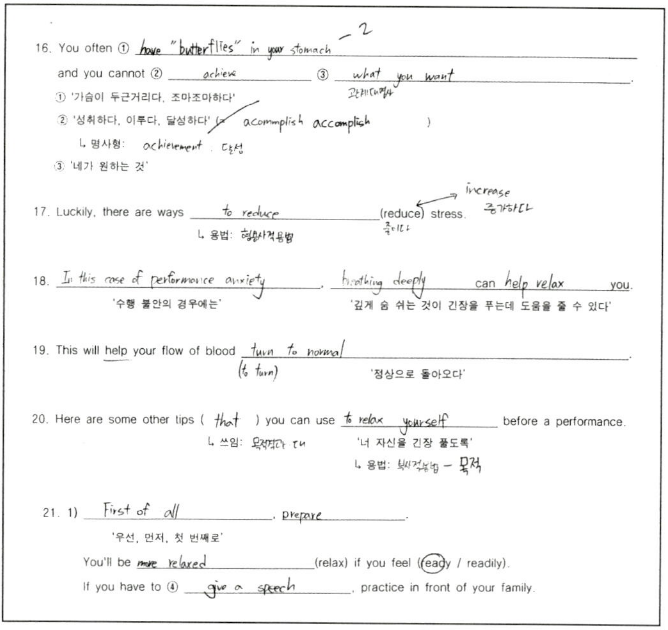
16. You often ① have "butterflies" in your stomach -2
and you cannot ② achieve ③ what you want.
① '가슴이 두근거리다, 조마조마하다'
② '성취하다, 이루다, 달성하다' (= acommplish accomplish)
ㄴ 명사형: achievement : 달성
③ '네가 원하는 것'

17. Luckily, there are ways to reduce (reduce) stress. increase 증가하다
ㄴ 용법: 형용사적용법

18. In this case of performance anxiety, breathing deeply can help relax you.
'수행 불안의 경우에는' '깊게 숨 쉬는 것이 긴장을 푸는데 도움을 줄 수 있다'

19. This will help your flow of blood turn to normal (to turn).
'정상으로 돌아오다'

20. Here are some other tips (that) you can use to relax yourself before a performance.
ㄴ 쓰임: 목적격 대 '너 자신을 긴장 풀도록'
ㄴ 용법: 부사적용법 – 목적

21. 1) First of all, prepare.
'우선, 먼저, 첫 번째로'
You'll be more relaxed (relax) if you feel (ready / readily).
If you have to ④ give a speech, practice in front of your family.

빈칸 넣기 시험지를 채점한 모습

어 자기가 채운 빈칸 학습지를 스스로 채점하게 하는 것이 더 효율적이다. 학생들은 다시 처음부터 빈칸 학습지를 보며 틀린 부분에 색깔 볼펜으로 수정해 나가며 효과적이고 가볍게 보완한다. 다음 그림은 성은이가 Lesson 5와 빈칸 넣기 시험지에서 틀린 부분을 빨간색으로 체크한 모습을 보여준다.

선생님은 이렇게 같은 빈칸 넣기 시험지를 여러 번 반복하게 하고 학생들이 교과서 내용을 80% 정도 익혔다고 생각되면 약간의 문제 풀이를 하게 한다. 학습 교재에서 각 단원이 끝날 때마다 있는 문제를 주거나 평가문제지를 출력하여 풀게 한다. 또는 학원에 있는 많은 교재들에서 여러 문제들을 복사해 주기도 한다. 그러나 선생님은 학생들에게 많은 문제를 풀어 보게 하지 않는다.

저는 영어 공부의 원칙이 문제를 많이 풀리는 거보다는 기본을 이해시키는 것을 중요하게 생각해요. 문제 풀이는 학습 교재에 있는 문제와 평가문제지 정도로 풀게 해요. 저 같은 경우는 교과서에 충실해요. 교과서 첨부터 끝까지 빠지는 거 없이 세세하게 복습하고 다시 보게 하고 빈칸 넣기 시험을 치르게 해서 교과서를 다시 익히게 해요. 말 그대로 공부 잘하는 애들이 교과서만 봤다는 얘기가 바로 그거에요. 그러니까 아무래도 우리가 보는 눈이 좀 전문가적이니까, 학생들이 문제 풀이만 하다가 시간만 낭비하지 않게 도와줘요. 엉뚱하게 공부하는 걸 우리가 막아 주는 거죠. (박소영 선생님, 32세)

2. 수학 수업에서의 선행학습

수학은 특성상 개념과 원리를 이해하고 응용문제를 풀어 보며 심화학습을 하여 실력을 높일 수 있는 과목이다. 12월 기말고사를 본 후부터 방학 기간 내내 한 학기 동안 배울 개념과 원리에 대해 익히는 선행학습을 하고 학기가 시작되는 3월부터 개념과 원리가 응용된 문제를 풀면서 심화학습한다. 시험일이 다가오는 3주 전부터는 그 동안 쌓은 실력으로 유형문제 풀이를 하며 실전에 대비한다. 이러한 선행학습과 심화학습, 시험 대비는 학생이 순차적으로 학습하는 하나의 보충학습 체계이다. 그래서 선행학습 없이 시험 대비 학습만을 한다거나 선행학습이든 심화학습과 시험 대비이든 한 단계만의 학습으로 실력을 향상시키지 못한다.

문제 풀이만 해서 점수를 잘 받을 것 같으면 망하지 않을 학원은 없을 거예요. 학원 선생님은 학생의 실력 향상과 성적에 책임이 있어요. 그래서 수업 연구도 하고 교과회의도 자주 하며 이런 저런 여러 시도를 해 봐요. 선행 · 심화 · 시험 대비 단계의 과정은 실력을 높여 점수를 잘 나오게 하기 위한 과정이에요. 학원에서는 4개월이라는 긴 시간 동안 실력을 높이려고 노력해요. (정원철 선생님, 30세)

종합학원이든 전문학원이든 이러한 학습 과정에 따라 수학 교육을 한다. 수학 과목의 학습 과정을 그림으로 간략히 나타내면 다음과 같다.

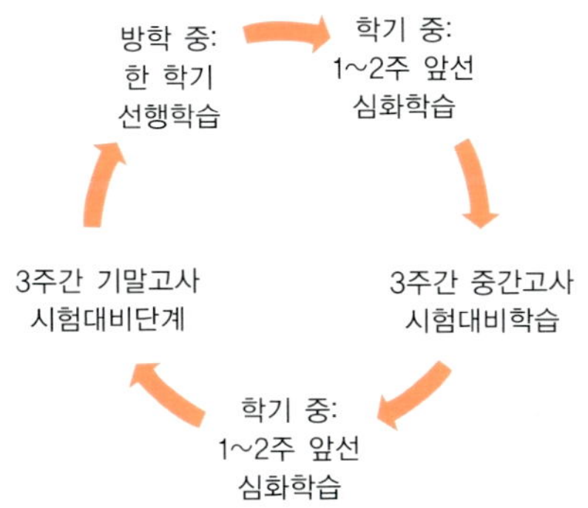

수학 과목의 학습 과정

선행학습: 그물의 뼈대를 놓는 과정

수학 공부에서는 개념과 원리를 잘 익히는 학습이 중요하다. 한 학기 공부를 시작하는 첫 단계에서 개념과 원리를 익힌다. 12월 초 기말시험을 보고 잠시 휴식을 가진 후 첫 단계 학습이 시작되어 다음 연도 3월 개학하기 직전까지 이어진다. 그래서 학교 진도보다 최대 6개월 앞서 개념과 원리를 배우는 선행학습을 한다. 선행학습은 이후에 이어지는 반복 · 심화학습과 시험 대비 단계에서 첫 번째 고리를 차지하고 있다. 선행학습에서 익힌 개념과 원리를 바탕으로 심화학습 단계에서 응용문제를 풀고 유형문제를 풀이하며 시험 대비 학습을 할 수 있다. 이러한 개념과 원리 학습은 어떠한 문제를 접하더라도 개념과 원리를 활용하여 풀 수 있게 하는 가장 기초적이고 중요한 수업이다. 어부가 그물을 쳐 나가는 과정으로 비유한다면 선행학습은 그물의 뼈대를 놓는 것이다.

수학 공부는 그물을 쳐 나가는 과정으로 비유할 수 있습니다. 그물을 쳐 나가려면 제일 처음에는 뼈대를 잡잖아요. 뼈대를 잡아 놓고 그 다음에 그물을 얼기설기 이렇게 놓아 갑니다. 그러니까 선행학습 단계에서 기본 개념에 대한 설명과 그 개념에 대한 이해를 점검하는 문제들을 풀어 보면서 뼈대를 잡아 놓습니다. … 개념과 원리를 이해하지 못하고서는 성적 올리는 데 한계가 있죠. 이해를 못하고서는 문제를 못 풉니다. 단순히 외워서 풀 수 있는 문제도 있지만 좋은 성적을 받지는 못합니다. (정원철 선생님, 30세)

태희와 민지는 중학교 2학년 여학생이다. 어릴 때부터 같은 동네에 살면서 같은 학교에 다니며 서로 가장 친하게 지내고 있다. 태희는 지역에서 가장 우수한 종합학원에서 다른 8명의 친구들과 함께 공부하고 있다. 민지는 태희를 따라 이 학원에 온 지 두 달 조금 더 되었다. 여기는 주요 과목을 모두 가르치는 종합학원이다. 기말고사가 끝나자 바로 영어와 수학시험을 보고서는 학교별 분반을 수준별로 재분반하였다. 다행히 태희와 민지는 계속 같은 반에서 공부할 수 있게 되어 무척 기뻤다. 민지는 실력이 조금 부족하고 어려워하는 편이라 태희의 도움이 필요해서 서로 반이 달라질까 걱정했었다. 태희는 수학을 무척 잘하였다.

선생님은 한 학기 동안 배울 내용의 개념과 원리를 태희와 민지 그리고 다른 6명의 친구들에게 똑같이 설명해 준다. 하지만 태희와 민지는 선생님의 설명을 받아들이고 이해하는 정도가 다르다. 태희는 한 번의 설명으로 개념과 원리를 이해하였지만 민지는 자세히 들어도 몰라 가물가물 알 듯 말 듯하였다. 설명이 끝나고 선생님이 학생들마다 수준에 따라 다른 문제를 풀어 보게 지도해 주니 민지는 개념과 원리를 확실하게 익힐 수 있었다.

어차피 개념과 원리는 잘하는 아이나 못하는 아이나 관계없이 똑같이 설명해야 하는 내용이기 때문에 일단은 똑같이 설명을 합니다. 그런데 그걸 학생마다 받아들이는 수준이 달라요. 그래서 문제를 풀이하면서 개념과 원리에 대한 이해를 깊이 들어갑니다. 예를 들자면 좀 수학 실력이 부족한 아이들에게는 개념과 원리를 바로 대입하면 답이 바로 나오는 문제들을 먼저 풀어 보게 하고 이해가 빠른 아이들에게는 공식을 이용해서 뭔가 다른 문제를 풀

수 있는 그런 문제들을 풀도록 연습시킬 수 있죠. (정원철 선생님, 30세)

오늘 태희와 민지는 곱셈공식을 배우고 있다. 선생님은 개념과 원리를 익히는 기본문제를 풀어 보게 한다. 태희는 그 문제를 다 풀고서 좀 더 복잡하고 응용된 문제를 풀고 있다. 민지는 곱셈공식을 전개하는 단순한 문제들을 계속 익힌다. 아래는 태희가 받은 문제와 민지가 받은 수학문제이다.

2 $(-2x+3)(4x-5)+(x-6)(x+7)$을 간단히 하면?

① $-7x^2+23x-57$ ② $-7x^2+21x-57$

③ $8x^2+3x-57$ ④ $7x^2+23x-27$

⑤ $8x^2-21x-27$

3 오른쪽 그림에서 색칠한 직사각형의 넓이를 구하면?

① a^2-b^2 ② a^2+b^2

③ b^2-a^2 ④ $a^2-2ab+b^2$

⑤ $a^2+2ab+b^2$

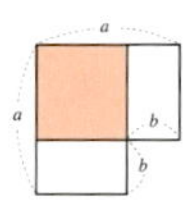

태희가 받은 개념 문제

6 다음 식을 전개하여라.

(1) $(x+3)(x+5)$ (2) $(x-4)(x+6)$

(3) $(x+2y)(x-5y)$ (4) $(3x+5)(5x-2)$

7 $(3x+2)(2x-3)=6x^2+ax+b$가 성립할 때, $a-b$의 값을 구하여라.

민지가 받은 개념 문제

중학교 2학년인 민지는 아래 학년에 나오는 선수 개념과 공식을 알아야 풀 수 있는 문제를 접할 때 가장 힘들어한다. 중학교 1학년 때 사춘기를 겪느라 공부를 많이 소홀히 했었다. 민지는 개념학습을 하고 방정식 활용문제를 풀어 보려고 했다. 사다리꼴의 밑변의 길이가 x이고 아랫변의 길이가 5이고 높이가 7인데 넓이가 20이 나와야 한다. 그럴 때 밑변은 얼마여야 되느냐를 묻는 문제였다. 그런데 민지는 초등학교 5학년 수학에 나오는 사다리꼴 넓이를 구하는 공식을 몰라 방정식 자체를 세울 수가 없었다. 선생님은 왜 민지가 어려워하는지를 보고서 '(사다리꼴의 넓이) = {(아랫변) + (윗변)} × (높이) ÷ 2'라는 공식을 설명해 준다. 수업이 끝날 때쯤 수학 선생님은 민지에게 사다리꼴 공식과 관련된 여러 문제들을 주어 풀어 오게 한다. 이렇게 선행학습에서 문제 풀이를 하고 질문을 받으면서 개념과 원리를 개별 지도하고 있어 선행학습 때도 선생님이든 학생이든 공부하기가 쉽지 않다고 한다.

> 민지가 중학교 2학년이에요. 그런데 만약에 오늘 민지에게 중학교 2학년 내용에서 어떤 개념을 설명하는데 민지가 선수 개념을 전혀 모르는 상황이다. 그런데 그걸 모르면 지금 진도를 나갈 수 없는 상황이라면 앞부분(선수 개념)을 설명해 주죠. 예를 들자면, [초등학교 5학년에 나오는] 사다리꼴 넓이를 구하는 공식을 민지가 전혀 모른다. 그러면 일단 그 공식에 대해서 설명해 주고 그러고 나서 오늘 배울 개념을 학습하는 거죠. (정원철 선생님, 30세)

이렇게 학생 수준에 맞는 문제 풀이를 하면서 상위권 학생들은 개념과 원리를 이해하고 응용문제도 풀어본다.

수업 중 남는 시간에 개념들이 응용되면 어떻게 되는지 윤곽을 잡게 되고 어려운 문제에 도전해 보면서 여러 궁금한 점들이 생기게 돼요. (정성희, 중3, 여)

중위권 학생들은 꾸준하고 탄탄한 학습으로 실력을 향상시키는 기회를 얻고 하위권 학생들은 선행학습 단계에서 배운 개념과 원리를 배우고 이후 심화학습 시기와 시험 대비 시기에서 한 번이라도 더 반복적으로 익힐 수 있어 최소한의 실력의 쌓아 어느 정도의 성적을 받게 된다.

개념이해가 듣자마자 바로 되는 애들 있잖아요. 그런 애들에게는 그때 바로 어려운 문제를 주기도 해요. 애들에게 문제가 너무 쉽기만 해 버리면 흥미를 잃는단 말이에요. 좀 하는 애들의 경우에는 선생님이 설명하고 있는데 지 혼자 멍하게 있거나 딴짓하고 있는 거에요. "뭐하는데?" 라고 물으면 그 학생은 "벌써 다 했는데요." 라고 말해요. 그러면 학생을 나무랄 수는 없죠. 그러면 새로운 문제를 줘요. 교재에 보면 발전문제나 심화문제들이 있어요. 남는 시간동안 그런 문제를 풀어 보라고 해요. 그런데 어떤 애들에게는 더 이상 풀어 보지 말라고 하는 경우도 있어요. 왜냐하면 그 학생이 개념을 이해했고 개념이해 확인 문제를 쉽게 풀었더라도 그 깊이가 얕을 수 있어요. 그런 학생한테는 심화문제를 줘 봐야 방해가 될 수 있어요. 한참 수학에 재미를 붙이려 하다가 [어려운 문제를 풀다가] 막혀 버리는 거에요. 그러면 애초에 흥미를 잃기도 해요. 같은 교재에 있는 심화문제라도 "너는 이거 풀지 말고 이까지만 해봐"라고 하고 좀 실력이 있는 애들의 경우에는 "너는 이것까지(심화문제) 해봐"라고 해요.(정원철 선생님, 30세)

그러나 선행학습의 효과는 얼마나 개별 지도를 할 수 있는 교육 여건이 마련되었는지에 따라 달라진다. 여기 종합학원에서는 중위권 성적 이상의 학생들만 받아 개별 지도가 수월한 편이나 선생님이 질문을 받고 개별 지도하는 데 8~13명의 인원은 많은 편이다. 선생님은 개념 확인문제를 풀다 모르겠으면 질문을 하라고 한다. 민지는 다른 친구들이 질문을 하다 보면 40분이라는 시간이 다 지나버려 질문을 못하는 경우가 있다. 쉬는 시간에 묻는 것도 친구들에게 눈치 보일 것 같아 쉽지 않고 선생님도 피곤할 것 같다. 그래도 민지는 항상 옆에 있는 태희에게 모르는 부분을 물어볼 수 있다.

수학실력을 높이려면 문제를 스스로 풀게 하고 선생님이 지켜볼 수 있는 충분한 시간이 있어야 해요. 수학을 어려워하는 학생들이 늦게라도 문제를 풀어내고 질문을 받을 만큼 기다려줄 수 있으면 정말 좋아요. 하지만 종합학원에서는 40분 수업이라 출석체크하고 설명하고 나면 학생들이 스스로 문제를 풀 수 있는 시간이 많지 않아요. 선생님이 질문을 다 받지도 못하구요. 그래서 친구들끼리 서로서로 물어보게 해요. 저한테 물어보는 거보다 오히려 애들끼리 물어보게 하는 게 더 효과적일 수 있어요. 애들은 자기들끼리 물어보고 가르쳐 주면서 희열을 많이 느껴요. 친구가 자기한테 물어보고 자기가 친구한테 가르쳐 주는 거에 대해 정말 많은 기쁨을 느껴요. 애들은 조용히만 하라고 하고 서로 물어보지 못하게 하는 선생님을 싫어해요. (김효정 선생님, 34세)

종합학원에서는 한 명이라도 더 질문을 받아 개별 지도를 할 수 있는 여건을 마련하려고 노력한다. 그 한 방법으로 모 프랜차이즈와 협력하여 최첨단 공학기술이 적용된 교재를 도입한다. 학생들은 다른 학생들이 질문하는 동안 컴퓨터로 동영상 설명을 볼 수 있다. 그리고 문제마다 QR 코드가 달려있어 스마트폰으로도 바로 동영상 강의를 볼 수 있다. 스마트폰이 없어 민지는 컴퓨터로 동영상 강의를 보며 조금이나마 스스로 해결한다. 아래의 왼쪽은 헤드폰을 귀에 꽂고 컴퓨터 동영상을 보며 설명을 듣고 있는 민지의 모습이고 오른쪽은 QR 코드를 인식한 스마트폰에 나오는 동영상 설명이다.

동영상 설명을 보는 민지

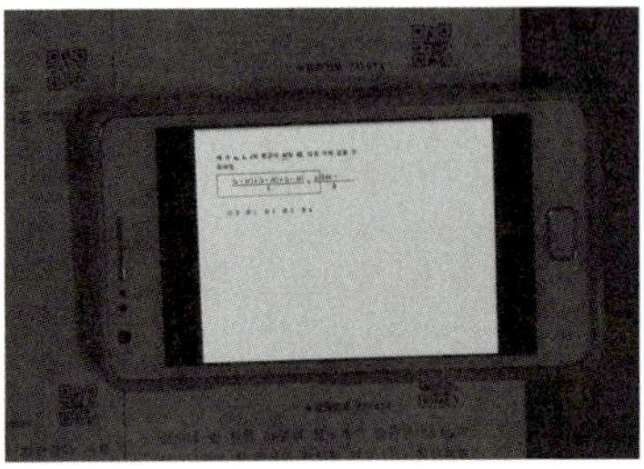

스마트 폰 동영상 설명

하지만 중학교 2학년인 민지가 중학교 1학년이나 초등학교에 나오는 개념과 원리를 많이 모른다는 것을 알고 수학 선생님은 민지에게 수학전문학원에 다녀 보라고 권한다. 선생님은 민지의 질문을 다 받아줄 수 없는 상황이라 안타까웠다. 민지에게 많은 시간을 들여 선수 개념을 설명하다 보면 다른 학생들에게 피해를 줄 수밖에 없었다. 그래서 민지에게는 과외나 수학전문학원이 적합하다. 수학전문학원은 뛰어난 IT 시스템을 갖추고 있고 2시간 연속으로 수업이 진행되어 선생님이 강의를 하고 나서도 학생이 스스로 문제를 풀고 질문할 충분한 시간이 주어진다. 또한 학급당 3~8명이라 선생님이 더 많은 관심을 줄 수 있다. 민지는 전문학원에 다니고 나서 단기간에 80점에서 94점으로 성적이 올랐고 선생님에게 "문제 좀 더 뽑아 주세요. 집에 가서 더 풀어 보게요."라고 말할 정도로 학습 습관도 좋아졌다.

심화학습: 그물을 얼기설기 조밀하게 놓는 과정

개념과 원리를 충실하게 익히는 선행학습 단계를 마치고 3월이 되면 심화학습을 시작한다. 4월 초까지 약 5~6주 동안 중간고사 범위까지 응용문제를 풀어 보며 실력을 높인다. 그러나 먼저 선행학습 때 배웠던 개념과 원리를 한 번 더 확인해 준다.

선행학습 때 개념 설명을 듣고서 학생들이 한 번 이해했다고 해서 완전한 학습이 된 것이 아니에요. 그냥 이해만 했을 뿐이에요. 아시겠지만 기억력이라는 게 한계가 있어요. 그래서 한 번 더 앞에서 했던 내용을 언급해 줘야 돼요. 그래서 다시 자세하게 개념을 설명해 줄 수는 없지만 심화학습 때 다시 짚어 줘야 해요. "너희가 선행학습 때 이런 내용과 개념을 배웠었다."고. 설명이 좀 짧아지겠죠. 반이나 학생 특성상 길어질 수도 있는 거고. 전혀 기억을 못하고 처음 배운다고 생각하는 학생들에게는 설명이 더 길어질 수도 있고. 그리고 학생들은 학교 수업에서 개념을 한 번 더 익히게 돼요. 실력 향상에는 반복학습을 하고 잘 익혀 누적적으로 개념을 이해해 가는 게 중요해요. (정원철 선생님, 30세)

이 와중에 학교 선생님 수업을 들으면서 개념과 원리를 한 번 더 복습하면서 그물의 뼈대를 튼튼히 한다. 그 다음 개념과 원리를 응용한 심화문제를 풀어 보면서 그물을 얼기설기 조밀하게 놓는다.

초등수학의 경우, 1+1, 1+2, 1+3 이런 기본적인 개념을 배우는 공부가 선행 과정이죠. 가장 기초적인 학습을 하고 학생들이 그것을 이해하고 해결할 수 있게 하죠. 기초 내용이라 비교적 쉽기 때문에 학생들이 오래 기억해요. 심화학습 때는 (1+1)+(1+3)+2 이런 식으로 응용하며 배워요. 난이도가 높은 문제가 출제되더라도 문제를 해결할 수 있는 능력을 기르는 시기에요. 시험문제가 어떻게 나올지 모르니까 여러 가지 경우의 수에 대비하며 학습을 해야 해요. 그래서 이때는 여러 가지 다양하고 응용문제를 풀어

보며 진짜 실력을 높이는 과정이에요. (정원철 선생님, 30세)

수업 방식은 종합학원과 수학전문학원 간에 차이가 있다. 종합학원 선생님은 칠판에 5개 정도의 필수 예제를 적고 문제 풀이를 하며 설명을 한다. 그러면 대략 20분 정도의 시간이 남고 학생들은 비슷한 문제들을 풀어 보며 각자 선생님에게 질문한다. 그리고 비슷한 유형의 문제를 숙제로 내준다. 반면 수학전문학원 선생님은 개념과 원리를 한 번 더 설명하고 나서 필수 예제 문제 풀이조차 없이 학생들 스스로 응용문제를 풀어 보게 한다. 2시간 수업이라 개념과 원리 설명이 끝나고 나면 1시간 40분 동안 학생들 스스로 문제 풀이를 한다. 처음 수학전문학원에 다니는 학생은 설명도 안 해 주는 선생님을 보고 불만을 터트리기도 한다. "선생님이면 뭔가를 가르쳐 줘야죠!" 그러면서 혼자 문제를 해결하느라 처음에는 엄청 답답해한다. 선생님도 사람들에게 방임하는 것처럼 보일까 봐 걱정될 정도라고 한다. "쌤은 놀잖아요." 열 문제를 풀면 선생님에게 코멘트를 받고 다시 자리에 가서 문제 풀이를 한다. 친구에게 물어보고 풀지 못하면 선생님에게 질문한다.

종합학원에서는 짧은 40분 수업에서 학생들이 스스로 안다거나 모른다는 거를 판단할 때까지 기다릴 수가 없죠. 학생 수도 많은 편이고요. 그래서 종합학원 선생님들은 필수 예제, 필수 유형 같은 것을 풀이해 주죠. 수학전문학원은 2시간 수업이라 (학생이)

스스로 풀이하는 것을 개별 지도할 수 있고 학급 인원도 적어서 가능해요. (김효정 선생님, 34세)

종합학원에서는 학기 중에 학교별로 분반한다. 태희와 민지는 같은 학교라 같은 반에서 공부한다. 선생님은 과제 검사를 하고 태희와 민지의 칭찬 공책에 스탬프 하나를 찍어 준다. 곧 5개 정도의 필수 예제를 풀이해 준다. 설명이 끝나면 비슷한 유형의 문제를 풀어 본다. 민지는 여러 번 질문을 하며 힘겹게 공부해 나간다. 그에 비해 태희는 벌써 다 풀고서 선생님에게 문제를 더 받아 풀고 있다. 5분을 남겨 두고 선생님은 각자 수준에 맞는 문제로 과제를 낸다. 선생님은 민지에게 개념과 원리를 한 번 더 익히는 것이 좋다며 조금 응용된 문제를 주었다. 다음은 심화학습 단계에서 선생님이 태희와 민지에게 내준 과제이다.

14 한변의 길이가 $x cm$ 인 정사각형이 있다. 한 변의 길는 $2cm$ 줄이고 다른 변의 길이는 $3cm$ 늘였더니 처음 정사각형보다 더 넓은 직사각형이 되었다. 이 때, 늘난 넓이를 구하면? (단, $x>6$)

① $6cm^2$ ② $(x-6)cm^2$ ③ $(x+6)cm$
④ $(x^2+x-6)xm^2$ ⑤ $(2x+x-6)cm^2$

15 $(2x-1)(3x+2a)$ 의 전개식에서 x 에 대한 일차항의 계수와 상수항이 같을 때, a 의 값을 구하면?

① 1 ② $\frac{1}{2}$ ③ $\frac{1}{4}$ ④ $-\frac{1}{4}$ ⑤ -

11 다음 식을 전개할 때, x의 계수가 가장 큰 것은?

① $(3x+1)^2$ ② $(3x-1)^2$
③ $(3x-1)(x-3)$ ④ $(3x+1)(x+3)$
⑤ $(3x+1)(3x-1)$

12 $(x+A)^2=x^2-8x+B$일 때, 상수 A, B의 값을 구하면?

① $A=-16$, $B=-4$ ② $A=-4$, $B=4$
③ $A=-4$, $B=16$ ④ $A=4$, $B=16$
⑤ $A=8$, $B=16$

태희가 받은 심화(중)문제 민지가 받은 심화(하)문제

민지는 선행학습을 할 때 개념과 원리를 이해하고서 잘 할 수 있다는 자신감이 있었지만 여러 응용된 문제를 접하면서 한 번 더 어렵다는 것을 느꼈다. 이런 민지처럼 많은 학생들이 심화학습에서 공부하기 어려워한다. "왜냐하면 심화학습 때는 본 적이 없고 난이도가 높은 유형의 문제들을 가지고 공부하니까요. 개념과 원리를 적용한 다양한 유형의 문제들을 풀어 보려고 해요. 아주 복합적인 원리를 알아야 하는 문제도 풀어 봐요." 그래서 선생님은 민지가 자신감을 잃지 않도록 약간 어려운 문제를 내준다. 이처럼 심화학습 단계라도 학생들이 심화학습을 할 준비가 되어 있지 않다면 개념을 한 번 더 익히도록 지도한다.

그런데 문제를 풀게 할 때는 학생 수준에 따라 달라요. 심화학습 단계일지라도, 수업은 심화학습에 맞게 설명하지만, 선행학습 과정 때 놀면서 공부를 제대로 안 한 애들은 기초를 제대로 못 익히고 있어요. 그래서 심화학습할 시기에도 그 학생들에게는 기본문제를 던져 주어요. 어려운 문제를 줘 봐야 못 푸니까. 기본이라도 일단 좀 풀어서 다시 익히라는 거죠. 기본 연산이라도 할 수 있게 해라. 선행학습할 때라 해서 무조건 모든 학생들에게 기본문제만 주는 게 아니고 심화학습 때라 해서 무조건 응용문제를 주는 것도 아니고 학생이 어느 정도 익혔는지를 보고 주는 거죠. 이 학생이 기본이 되어 있다 그러면 응용문제도 풀게 하고, 기본이 안 되어 있다 그러면 시험 대비 시기가 되기 전까지 기본문제만 줘요. 그러면 이 학생은 심화학습 시기에 응용문제를 풀어 보지 않고 바로 시험 대비 문제로 뛰어 넘어 가죠. 왜냐하면 시험에 나올 만한 문제고, 일단 기본은 되어 있으니까. (정원철 선생님, 30세)

수학전문학원에 다니고 나서부터 태희와 민지는 선생님의 개념과 원리에 대한 설명을 간단히 듣고서 바로 응용문제를 풀어 간다. 선생님은 태희와 민지에게 맞는 수준의 문제를 내준다. 태희는 빠른 속도로 문제를 풀며 아주 어려운 문제를 풀어 보고 있다. 1시간 40분 동안 문제 풀이를 하며 10문제를 풀 때마다 선생님에게 일대일 검사를 받는다. 민지는 선생님에게 꿀밤 한 대를 맞고서 다시 자리에 가서 틀린 문제를 다시 확인한다. 친구에게 물어보고 해결한다. 민지는 조금씩 문제가 풀려 나가면서 기쁨을 느꼈다. 선생님이 너무 오래 풀어 보려고 낑낑거리면 안 좋다고 해도 민지는 "일단 제가 먼저 풀어 보고요."라고 대답한다. 처음에 민지는 20문제를 겨우 채워 풀었지만 이제는 50문제를 거뜬히 풀 수 있게 되었다. 다음은 태희가 선생님에게 받은 심화(상)문제와 민지가 받은 심화(중)문제이다.

2 오른쪽 그림이 설명하고 있는 곱셈 공식을 이용하여 전개한 식은?

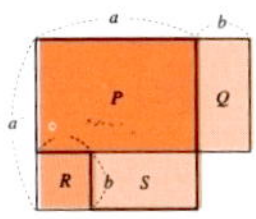

① $(x+1)^2 = x^2+2x+1$
② $(x-3)^2 = x^2-6x+9$
③ $(x+5)(x-5) = x^2-25$
④ $(x+1)(x-2) = x^2-x-2$
⑤ $(2x+1)(3x-2) = 6x^2-x-2$

3 다음 계산 중 곱셈 공식 $(x+a)(x+b)=x^2+(a+b)x+ab$를 이용하면 가장 편리한 것은?

① 99^2　② 102^2　③ 73×67
④ 98×102　⑤ 101×102

태희가 받은 전문학원 심화(상)문제

7 $x-\frac{1}{x}=2$일 때, $x^2+\frac{1}{x^2}$의 값은?

① 2　② 4　③ 6　④ 8　⑤ 10

8 오른쪽 그림의 정사각형에서 색칠한 부분의 넓이를 나타내는 식은?

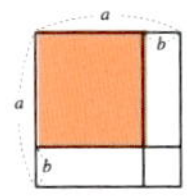

① $(a+b)^2$　② $(a-b)^2$
③ a^2-b^2　④ a^2-ab+b^2
⑤ a^2+ab+b^2

민지가 받은 전문학원 심화(중)문제

심화학습 단계에서는 학교 수업 진도보다 1주에서 최대 4주 앞서 익혀 나간다. 그래서 학생들은 학원에서 그 단원을 심화학습하고 난 후에 학교 선생님에게 그 단원에 대한 수업을 듣게 된다. 학생들은, 특히 상위권을 제외한 학생들은, 어느 정도 수업을 준비하고서 학교 선생님의 수업을 듣게 되면 이해를 잘 할 수 있다고 한다. 일찍이 교육심리학자인 오수벨(Ausubel)은 '선행조직자'의 개념을 개발하여 학생들이 특정 교과 내용을 배우기 이전에 그 내용과 관련된 핵심적인 원리나 관련 내용을 사전에 배울 때 추후 학습 효과가 높아진다는 연구 결과를 발표하기도 하였다.

민지의 친구 상우는 중학교 1학년 2학기가 되어서야 공부를 해야겠다고 다짐했지만 아무리 학교 선생님의 말씀에 귀를 기울여도 알아듣지 못해 무척 답답해하였다. 상우는 그 해 겨울방학 때부터 민지와 함께 같은 학원, 같은 반에서 공부하였다. 상우는 작년까지만 해도 학교 선생님의 수업 내용을 이해하지 못해 무척 좌절하곤 하였다. 그러나 이제는 학교 선생님의 수업을 잘 이해하면서 진도에 맞춰 공부할 수 있었다.

> 이렇게 예습하는 공부가 정말 좋아요. 학원에서 예습하고 학교에서 복습하는 식이 되니까 학교 선생님 수업이 더 잘 이해돼요. 그러면서 문제가 풀리니 자신감이 생겨서 학원에서 공부를 더 많이 하게 되고 그래요. (김상우, 중3, 남)

> 학원에서 예습하고요. 학교 수업에서는 그 내용을 마스터하는 시간이 되었어요. 그래서 학교에서 공부에 집중할 수 있게 되어서 학교 수업도 좋아졌어요. (박준철, 중3, 남)

어느날 상우는 학원 선생님에게 달려가 학교에서 진도가 더 빠르다며 불안한 표정으로 말하였다. 학교 선생님이 평소와 다르게 진도를 빨리 나갔다. "학교 선생님의 말씀을 하나도 이해 못 하겠어요." 어떤 학생은 학원 선생님에게 "학원에서 미리 안 배워서 학교에서 하나도 못 알아듣겠어요. 쌤! 어떻게 할 거에요?" 라며 불만스럽게 말한다. 수학 선생님은 "학생들은 학교에서 잘 하기 위해서 학원에 다녀요. 학교 선생님의 수업을 바로 들으면 이해하기가 쉽지 않아서 학원에 힘들게 다니면서 나름대로 좀 해결하려고 해요."라고 말한다. 그래서 주말에 보충 시간을 잡아 학교 진도를 앞서 나간다. 학생들은 학교에서 잘하려고 학원에서 보충하고 있다.

> 학원에서 미리 좀 들어 놓아야 학교 수업을 이해하는데. 왜냐하면 학교에서 자기가 어떻다 저렇다 판단되는 거잖아요. 생활기록부라는 것도 있고. 학교에서 내가 잘하는 아이여야지 인정을 받는 거지. 학원에서 잘하는 아이로 인정을 받아 봐야 학교에서 성적이 안 좋으면 필요 없잖아요. 학교 성적을 잘 받기 위해서 학원에 다니는 건데 학원 진도가 늦으면 불안하죠. (정원철 선생님, 30세)

하지만 학생들이 학원에 다녀서 학교 수업이 안 된다고 생각하고 있어 안타깝다 한다. 심지어는 선행학습 때문에 학교와 학원 간에 갈등이 심해지기도 한다.

얼마 전(2012년 3월)에 학교에서 코리아학원에 다니는 고등학교 1학년 여학생이 수학 수업 시간에 자발적으로 손을 들어 앞에 나가서 칠판에 문제 풀이를 하다 학교 선생님에게서 "이거 뭐 풀이 과정도 엉망진창이고 답도 틀리고. 어디서 배웠노? 아를 이따구로 가르쳐 놓았냐. 코리아학원에 다니니까 그렇지."라고 학급 친구들 앞에서 질책을 듣게 되었다.

우리 학교 수학 선생님이요. 쌤(학원 수학 선생님)하고 한판 붙을 생각을 하고 있어요. 지금 단단히 벼르고 있으세요. 누가 더 나은지 한번 붙어볼 생각을 단단히 하고 있더라고요. (공효진, 고1, 여)

"너희들 학원에서 다 배우고 왔제, 다 알제?" 라며 문제 풀이를 바로 하시는 학교 선생님도 있어 오히려 학생들은 학원 수업을 듣지 않을 수 없다. 그래서 주말에 학생들을 불러 보충 수업을 하느라 시간에 쫓기게 된다.

학원에서는 학생들의 성적을 높여야 하기 때문에 학교에서 못 배운 것까지 보충 수업을 해서라도 설명해 줘야 해요. (주임 선생님, 39세, 남)

학원 선생님하고 학교 선생님 모두 재미있고 좋은데요. 학교 선생님은 답만 알려 줘요. 이거 시험에 나온다 카고 그게 끝이에요. 그런데 시험은 어렵게 내요. 학원에 안 다니면 시험을 볼 수가 없어요. 학원 선생님은 재밌고 쉬운 예를 들면서 잘 가르쳐 주세요. 그래서 학원에서 안 배우면 학교에서 안 가르쳐 주니까 [우리가] 배울 곳이 없어요. (박민주, 정지안, 중1)

학교에서는 학생들이 학원에서 미리 배우고 난 후에 학교에 오니 학교 선생님의 수업을 안 듣고 딴짓하게 된다고 생각하고 있다. 그러나 태희와 민지, 상우는 다르게 보고 있었다.

어차피 공부 안 하는 애들은 학원에서도 대충이지만 학교에서두 대충이에요. … 학교 선생님께서 문제를 풀어 보라고 하세요. 그러면 이해가 되니 문제를 빨리 풀어내요. 그러면 시간이 많이 남아서 멍하게 있게 돼요. 그런데 학원에서는 문제를 다 풀고 나면 별이 4개나 5개 붙은 어려운 문제를 따로 주면서 심화학습을 하도록 지도하니 학교에서처럼 멍하게 있지 않아요. (태희, 민지, 상우)

시험 대비: 고기가 가는 길에 그물을 촘촘히 놓는 과정

시험 대비 학습은 선행학습과 심화학습 단계에 이어서 하는 마지막 학습 단계이다. 선행학습 단계에서 개념과 원리를 익힌 후에 심화학습 단계에서 응용문제를 풀며 실력을 향상시킨 후에 시험 대비 단계에서 문제 풀이 학습을 해야만 효과적으로 실전에 대비할 수 있다는 것이다.

그물을 친다는 표현이 딱 맞는 것 같아요. 선행학습 때 큰 틀을 만들어 놓고서는 심화학습 때 그물을 세밀하게 쳐 나가는 거죠. 틀을 짜놓는 게 기초공사를 하는 거고. 그물을 오밀조밀하게 만드는 게 실력을 높이는 거죠. 그러면 진짜 작은 물고기가 아닌 이상 조밀한 그물에 걸리게 돼요. 시험 대비 때는 물고기가 많이 다니는 길목에 그물을 놓죠. 그런데 조밀하지 못하고 성글성글한 (구멍이 커서 고기가 빠져나갈 수 있는) 그물을 아무리 물고기가 많이 다니는 길목에 쳐 놓는다 해도 다 빠져나가잖아요. 조밀하게 만들어 줘야 되죠.

그래서 시험 대비 때는 신규 학생을 안 받아요. 학생이 시험 대비 때 들어와서는 시험 준비를 할 수 없으니까. 왜냐하면 배워 놓은 게 있어야 그걸 바탕으로 시험 대비 학습을 하는데, 아무런 기초가 없는 상황에서는 시험 대비 학습을 할 수가 없죠. 이렇게 말씀하시는 학부모들이 많아요. 우리 아가 수학이 원체 안 돼 가지고 시험 대비 때라도 한번 바짝 해 보면 어떨까 하고 말씀하세요. 절대 안 돼요. 학원에서 안 받아요. 신규를 전혀 안 받아요. 신규는 시험이 끝나고 나서 선행학습 때 받아요. 시험 대비만 바짝 하여 성적을 올릴 수가 없어요. 개념과 원리를 이해함 없이 심화학습을 하거나 시험 대비 학습을 시작할 수 없어요. (정원철 선생님, 30세)

학생들은 중간 · 기말고사 시험일에서 3~4주 전부터 시험 대비 학습을 시작하여 시험에 나올 법한 유형문제를 풀어 보며 실전에 대비한다.

이때 비로소 유형문제라는 것을 풀어 봅니다. 심화학습 때는 실력을 높이려고 어려운 문제를 풀어 보느라 애들이 가장 공부하기 힘들어해요. 시험 대비 때는 애들이 오히려 홀가분하게 공부하죠. 시험에 나올 법한 것들이기 때문에 그렇게 문제가 어렵지 않거든요. 풀 수 있을 만한 문제들하고 조금 더 어려운 문제들을 주

어요. (정원철 선생님, 30세)

지금까지 익히고 배운 실력을 바탕으로 시험에 나올 만한 문제를 풀어 보며 모르는 문제를 질문하는 식으로 수업을 한다. 선생님이 주는 문제를 풀면서 좀 더 혼자 해결하기 어려울 때 선생님에게 질문을 한다. 3~4주간 이렇게 시험 치르는 전 날까지 학생들이 스스로 문제를 풀어 보고 질문을 하는 방식으로 수업이 진행된다.

학원에 다니면 문제 풀고 물어보고 하는 게 좋은 점이에요. (성현, 중3)

이때 선생님은 여유롭게 학생들의 수준에 따라 개별 보충 지도를 해 줄 수 있다. “수학 선생님들은 시험 대비 기간에 제일 여유롭죠. 학생들이 스스로 풀다가 모를 때 질문을 받아주고서도 남는 시간이 많아서 부족한 학생들에게 개별 보충을 좀 더 해주어요.” 그리고 선생님은 수업 외의 시간에도 학생들이 집에 가기 전까지 교무실에 대기하며 학생들의 질문을 받는다. 시험일이 다가오면 선생님은 퇴근 후에도 학생들이 휴대전화 문자 메시지로 하는 질문을 받으려고 늦은 밤에도 자지 않고 기다려 준다.

학원에 안 다니면 질문할 데가 없어요. (박주영, 중1)

다음의 왼쪽 사진은 시험 대비 수업 시간에 학생들이 스스로 문제를 풀고 있고 질문을 받으려 앉아 있는 선생님의 모습이고 오른쪽 사진은 교실에서 문제를 풀고 있는 모습이다. 선생님은 바로 옆 교무실에 대기하고 있다.

기말고사 일주일 전 고1 수학수업 모습

기말고사 일주일 전 고3 수학수업 모습

학원은 일명 문제은행이라고 불릴 만큼이나 풍부한 문제 자료를 가지고 있다. 학교마다 기출된 문제들과 수능기출문제들, 각 출판사에서 제공하는 문제들이 있다. 또한 학원에는 많은 학습 자료가 구비되어 있어 필요하다면 언제든지 참고할 수 있으며 메가스터디와 같은 유명한 인터넷 강의를 하는 학원들에서 제공하는 자료, 여러 프랜차이즈에서 제공하는 교재와 문제집 자료도 구비하고 있다. 문제집을 각자 따로 사야 하는 부담이 없다는 것도 학원에 다닐 때 얻는 좋은 점이다. 학원 선생님은 USB에 다양한 난이도의 많은 문제들을 저장해 두고서는 학생들의 수준에 맞게 선택, 편집하여 문제집을 만들기도 한다.

학원에 다니면 시험 준비하는 데 쉽고 정말 좋아요. 학원에서는 문제집을 많이 주잖아요. 혼자는 그런 거 구하기 어렵고 많은 돈이 들어요. 학원에 다니면 문제 풀고 물어보고 하는 게 좋은 점이에요. (박성현, 중3, 남)

선생님은 다양한 문제들을 각 학생의 학습량과 학습 수준에 맞게 제공해 주어 학생들이 효과적으로 시험 대비를 하는 데 돕는다. 선생님은 학생의 학습 상황을 고려해서 문제를 준다.

학생들도 공부를 하다 여러 사정이 생겨 공부에 소홀한 경우가 있어요. 가정에 일이 생기거나 하면 힘들어해요. 아니면 친구관계에 갈등이 있거나 몸이 아프거나 해서 제대로 공부를 못했을 수도 있어요. 사춘기가 시작되어도 그렇고요. 그래서 학생들마다 수준차가 좀 있게 돼요. 그래서 적당한 난이도의 문제를 풀 수 있을 만큼 줘요. (김효정 선생님, 34세)

그래서 어떤 학생에게는 유형문제를 많이 풀어 보게 하여 기본적인 성적을 유지하게 하면서 좀 더 공부에 매진하게 하기 위해 학생의 수준보다 조금 더 어려운 문제를 준다. 방학 때부터 열심히 공부하여 잘 익힌 학생에게는 심화문제를 주어 고득점을 받도록 지도한다. 학생 스스로 더 많은 문제를 풀어 보겠다며 선생님에게 문제를 더 달라고 요구하거나 난이도가 더 높은 문제를 달라 한다. 실력이 많이 저조한 학생에게는 개념과 원리를 한 번 더 확실하게 익히도록 기초문제를 주어 최소한의 성적을 받도록 지도

한다. 학원에서는 저마다의 수준에 맞게 문제 풀이 학습을 지도하고 있어 공부를 다했다며 딴짓하는 학생은 없다. 그래서 시험 대비 학습을 하면서도 학교 교육과 학원 교육의 차이를 명확하게 느끼고 있고 학교에서 경험할 수 없는 학원에서만의 장점을 너무나 잘 알고 있다.

> 학교는 다수를 위해 있고 학원은 소수, 개개인을 위해 있어요. 학원을 반대하는 사람들은 학원이 단기간의 주입식 교육이라고 하는데 그렇지 않아요. 내가 학원에 다녀 봐서 잘 아는데요. 전혀 단기간의 주입식 교육이 아니에요. (준철이와 친구들, 중3, 남)

| 7장 |

공부 말고 다른 것도 가르친다:
상담과 학습훈련

Hakwon

둘만의 이야기가 필요해요

효과적인 일대일 학생 상담

HAK
WON

학원 교육은 일대일 학생 상담을 중요하게 생각하고 체계적으로 실행하고 있다. 선생님은 학생들과 유대관계를 적극적으로 형성하도록 기대될 뿐만 아니라 정기적으로 상담을 하고 기록으로 남겨 모든 선생님들이 공유하도록 하여 학생 지도에 서로 협력하고 있다. 학생들은 일대일 상담을 하면서 자신들이 겪을 수 있는 학습에 대한 어려움과 생활적인 고민을 해결하는 데 적절한 도움을 받는다. 그리고 학생들이 학원에서 즐겁게 생활하고 열심히 공부하는 것이 중요하기 때문에 학원에서는 학부모 상담보다 학생과 하는 일대일 상담 횟수를 대폭 늘리는 등 학생과의 상담을 더욱 체계적으로 하고 있다.

둘만의 이야기가 필요해요

학습의 어려움을 겪고서 많이 답답해하는 학생들이 많다. 공부 방법을 모르거나 학습 자세가 안 잡혀 있어 자신이 나름 열심히 하였는데도 성적이 안 올라 좌절할 수도 있다. 그리고 힘든 공부를 지속적으로 열심히 하려면 누가 이끌어 주는 것이 필요하다. 특히 학년이 올라갈수록 학생 혼자만의 단기간의 노력으로 성공적으로 학습 성과를 향상시키기는 쉽지 않다. 좌절하지 않고 계속 노력하여 성과를 내도록 꾸준하게 지도해 주는 것이 필요하다.

지난 11월이었다. 교무실에서 한 여학생이 선생님과 상담하는 도중에 소리 내어 울고 있었다. 중학교 3학년인 이 학생은 자기 나름대로 열심히 공부를 했는데 학원에서 시험 보기 전에 부족한 부분을 점검하고 실력을 다지기 위한 시험에서 매번 점수가 안 나와 어떻게 하면 좋을지 몰라서 많은 걱정을 하고 있었다. 선생님은 그 학생을 다독이면서 평소에 공부하는 자세에 대해 평가해 주며 점검해 주면서 열심히 하면 좋은 성적이 나올 것이라고 희망을 준다.

세원이는 Y고 1학년이다. 중학교 때 전교 1등의 성적을 올릴 만큼 공부를 잘했던 학생이었다. 고등학교에 올라가자 세원이는 나름대로의 공부법을 찾지 못해 좋은 성적을 내지 못하고 있었다. 아무리 노력해도 만족스러운 성적을 올리지 못하자 결국 엄마와 함께 학원 원장 선생님을 찾았다. 세원이는 매우 적극적인 학생이었고 원장 선생님에게 자신은 정말 열심히 하고 있는데 성적이 안 올라서 너무 답답하다면서 이런저런 방법을 모두 써 보았다고 했다. 그러자 원장 선생님은 여러 사례를 들면서 세원이가 잘하고 있는 것과 그렇지 못한 것을 꼬집어 주었다. 세원이는 답을 얻었다는 생각에 눈시울이 붉어졌다. 그리고 2학기 중간고사가 끝나고 원장 선생님은 세원이 엄마에게서 한 통의 문자를 받았다. "세원이 모의고사 성적이 잘 나왔네요. 원장님 영향이 크다고 생각합니다. 꾸준히 잘하도록 관심 부탁드려요. 정말 감사합니다."

학습의 어려움 말고도 학생들은 자주 친구관계가 원만하지 못하여 혼자 가슴앓이를 하거나 말하기 꺼려하는 개인적인 사정이 있어 공부에 집중하지 못한다. 그리고 성장하면서 강한 지적 호기심이 생기고 흥미가 다양해져 사회에 대해 알고 싶어하며 형과 누나 같은 선생님과 친근한 관계를 맺고 다양한 이야기를 듣기 원한다.

일대일 학생 상담은 크게 세 가지 방식으로 이루어진다. 여기에는 일상적인 대화에서 이루어지는 상담과 학원운영 방침에 따른 정기적인 상담이 있다. 그리고 선생님이 개인적인 노력으로 적절한 해결방법을 찾지 못하는 경우 협력적으로 이루어지는 상담이 있다.

먼저 일상적인 대화를 주고받으면서 이루어지는 상담에 대해 알아보자. 선생님은 학생들과 친근한 관계를 맺고 있고 학생들은 편하게 선생님과 여러 가지 이야기를 나눈다. 수업이 시작되기 전 또는 수업이 끝나고 나서 쉬는 시간에 선생님은 학생들과 편하게 이야기를 나눈다. 또는 지나가는 길에서 만나 같이 걸어 가면서 대화를 하거나 가끔씩 함께 영화를 보거나 식사를 같이 하면서 학생들과 이야기를 나눈다. 그 과정에서 선생님은 학생들이 무슨 생각을 하고 있고 어떤 고민을 하며 어떤 문제가 있는지 알게 되고 적절한 조언을 해 준다.

신동철 수학 선생님(29세)은 시험 대비 기간이 시작되어 많이 바빠지기 전 토요일에 학생들을 만나 영화를 보러 극장으로 가면서 여러 이야기를 나눈다.

학생 : 샘, 저 수학 공부가 잘 안 돼요.

수학 선생님 : 수학 공부가 왜 안 되니?

학생 : 이 파트를 공부하니까요 도저히 못 알아듣겠어요. 앞의 파트는 이해가 잘 되었었는데 지금 하는 파트의 수업 내용을요 못 알아듣겠어요."

수학 선생님 : 너뿐만 아니라 다른 애들도 이 파트를 어려워해. 그런데 이 파트를 지나고 다음 파트를 공부할 때 쯤 되면 지금 하는 파트의 내용을 이해할 수 있을 거야.

최근에는 학생 누구나 스마트폰을 사용하고 있어 카카오톡 서비스를 이용하여 일대일 상담이 이루어기도 한다. 카카오톡은 스마트폰에서 제공되는 일대일 대화가 가능한 무료 서비스이다. 휴대전화로 대화를 나누기 때문에 학생들이 친구들과 같이 있을 때 터놓기 힘든 개인적인 이야기를 편하게 나눌 수 있는 장점이 있다. 학원에서는 이를 '카톡 상담' 을 한다고 말한다. 학생들은 이 서비스를 이용하여 선생님에게 질문을 하기도 하고 선생님은 공개적으로

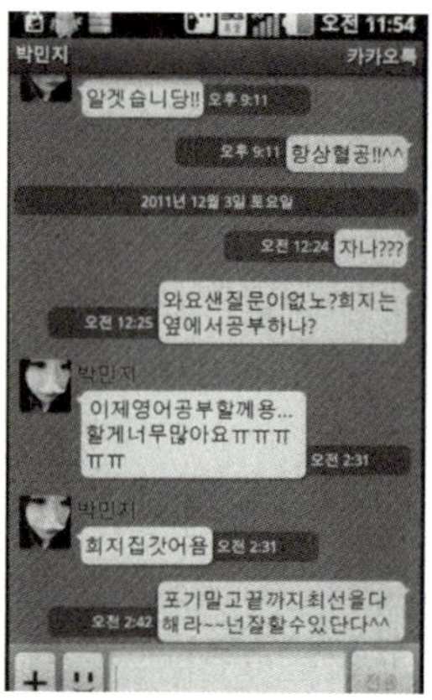

카톡 상담

말하기 힘들거나 일대일로 학생에게 의견을 말하거나 용기를 주고 싶을 때 카톡서비스를 이용한다. 이 그림은 스마트 폰으로 영어 선생님(34세, 여)과 학생이 주고받은 '카톡 상담' 내용의 일부분이다.

다음으로는 학원 운영 방침에 따라 이루어지는 상담이 있다. 선생님은 학원의 운영 방침에 따라 학생이든 학부모이든 하루에 한 명과는 반드시 상담을 해야 한다. 중학교 1학년에서부터 고등학교 1학년까지의 학생들을 대상으로 상담을 하고 있다. 예상치 못한 일이 학생에게 일어났을 때 그 학생과 학부모에게 상담전화를 하다 보면 때로는 하루에 3~4명을 상담하고 내용을 올리는 경우도 있다. 선생님은 상담을 하고 난 후 그 내용을 학원 관리 홈페이지에 올린다. 그러면 관리자 선생님들은 그 내용을 체크한다. 만약에 긴급하게 개입하여 해결해야 하는 문제가 있다면 선생님은 즉시 관리자 선생님에게 알리고 대처 방안을 의논한다.

이렇게 해서 열 분의 선생님들이 정기적으로 학생 · 학부모 일대일 상담을 하고 학원 홈페이지에 올린 상담 내용의 건수는 연간 1,500건에 이른다. 이중 학생 상담 건수는 40% 정도이며 600건에 이른다. 학생 상담의 경우, 보통 한 학생당 연간 다섯 번의 상담이 이루어진다. 방학 중에 한 번, 학기가 시작되고 나서 한 번, 그 다음 시험 대비 기간 중간에 한 번 한다. 그 다음으로 여름방학을 하고 나서 2학기가 시작되기 전에 한 번 하고 기말고사가 있기 전에 한 번 해서 총 다섯 번에 걸쳐 선생님은 학생과 일대일 상담을 한다. 보통 1회에 10분에서 15분 정도의 시간 동안 상담이 이루어지며 선생님이 학생에게 많은 이야기를 해 주고 싶거나 또는 상담 중에 학생이 심각한 문제로 고민을 하고 있다는 것을 알게 되었을 때 수업 시간을 상담시간으로 활용하여 1시간 이상 동안 상담하기도 한다.

더불어 선생님이 개인적인 노력으로 적절한 해결 방법을 찾지 못하는 경우 협력적으로 이루어지는 상담이 있다. 여러 선생님들과 관리자 선생님들이 함께 협력하여 상담이 이루어질 때 효과적이게 되고 학습 지도를 지혜롭게 할 수 있다. 학생이 담임 선생님 또는 한 분의 선생님에게 일대일 상담을 받았지만 학생이 겪는 어려움을 해결하는 데 딱히 효과적이지 못한 경우가 있다. 때로는 장기간 학생이 수업에 집중하지 못하고 수업을 방해하는 학생의 경우에 선생님은 그 학생을 데리고 매번 상담을 할 시간적 여유가 없다. 더구나 선생님이 매번 그 학생의 나쁜 수업 태도를 지적하게 되면 인지상정 감정적인 다툼으로 번질 수 있어 학습 지도를 하는 데 역효과가 나기 쉽다. 그래서 선생님은 운영 회의에서 그 학생에 대한 문제점과 상담 상황을 보고하고 공동 협력 방안을 모색하게 된다.

박수호 선생님(29세, 여)은 중학교 3학년 영어 과목 수업에서 선영이(여, 15)의 학습 자세가 좋지 않아 무척 걱정이 되었다. 상위권의 성적을 지켜 오던 성실한 학생이었는데 많이 지쳤는지 수업 시간에 엎드려 자는 경우가 점점 더 많아졌다. 수업이 끝나고 따로 교무실로 불러서 상담을 하려고 해도 귀찮다는 듯이 거부하기 일쑤였다. 뒤늦게 사춘기가 와서 그렇다고 생각하지만 매번 엎드려 있거나 딴짓하는 모습에 화가 나서 실랑이를 벌이기도 하였다. 그러면 그럴수록 그 학생은 선생님이 자기만 싫어한다며 관계만 악화되었다. 그래서 선생님은 운영 회의에 그 학생에 대한 상황을 보고하게 되었다.

관리자 선생님은 그 학생의 수업 자세가 어떤지를 각 선생님의 의견을 들어보고 종합해 본다. 그리고 되도록 선생님들이 그런 학생들과 감정 싸움을 하지 않도록 주의를 준다. 그럴 경우 선생님과 학생의 지도 관계가 아니라 감정적인 싸움을 하게 되어 학생이 무조건 그 선생님을 싫어하는 반응을 보이게 되고 반 분위기를 산만하게 할 수 있다. 선생님은 그 학생에 대한 학습 지도를 원장 또는 부원장에게 위임하고 수업에 집중한다. 관리자 선생님은 적절한 시기에 그 학생을 상담실로 불러 이야기를 나눈다. 최소 1시간에서 최대 4시간까지 상담이 이루어지고 충분한 시간 동안 깊은 이야기를 할 수 있다. 필요한 경우 부모와도 상담을 하게 된다. "무엇 때문에 자꾸 그러느냐?"며 학생이 자신이 겪는 여러 가지 고민들에 대한 자초지종을 들으면서 해결의 실마리를 찾게 된다. 그리고 선생님은 달라진 학생에게 다가가 "저번에 샘이 너에게 좀 심했다."면서 먼저 사과하여 다시 원만하게 수업을 진행하게 될 수 있다. 하지만 상담을 한다고 하여 모든 학생들의 문제가 잘 해결되는 것은 아니다.

효과적인 일대일 학생 상담

일대일 학생 상담은 학생들에게 유용한 정보를 제공할 뿐만 아니라 자신의 나쁜 학습 자세를 각성시켜 스스로 변화하도록 도와준다. 그리고 학생들이 겪고 있는 친구 간에 나타나는 갈등과 가정에서의 말하기 힘든 고민들에 대한 상담도 이루어진다. 뿐만 아니라 학부모들이 자녀의 입장에서 고려하지 못하여 자녀가 어려워하는 부분에 대해서도 상담이 이루어진다.

유용한 학습 정보 제공

요즘 자녀에게 "인생은 네가 사는 것이고, 공부도 네가 알아서 하는 것이다."라고 말하는 학부모들이 있다. 부모들은 자녀에게 이제 중학생이 되었으니, 아니면 고등학교에 올라가면 공부를 열심히 하라고 말한다. 자녀에게 책임감을 가지라는 의도에서 하는 말이지만, 학생들에게 입시 정보는 물론이고 앞으로 학년이 올라 가면서 어떻게 공부해야 하는지 물어보면 대부분의 학생들이 알지 못한다는 데 문제가 있다. 그래서 자녀는 막연하게 한두 번 공부를 하려 노력해 보다가 곧 힘들어하며 공부하기를 그만두는 경우가 많다.

학생이 공부를 하고 시험을 치르는 것이기 때문에 학생이 학교든 학원이든 어디든 간에 의존하는 것은 좋지 않다. 학교와 학원은 학생이 자신의 잠재력을 잘 개발하도록 도와주는 어시스트 역할 이상을 할 수가 없다. 학생이 한 달 후에 앞에 어떤 장애가 있어 어떤 방법으로 쉽게 가야 하는지, 그리고 학년이 바뀌면서 공부의 양과 방법이 어떻게 달라지는지에 대해 알고 미리 대처하도록 정보를 제공해 줄 필요가 있다. 이러한 정보는 부산에서 서울에 가려 할 때 이정표나 지도 역할을 하여 안전하게 목적지에 이르게 하는 것이다. 이것이 없다면 학생은 안개 속에서 길을 잃어 수많은 시행착오를 겪게 될 수 있다. 다른 말로 표현하면, 학생에게 스스로 알아서 가야 할 길을 알려 준다는 것은 앞으로 한 달 후 또는 두 달이 지나고 나면 앞에 바위가 나타나고 위험한 산을 오르다 다칠 수 있으니까 돌아가라든지 아니면 개울이 있으니까 건너갈 수 있는 여러 준비를 하라든지 유용한 정보를 미리 제공하여 대처하도록 하는 것이 목적이다. 그래서 학생들에게 안개 속을 잘 헤쳐 가도록 길을 안내해 주고 유용한 정보를 제공해 주고 이끌어 주는 사람이 필요하다.

심각하게는 아래와 같은 경우가 발생하기도 한다. 초등학교와 중학교를 졸업하고 고등학교에 곧 입학하는 자녀에게 학부모는 자신이 어릴 때 얼마나 가난했는지를 말해 주며 공부 열심히 해서 성공해야 한다며 다독인다. 학부모는 자녀에게 중학교 때까지는 공부를 등한시했더라도 고등학생이 되었으니까 이제부터는 열심히 공부해야 한다는 말을 자주 되풀이한다. 그러면 학생은 "엄마, 나 이제 진짜 열심히 할께." 라며 자녀도 부모의 말에 순응한다. 그러나 자녀가 어떻게 공부를 해야 하는지에 대한 구체적인 지도를 받지 못한 상태에서 학년이 올라가면 갈수록 자녀는 학습을 하는 데 큰 어려움을 느끼게 되면서 공부에 흥미를 잃고 좌절할 수밖에 없다. 자녀는 곧 "엄마, 나는 공부 체질이 아닌 것 같아." 라는 말을 하게 되기 쉽다.

이와 같이 학생이 필요 없는 시행착오를 겪지 않고 안전하게 목표에 이르게 여러 가지 정보를 제공하고 언제 어떻게 준비를 해야 하는지를 알려 주어 미리 준비할 수 있게 하는 것이 상담의 일차 목적이라 볼 수 있다. 입시 설명회에서도 학생들에게 학년에 따라 필요한 유용한 정보를 알려 주기도 한다. 그 밖에도 일대일 학생 상담은 선생님이 학생에 대한 이해를 높여 학생에게 좀 더 적절한 이야기를 할 수 있게 하며 학생은 선생님의 이야기를 좀 더 귀담아 듣게 되는 장점이 있다.

학습 지도

상담은 일대일로 선생님이 학생과 깊은 이야기를 할 수 있다는 점에만 머물지 않는 다른 차원의 교육 활동이다. 그리고 상담은 선생님이 일방적으로 학생의 학습 자세를 평가하고 지도를 하는 것이 아니라 학생이 스스로 자신의 모습을 생각해 보게끔 자꾸 질문을 하면서 스스로 변화하게 하는 것이라 일명 산파술이라고 볼 수 있다. 그래서 적절한 상담을 하려면 학생에게 지속적인 관심을 가지고 학생의 학습 자세와 습관을 잘 이해하고 있어야 한다. 상담자는 학생에게 자신의 학습 습관에 대해서 한 번 더 생각해 보고 각성시켜 스스로 변화하도록 도움을 주어야 하기 때문이다. 시험 성적이 저조한 학생에게 상담한 두 개의 사례를 들어서 학원에서 어떻게 상담이 이루어지는지 확인해 보자.

〈상담 예 1〉

선생님 : 희정아, 성적이 왜 이래 안 나와, 지난 기말고사에 비해 성적이 왜 이리 안 나왔어?

학생 : 죄송해요. 공부 열심히 안 했어요.

선생님 : 왜 열심히 안 했어?

학생 : 그냥 잘 안 되었어요.

선생님 : 그래? 그러면 다음에 열심히 할 수 있지?

학생 : 네.

선생님 : 앞으로 열심히 해야 한다.

학생　 : 네.

선생님 : 힘들어도 공부 열심히 해야지. 대학은 가야 되잖니.

학생　 : 네.

선생님 : 그래 가봐라.

〈상담 예 2〉

선생님 : 희정아, 이번에 성적이 왜 이렇게 안 나왔어? 이유가 뭐야?

학생　 : 저 열심히 안 했어요.

선생님 : 너 열심히 했잖아. 너 열심히 했잖아. 너가 공부하는 걸 내가 봤는데, 열심히 했는데 왜 안 나왔어?

학생　 : (갑자기 생각하는 듯 말없이 가만히 있는다.)

〈상담 예 1〉은 선생님이 성적이 저조한 학생과 일대일 상담을 하며 단지 앞으로 열심히 공부해야 한다는 당연한 이야기만 하고 있어 학생이 스스로 자신의 나쁜 학습 자세를 각성하고 변화하도록 유도하지 못한다. 그러면 학생은 학습의 도움을 받지 못하여 상담의 필요성을 느끼지 못하거나 학원 교육의 효과를 체험하지 못하기 때문에 퇴원하기도 한다. 반면에 〈상담 예 2〉에서는 선생님이 학생의 "공부를 열심히 안 했어요."라는 말에 "넌 열심히 했다. 내가 봤는데 열심히 했다. 그런데 왜 안 나왔어?"라며 학생에게 성적이 저조하게 된 이유에 대해 스스로 다시 생각해 보게 하고 각성시킨다. 그래서 선생님이 〈상담 예 1〉과 같이 실효성이 없는 상담을 하고 학원 홈페이지에 상담내용을 기록하게 되면 관리자 선생님은 그 선생님에게 〈상담 예 2〉의 방식으로 바꾸어 상담하도록 권유한다.

〈상담 예 2〉 방식의 상담은 선생님이 학생의 공부하는 모습을 오랫동안 관심 있게 지켜보고 그 학생의 장단점을 알고 있을 때 가능하다. 교실에서 수업을 같이하고 일상적으로 학생들과 직접 부대끼는 선생님이 학생들을 가장 잘 알기 때문에 가장 좋은 상담자가 된다. 학생들은 자신의 모습을 객관적으로 알고 무엇이 문제인지 잘 알지 못할 뿐만 아니라 스스로 생각해 보려 하지 않는다. 학생들 역시 습관대로 생활하고 공부하는 습성이 있다. 그래서 선생님은 학생에게 스스로 자신의 모습을 인식시켜 어떤 모습이고 무엇이 문제인지 생각해 보게 자극하고 "선생님이 보기에 단지 책상에 오래 앉아 있다고 열심히 공부한 것이 아니다. 책상에 앉아 있는 동안 주변에 필통 떨어지거나 친구가 이야기하는 거에 집중이 흐트러지고 있다."등의 조언을 해 준다. 또는 "선생님이 네가 친구들과 이야기하는 것을 들어 보니까, 스스로 자기를 폄하하는 것 같아. 공부를 잘 하는 친구들을 부러워는 하는데 자기도 노력하면 잘 할 수 있다는 자신감이 없어. 어떻게 생각해?", "선생님이 지훈이가 지금까지 학원에서 공부하는 모습을 지켜보니까 공부에 너무 욕심이 앞서서 시간 조율을 잘 못하는 것 같다."라고 이야기하며 학습의 문제를 함께 진단하고 조언해 준다.

이렇게 상담을 하더라도 학생의 학습을 촉진하도록 학생을 설득하고 학생이 좋은 학습 습관을 가지게 하는 것은 쉽지가 않다. 상담은 학생의 마음에 변화를 주어야 하는 것이라 웃자고 하는 이야기로 학생의 눈빛이 변할 때까지 3시간이든 4시간이든 상담해야 한다고 말한다. 그래서 학생에게 좀 더 경각심을 줄 수 있고 설득력이 있는 방식으로 상담을 하게 된다. 선생님은 좋은 사례이든 잘못된 결정으로 실패한 학생의 사례이든 자기가 실제로 겪은 사례들을 학생에게 얘기할 수 있으면 학생이 반성하는 데 효과적이다. 또는 학생이 살고 있는 지역에서 일어난 사례 또는 학생이 알고 있는 사람들에게 일어난 사례들을 학생에게 들려주면 효과가 크다고 한다. 교육심리학에서 나오는 내용을 말하거나 플라톤 등의 유명한 철학자가 말한 이야기는 학생의 마음에 와 닿지 않는 붕 뜬 이야기라 효과가 없다. 예를 들어서 "너희 1년 선배 중에 누구가 있는데, 너 아는 사람이니?", "네", "그 애가 뭐라고 했냐 하면 그 애도 이때쯤 상담할 때 너와 똑같이 말했다. 6개월 지나고 나서 이런 이야기를 해 주었고 1년 뒤에도 이야기해 주었다. 지금 그 학생이 어떻게 지내고 있는지 잘 알잖아. 그래서 너는 지금 이렇게 공부를 하면 안 돼."라고 말해 준다. 그러면 학생들은 경각심을 가지게 되고 학습 자세를 바꾸려고 조금이라도 노력하게 된다. 반대로 주변에 있는 성공한 학생의 사례를 이야기해 주면 효과가 있어 학생은 더욱 열심히 공부하게 된다.

생활 지도

선생님들은"상담을 하다 보면 별의별 얘기 다 나와요. 그러니까 어제 엄마랑 싸웠다는 이야기부터 시작해서, 엄마 아빠 이혼해서 힘들다는 이야기들을 하게 돼요. 목적은 학습 지도였지 인성교육은 아니었어요. 하다 보면 인성교육이 돼요."라고 말한다.

작년 9월이었다. 수연이(중2, 여)가 학기 초에 이 학원에 들어왔을 때는 성적이 중상위권이었다. 그런데 점점 성적이 떨어져 중하위권의 성적을 보였다. 수연이는 수업 태도가 많이 안 좋았다. 수업 시간에 딴짓하기 일쑤였다. 뿐만 아니라 남학생들과 어울려 다니기도 하고 심지어 쉬는 시간이면 다른 반에 가서 남학생이 먹고 있던 음료수를 뺏어 먹는 등 못살게 굴기도 하였다. 그래서 문재민 과학 선생님(38세, 남)은 수연이와 상담하였다. 선생님은 수연이에게 "왜 그런 행동을 하느냐? 네가 맛있는 거 먹고 가는데 생판 모르는 애가 너의 것을 뺏어 먹으면 기분 좋으냐? 입장을 바꿔서 생각해 봐라. 학원에서 다른 반에 들어가는 것은 금지되어 있다."라며 굉장히 따끔하게 혼을 내 주었다. 수연이는 올해 초에 엄마가 돌아가셨다. 선생님은 그런 수연이가 애처로워 달래며 말해 준다. "어차피 학원에 돈을 내고 와서 공부하는데 이렇게 욕먹어 가면서 공부할 이유가 뭐가 있니? 아버님을 생각해 봐라. 지금 아버님이 혼자 돈 벌어 가면서 너를 힘들게 키우고 있잖아. 아버님이 돈을 벌어서 너에게 학원비를 주며 학원에 보내는 것도 힘들겠지만 엄마가 없는 상황에서 엄마 역할까지 같이 해 나가면서 너를 키우고 있어. 아버님이 얼마나 힘들겠느냐? 네가 아버지를 기쁘게 할 수 있는 방법은 공부하는 것밖에 없지 않느냐?"라고 달래주었다. 선생님이 이런 말씀을 하자 수연이는 혼자 많이 힘들었는지 눈물을 펑펑 흘리며 울었다.

시험 기간이 다 되어 가고 있을 때여서 선생님은 "두 번 이야기하지 않겠는데, 이번 한 번만 죽었다고 생각하고 공부 한 번 해 봐라. 그러고 나서도 네가 공부해서도 잘 할 수 없다고 생각되면 그 때는 네 마음대로 해 봐라. 이번 한 번만 해 보자."라고 하였고 수연이는 그제서야 "알겠어요."라는 처음이자 마지막 말 한마디를 하고 상담이 끝났다.

이렇게 상담을 하고 나서 수연이가 선생님에게 자주 웃으며 다가서고 눈을 마주치며 수학 선생님을 친하게 대하였다. 수업 시간에도 수연이는 선생님의 눈을 마주치며 공부하였다. 수학 선생님은 수연이가 마음을 잡고서 열심히 공부하고 있다는 것을 한눈에 알 수 있었다. 보름 후 중간고사가 있었고 성적을 보니 평균이 17점 올랐고 기말고사에서도 그 성적을 유지하였다.

수연이는 생활에서도 많이 달라진 모습을 보였다. 한 번의 상담으로 수연이의 습관을 완전히 고쳐 줄 수 없는 노릇이라 요즘에도 가끔 남학생 학급에 들어가서 음료수를 뺏어 먹기도 한다. 그러나 그 횟수가 크게 줄었고 선생님이 "수연아, 그러면 안 된다고 말했지?"라고 하면 곧 수연이는 "샘~, 죄송해요."라며 미안해한다. 상담하기 전에는 선생님의 말을 듣지도 않았었다.

과학 선생님은 상담 후에 수연이의 변화된 모습에 대해 "누구든 수연이가 엄마가 없어서 힘들어하는 부분을 굳이 이야기하려 않겠죠. 괜히 수연이가 더 힘들어지고 그럴까 봐 일부러 가족 이야기를 안 물어볼 거에요. 그런데 수연이는 엄마가 없어 평소에 많이 힘들었던 것 같고 어려운 생활에 한탄스러워했던 것 같아요. 자기도 어려운 부분을 한번 해소하고 싶을 것 같아요. 수연이도 아버지가 자기 혼자 돌보고 있어 힘들 거잖아요. 상담을 하면서 아픈 부분을 건드렸던 것 같아요. 그래서 수연이에게 심적인 변화가 왔던 것 같아요. 그 부분에 대해서는 정확히 알 수 없는 거죠. 뭔가 심적인 변화는 있었겠죠."라고 말한다.

이와 같이 학생들은 가정에서 일어나고 생활에서 겪는 어려움 때문에 힘들어하고 공부에 집중하지 못하는 경우가 아주 많다고 한다.

코리아학원장은 보름 전(2011년 12월 17일)에 고등학교 1학년 남학생과 상담을 하였다. 자습실에서 열심히 공부했던 학생이었는데 자주 지각을 하거나 결석을 하고 엎드려 자기도 하였다. 그래서 학생을 원장실로 불렀다. "너 왜 그렇게 공부를 안 하니? 너, 잘 생각해봐라. 중학교 성적은 중상위권이었다. 지난번 시험 결과를 보면 앞으로 열심히 공부해야만 하는 상황이다. 그런데 왜 이렇게 진지하지 못하고 항상 가볍고 안 하던 귀고리를 하며 왜 그러느냐?" 라고 물었다. "그 귀고리를 한다고 하여 다른 사람이 널 인정해 주는 것도 아니고. 내가 봤을 때는 공부를 하기 싫다기보다는 그냥 아예 손을 놓은 것 같다. 왜 손을 놓았냐?" 라며 원장은 한 번 더 파고들었다. 그러자 학생은 울기 시작했다. "사실은요, 아빠가 두 달 전에요 바람을 펴서 다른 여자하고 살림 차리고 나갔어요."

마침 원장은 그 학생의 엄마를 평소에 알고 있었다. 그래서 원장은 엄마가 뭘 하고 있는지 물어보고 학생에게 "너 한번 생각해 봐라. 엄마가 회사에 다니면서 일을 하고 계시는데, 그 일을 계속할 수는 없을 것이다. 올해 엄마 나이가 어떻게 되느냐? 보통 50세 전후가 되면 직장에서 나와야 한다." 학생은 "저희 엄마는 올해 41살이에요."라고 말한다. 원장은 "엄마가 50세 될 때 너는 20대 후반이 될 것이고, 그러면 그때까지 네가 힘을 길러야 된다. 아무리 생각해도 지금 이렇게 사는 것은 옳지 않고 아무 도움도 안 된다."라고 말하자 학생은 펑펑 울음을 터트린다.

위의 두 가지 사례에서 학생들은 친구들이나 다른 사람에게 말하기 힘든 고민을 하고 있었던 것 같아 보인다. 편부모와 이혼한 가족의 자녀들에 대한 문화적 편견을 수연이와 고등학교 1학년 학생은 아마도 느꼈을 것이고 그래서 혼자 가슴앓이를 많이 했을 수도 있다. 자연스럽게 학습 자세가 안 좋아지고 성적이 떨어지게 되면서 학원 선생님은 문제점을 발견하고 상담을 하게 되면서 생활 지도를 하게 된다.

학생들이 가지고 있는 나쁜 버릇 때문에 상담을 하는 경우도 흔하다. 수학 선생님(여, 26세)은 S 남중 2학년의 대현이를 1년 동안 맡아 담임을 하면서 가끔 대현이가 수업을 방해하여 곤란해지곤 하였다. 6개월 전에 있었던 일이다. 대현이는 선생님에게 화가 나면 화가 났다는 표시를 하려고 티를 내는 행동을 꼭 하는 학생이다. 선생님에게 토라지면 선생님이 시키는 대로 안 하고 어긋나게 행동한다. 예를 들자면 오늘 집에 가기 전까지 내일 시험 볼 20개 문제를 풀고 가라고 시켰다. 다른 학생들은 어쨌든 내일 시험을 보는 것이라면 열심히 하거나 힘들면 선생님에게 양해를 구하고 집에 간다. 이런 학생들과 달리 대현이는 선생님 때문에 기분이 나빴다는 것을 꼭 티를 내고 알아주기를 바라는 학생이다. 특히 시험 기간에 학생들이 열심히 공부하느라 힘들 때 대현이의 돌출적인 행동은 문제가 될 수 있다. 그래서 선생님은 대현이를 불러 상담하였다.

선생님 : 대현아, 선생님에게 토라진 티를 내면 되니? 그것이 잘못되었다는 것을 알고 있나?

대현 : 알아요.

선생님 : 알면서 왜 그러니?

대현 : 모르겠어요. 버릇이에요. 원래 어릴 때부터 그랬어요.

선생님 : 부모님도 대현이가 나쁜 버릇을 가지고 있다는 걸 알고 있나?

대현 : 네, 알아요.

선생님 : 친구들도 너의 그런 모습을 싫어하는데 주변 사람들이 다 너의 행동을 나쁘게 보면 네가 고쳐야 하제?

대현 : 네, 맞아요. 그런데 못 고치겠어요.

선생님 : 왜?

대현 : 못 고칠 거란 걸 뻔히 아는데 노력할 필요가 없잖아요.

선생님 : 노력은 해야 되지 않니?

대현 : 어차피 안 고쳐질 건데요.

선생님 : 선생님은 고쳐질지 안 고쳐질지보다는 네가 노력하는 모습을 보고 싶다.

대현 : 안 될 거 같은데요.

대현이는 전교 10위 안에 들어갈 정도로 공부를 잘하는 아이다. 공부를 잘하는 학생일지라도 학원에서 다른 학생들에게 피해를 주거나 수업을 방해하게 되면 학원에서는 학부모 상담을 하고 운영 회의에서 대책을 마련한다. 원장은 대현이의 어머니를 알고 있는데, 대현이가 기분 나쁘다는 티를 꼭 내려는 나쁜 버릇이 생긴 이유는 부모가 횟집을 운영하며 밤늦게까지 일을 하여 자녀를 너무 돌보지 못하기 때문인 것 같다며 수학 선생님에게 대현이를 배려하는 방법으로 지도하면 좋겠다고 이야기해 준다. 그러면 선생님은 시험 기간 동안에는 다른 학생들의 공부를 방해하지 않는 한에서 대현이를 강하게 지도하게 된다.

생활 지도는 여러 명에게 동시에 이루어지기도 한다. 친하게 지내는 친구들이 한 명의 친구와 관계가 안 좋아서 소외시키는 문제가 간혹 생긴다. 갈등이 심해지기 전에 선생님은 학생들을 적절한 기회에 만나 의견을 들어보고 조율한다. 학원에서는 관심을 가지고 때로는 절실하게 생활 지도를 하는데 왜냐하면 친구관계 문제가 있으면 당연히 성적이 떨어지게 되고 심지어는 퇴원하는 경우도 생기기 때문이다. 보통 "선생님, 저 과외를 받으려고요."라며 나가는 애들 중에는 학원에서 친구들과 친하게 지내다가 갈등이 생겨 해결하지 못하고서 퇴원하는 경우가 많다. 하지만 상담을 하더라도 다시 좋은 친구관계로 회복하지 못하여 결국 퇴원하는 등 잘 해결되지 않기도 한다. 학원에서 상담을 받는다고 하여 학생들의 모든 문제가 다 잘 해결되는 것은 아니지만 관계를 조율하면서 관계가 더 나빠지거나 학생이 큰 상처로 위험한 지경까지 가는 것을 막을 수는 있다.

소소한 일상생활에 대한 상담과 생활 지도도 자주 이루어진다. 이때도 물론 선생님은 학생에게 학습 지도를 하려 했다. "소정아,

이제 중학교 3학년 학생이 되는데 공부량도 많아지고 하니 이제 공부 더 열심히 해야지."라고 말하면 학생은 "엄마가 나만 싫어해요. 엄마는 언니만 좋아하고, 내가 하는 건 다 싫어해요."라며 집에서 느끼는 소소한 불만을 이야기한다. "엄마 때문에 짜증이 나 못살겠어요. 자기만 못 살게 해요."라고 말하면 처음 의도와 상관없이 상담이 진행되게 된다. 선생님은 "엄마가 언니와 너를 모두 다 열 달 동안 배에 기르면서 아프고 힘들게 낳았는데 왜 그러겠니? 네가 사춘기라서 엄마가 삐딱하게 보이는 거 아닌가? 네가 엄마한테 먼저 틱틱 거리면서 하면 엄마도 사람인데 짜증이 나지. 너가 엄마한테 짜증 내며 틱틱 거리는 것은 괜찮고 엄마가 너한테 그러는 것은 왜 안 되니?"라며 재미있게 이야기해 준다.

학부모의 자녀에 대한 학습 요구의 조절

학부모 중에는 자녀에게 과도하게 공부하기를 강요하는 경우가 있다. 이제 중학교 3학년이 되는 세현이는 두 달 전에 이 학원에 들어왔다. 과학 선생님(38세, 남)은 이 학생의 담임을 맡고 있었고 학부모와 전화상담을 하였다. 과학 선생님이 보기에 세현이 어머니는 굉장히 엄하시고 세현이가 무척 버거울 만큼 공부를 시키고 있었다. 세현이는 현재 입시학원뿐만 아니라 영어전문학원과 수학전문학원에 동시에 다니고 있어 총 세 개의 학원에서 공부하고 있는 것이다. 과학 선생님은 세현이에게 "세현아, 너 그렇게 해서는 힘이 많이 든다. 하나 빼라. 수학전문반 또는 영어전문반 중에 하나를 빼든, 입시를 빼라."라고 하였다. 그러니 학생은 "반기를 들면 엄마가 저를 엄청 못살게 굴어요. 어쩔 수 없어요. 그대로 하는 것이 더 편해요." 그래서 과학 선생님은 세현이 어머니에게 "하루에 세현이가 5~7시간 동안 학원에 있고, 5시에 와서 12시까지 해도 다 못합니다."라고 말씀드렸으나 어머니의 완고한 생각을 바꾸지 못하였다. 과학 선생님은 세현이가 어머니 때문에 반강제로 다니고 많이 억눌려 있는 학생이기 때문에 세현이에게 "언제까지 그렇게 살 수 없으니 돌파구를 찾아라. 엄마에게 반기를 들어봐라. 설마 자식인데 너를 죽이려 하겠니?"라며 말해 준다. 그리고 선생님은 세현이와의 상담에서는 진지하게 하지 않고 즐겁게 해 주어 조금이라도 힘든 공부를 편하게 느끼게 해 주려고 노력한다.

반대의 경우도 있다. "엄마가요 학원에 오래 있지 말고 빨리 오래요. 저는 공부를 더하고 싶은데, 학원에서 이것도 저것도 해보고 싶은데 엄마는 하나만 하라고 해요. 엄마가 나한테 관심이 없나 봐요."라며 슬픈 표정을 지으며 이야기하는 학생(중1, 여)도 있다. 엄마가 자녀의 공부보다 건강을 지나치게 더 중요하게 생각하거나 사교육에 대해 부정적인 생각을 많이 하고 있어 자녀의 관심과 입장에서 고려하지 못하여 나타난 문제이다. 수학 선생님

(31세, 남)은 어머니께 전화상담을 해서 "어머님, 자녀가 이렇게 공부를 하고 싶어하는데, 너무 오랫동안 있는 것은 안 좋지만 최소한 학원에서 해야 한다는 자습 시간에 절반이라도 하게 해 주시는게 좋지 않겠습니까?" 라고 말씀드리는 방식으로 학생이 가진 문제를 완화시킨다.

| 8장 |

강사평가: 검증받지 않은 삶은 가치롭지 않다

Hakwon

학원 선생님 평가 설문조사

평가와 활동

HAK WON

누구나 수업의 질을 개선하는 데는 동료 교사 간의 평가와 관리자에 의한 교사 평가보다 학생들의 교사에 대한 평가가 중요한 기여를 한다는 것을 잘 알고 있다. 학원에서는 학생들의 성적을 성공적으로 향상시키기 위해 수업의 질을 개선하고 선생님과 학생 간의 피드백을 원활하게 하기 위해 오래전부터 학생들이 학원 선생님 평가를 실시해 왔다. 학원 선생님 평가는 수업 상황을 학생들의 입장에서 이해하게 해 주고 수업 상황을 판단하여 문제점을 해결하고 수업의 질을 개선하게 한다.

그러나 학생들이 직접 학원 선생님의 수업에 대해 평가를 할 때 섬세하게 절차를 고려하지 않거나 그 결과를 잘 활용하지 못하면 오히려 부작용을 낳게 된다. 즉, 교사와 교사, 원장과 교사, 교사와 학생, 학생과 학생 간의 관계를 불편하게 하여 수업의 질을 악화시킬 수 있다. 그래서 학원 선생님 평가를 하여 긍정적 효과를 내기 위해서는 고려해야 할 점이 매우 많다. 학원에서는 학생이 교사의 교육 활동에 대해 평가를 할 때 생길 수 있는 역효과를 철저하게 예방하면서 진행되고 있고 학생들은 학교에서 실시하는 학원 선생님 능력 평가에 대해 무관심하지만 학원에서 실시하는 학원 선생님 평가에 대해서는 관심을 가지고 성의껏 참여하고 있었다.

학원 선생님 평가 설문조사

다음은 코리아학원에서 학생들이 학원 선생님의 수업을 평가하는 평가 설문조사지이다. 코리아학원에서는 학원의 규모가 커지면서 원장이 모든 학생들의 상황을 잘 알기 어렵게 되었고 3년 전부터 일 년에 4회에 걸쳐 중간 · 기말고사가 끝나고 난 후 정기적으로 학원 선생님 평가를 해 왔다. 지역에서 비교적 규모가 크고 성공적인 대부분의 학원에서는 오래전부터 학원 선생님 평가를 시행해 왔다고 한다.

코리아학원 원장은 100명 이상의 학생들이 학원에 다니게 되자 자신이 이들 학생들의 학습 상황을 파악하여 학습 지도를 하기가 불가능하게 되었다고 말한다. 그래서 원장이 학습 지도와 생활 지도를 하려고 해 왔던 상담과 관리 등의 역할을 담임 선생님에게

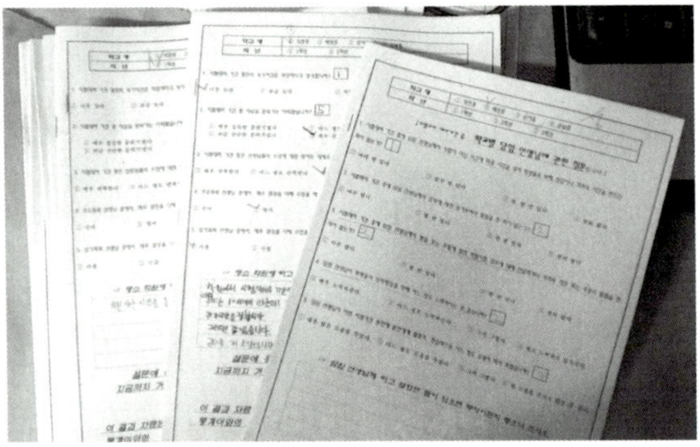

학원 선생님 평가 설문조사지

많이 위임하게 된다. 그러나 원장은 학생들의 요구를 빠르게 파악하고 상황을 잘 알고서 대처해야 한다. 학원이 성공하기 위해서는 시장의 변화를 민감하게 파악하고 빠르게 변화해야 한다는 것이다. 원장은 학원 사업이 학생들의 교육을 위한 서비스직이기 때문에 학생들이 학원 교육에 학습과 생활적인 측면에서 만족하고 있는지 알아야 하는 것은 당연하다고 말한다. 또한 학원에서는 학생들의 불만이 커지기 전에 미리 알고 합리적으로 대처하여 학생들이 퇴원하는 것을 방지하는 것이 매우 중요하다. 왜냐하면 학원에 다니는 친구들은 서로 친하기 때문에 학생 한 명이 빠지게 되면 분위기를 타게 되어 많은 학생들이 퇴원하는 경우가 있기 때문이다. 이와 함께 학원에서 학생들의 성적을 효과적으로 향상시키기 위해 교실에서 이루어지는 수업 상황을 합리적이고 현실적으로 개선할 필요가 있다. 수업 상황을 개선하는 것은 학원 운영상 학생들의 교육적 만족도를 높여야 학생들이 오래 그 학원에 다니게 되므로 절실하게 이루어지는 것이다.

학원 선생님 평가 설문조사는 학생들이 조금 더 편하고 진솔하게 자신의 의견을 표현할 수 있는 방법이다. 학생들은 말하기 어려운 의견을 학원 선생님 평가지에 표현하고 있어 학원 운영과 학원 학습에 대해 학생들이 어떻게 느끼는지 알게 되며 있을 수 있는 위험 요소를 미리 예방할 수 있는 장점이 있다. 사실, 학원 선생님 평가 설문조사라는 방식 외에도 학원에는 학생들이 느끼는 문제와 불만들을 들을 수 있는 여러 다양한 방법들과 창구들이 있다. 학생들은 일상적으로 선생님과 여러 문제에 대해 의견을 제시하고 의논한다. "선생님, 수업 내용이 잘 이해가 안 돼요."라고 수업시작 전에 선생님에게 고민을 털어놓는다. 그러면 선생님은 좀 더 쉽게 이해시킬 수 있는 방법을 연구하게 된다. 진도가 너무 빠르다든가 지루하다든가 또는 판서를 잘 알아보지 못하겠다든가 등의 학습의 어려움을 선생님에게 알려 준다.

그리고 학원에는 건의함이 설치되어 있어 학생이 말하기 어려운 문제를 작은 쪽지에 표현하게 하였다. 그러나 정말 용기가 있는 몇몇 학생들만이 건의함을 이용하는 경향이 있다. 대부분의 학생들은 자신을 가르치는 선생님 또는 담임 선생님에게 가볍지 않은 문제라고 생각하는 문제들이나 선생님에게 자신이 심각하게 상처를 받았다고 생각되는 경우에만 용기를 내어 건의함에 불만을 적은 쪽지를 넣는다. 그래서 학생들의 다양한 의견을 듣는 데는 물론이고 학원에서 수업의 질을 개선하는 데 필요한 의견을 듣는 데는 유용하지 못한 방식이다. 무기명 원칙이 잘 지켜진다면 학생들은 학원 선생님 평가를 할 때 평소에 말하기 어려웠던 불만과 학원 학습에 대한 여러 의견을 좀 더 편하게 표현할 수 있을 것이다.

연구자 : 학원 선생님 평가를 앞으로 계속했으면 좋겠니?

효진 : 네.

연구자 : 왜 그렇게 생각하니?

효진 : 마음에 안 드는 샘 있으면 그걸 고쳐 달라고 원장샘에게 직접적으로 말을 못하잖아요.

예지 : 직접적으로는 원장 선생님에게 말을 못하겠어요.

효진 : 너무 그렇게 하면 미안하니까. 선생님은 착한데 학급 분위기가 조금 마음에 안 드니까.

학원 선생님 평가도 마찬가지일 거에요. 선생님 앞에서 불만을 얘기하라면 민망해서 말하지 못하니까. 애들을 교무실에 불러다 놓고 얘기해 보면요, 샘이 뭐가 마음에 안 들었냐고, 샘이 수업할 때 너희들 힘들게 한 것이 있느냐고 물어봐도 아무도 얘기 안 해요. 제 앞에서는 결국 아무도 얘기 안 해요. 어느 반에 가서 물어도 마찬가지에요. 제가 학생들에게 성질을 내는 것도 아닌데, 일단은 학생들이 선생님 앞에 대놓고 얘기하기가 부끄럽고 민망하고 평가하는 것도 싫고 그러니까 그렇겠죠. (한정민 선생님, 26세, 여)

이처럼 학원 선생님 평가는 학생들이 친하게 지내왔던 선생님에게 불만을 표현하기가 미안하고 자신이 불만을 표현했다는 것을 선생님이 안다고 생각될 때 생길 수 있는 불편한 관계를 예방할 수 있는 의견 조사 방법이다. 학생들은 학원 선생님 평가를 끝내고 선생님이 학원 선생님 평가 설문조사지를 거두어 갈 때도 선생님에게 절대 보지 말아 달라고 신신당부를 한다. 조사에서 무엇보다 학생들의 진솔한 의견을 듣는 것이 중요한 만큼 학원에서는 학생들이 학원 선생님 평가에서 자신의 불만 사항을 편하게 표현하도록 하기 위해 많은 주의를 기울이면서 편한 분위기를 만들어 주고 있고 관리자 선생님들 외에는 절대로 그 결과를 담당 선생님들이 보지 못하게 하고 있다.

우선, 학원 선생님 평가는 학교명과 학년만을 설문조사지 상단에 체크하도록 하였고 이름은 적지 않게 하여 무기명으로 이루어진다. 선생님은 학생들에게 설문조사지를 나눠 주고는 교실 밖으로 나와 학생들이 자유롭게 설문조사지를 작성하도록 한다. 그래서 학원 선생님 평가는 철저히 외부의 개입을 줄여 학생들이 자유롭게 의사를 표현하게 한다. 그리고 관리자가 학원 선생님 평가 결과를 자료로 각 선생님들과 교과 상담을 할 때에는 학교명과 학년에 대한 정보 역시 삭제한 채 알려 주고 절대로 어느 학교에 다니고 어느 학급의 어떤 학생이 어떤 불만을 표현했는지 알려 주지 않는다. 경우에 따라 한 학급의 많은 학생들이 이구동성으로 불만을 말하여 선생님이 그 학급 학생들이 제기하는 문제를 알아야 하는 예외적인 경우가 있는데, 관리자는 절대로 선생님이 그 학급 학생들의 학원 선생님 평가 결과를 모르는 것처럼 하면서 문제를 해결해야 한다고 당부한다. 이는 학생들이 다음에도 편하게 자신의 불만을 학원 선생님 평가지에 표현하게 해 주려는 데 목적이 있다.

수업할 때요. 선생님이 제가 쓴 불만사항을 읽었다고 생각이 들면 눈치도 보이고 걱정이 되고 그래요. 선생님에게 미안하고 그래서 수업 시간에 선생님을 만나는 것이 껄끄러워지게 돼요. 원장님에게 선생님의 잘못을 고자질한 것 같아서 마음이 편치 않아요. 잘못하면 선생님에게 낙인찍혀서 학원 생활이 불편할 수도 있어요. 전에 그런 적이 있었어요. 선생님이 학생에게 '네가 나한테 그랬지?' 라는 식으로 화내고 그래요. (김지영, S 여고 1)

학원 선생님 평가가 좋은 것 같아요. 그것이 없다면 아무리 선생님이 우리에게 못되게 해도 우리가 표현을 못하잖아요. (이현, K 고 2)

그리고 원장이 학원 선생님 평가를 시행하게 된 또 다른 이유는 학생들이 직접 작성한 학원 선생님 평가 결과를 토대로 선생님과 교과 회의를 할 때 선생님들이 그 결과를 수용하여 절실하게 반성하게 되기 때문이다. 학생들이 체크한 학원 선생님 평가 결과는 관리자와 선생님과의 상담 자료로 활용된다. 원장이 개인적으로 학생들의 의견을 듣고서 선생님에게 전달하는 경우에는 선생님들이 그 의견을 잘 받아들이지 않는다. 학생들이 직접 체크한 학원 선생님 평가 결과를 가지고 선생님과 상담할 때 선생님들은 더욱 절실하게 자신의 수업에 대해 반성하게 된다.

원장 선생님이 학생들의 이야기를 듣고서 선생님에게 전달하는 경우에는 정말 학생들이 그렇게 생각하는가라는 의심부터 들어요. 아무래도 원장이라는 직책상 학생들의 조그마한 불만에도 민감할 수 있으니까 그럴 거에요. 그런데 학생들이 직접 체크한 학원 선생님 평가 결과를 보게 되면 정말 학생들이 나의 수업에 대해 이렇게 생각을 하는구나라고 생각되어 나의 수업에 대해 반성하게 돼요. 그래서 학원 선생님 평가 결과가 나올 때면 긴장이 되지만 학생들이 어떻게 생각하는지 궁금하기도 해요. (박성호 선생님, 30세, 남)

그러나 학원 선생님 평가 그 자체가 학생과 선생님과의 긍정적인 피드백을 하게 하는 것은 아니다. 학원 선생님 평가는 학생이 교사를 평가하는 것이며, 관리자가 각 선생님에 대한 평가 결과를 알게 되는 것이기 때문에 교실 안에서 교사와 학생 간의 수업 상황을 더욱 불편하게 할 수도 있으며 선생님과 선생님 간 그리고 선생님과 원장 간에 갈등이 깊어지게 할 수 있어 위험 요소가 아주 많다. 또한 학생들의 불만 사항을 학원 선생님 평가로 편하게 표출하게 하는 것이기 때문에 그러한 불만 사항들을 지혜롭게 해결하고 학생들을 교육적으로 지도할 수 있지 않으면 오히려 학원 선생님 평가가 학원 운영에 나쁜 영향을 미칠 수 있다. 학원 선생님 평가를 시행하여 나타날 수 있는 부정적 영향을 예방하고 교사와 학생 간의 피드백을 돕고 교실 수업을 개선하기 위해서는 학원 선생님 평가의 시행 절차뿐만 아니라 그것에 대한 적절한 위치 규정과 활용 범위의 결정, 학원 선생님 평가 결과에 대한 전문가적 해석이 필요하다. 또한 학원 선생님의 원장에 대한 신뢰, 선생님의 교육 철학과 마음가짐 등 많은 요소들이 갖추어져야 학원 선생님 평가를 하고 나서 긍정적인 효과를 기대할 수 있다. 가장 중요한 것은 학생들에게 학원 원장과 선생님에 대한 신뢰가 있어야 하며 자신의 의견이 수용될 것이라는 믿음이 있어야 한다는 것이다. 우선, 학원 선생님 평가의 종류와 학원 선생님 평가 문항, 시행 절차를 알아보자.

학원 선생님 평가 방법

설문조사지의 전체 구성을 보면, 윗부분에 학교명과 학년을 기재하는 곳이 있으며 학생의 이름은 적지 않는다. 그 아래에 5개에서 최대 8개 정도를 체크하는 4지 또는 5지 선다형 문항이 있고 제일 아래에는 서술형 문항이 있어 학생들이 다양한 의견을 적게 해 두었다. 그리고 학원 선생님 평가 설문조사를 하는 취지를 설명하고 철저히 비밀을 보장하겠다는 문구가 있다.

학원 선생님 평가는 선생님의 교육 활동에 대한 평가와 학원 운영에 대한 평가로 크게 두 가지로 나눠진다. 선생님의 교육 활동에 대한 학원 선생님 평가에는 '학교별 담임 선생님에 관한 질문' 과 '담당 과목 선생님에 대한 질문' '각 암기 과목에 대한 질문' 으로 세 가지의 조사가 있다.

첫째 '학교별 담임 선생님에 관한 질문' 은 담임 선생님에 대해 학생들의 의견을 물어보는 것이다. 여기에는 여섯 가지 질문이 있다. 1번부터 5번까지의 질문에는 정도 또는 빈도를 나타내는 네 가지 선택사항이 있다. 마지막에는 학생들의 의견을 자유롭게 적는 서술형 질문이 있다.

1. 시험 대비 기간 중에 담임 선생님께서 수업이 아닌 시간에 따로 시간을 내서 학생들을 위해 상담이나 격려의 시간을 만드신 적이 있습니까?
2. 시험 대비 기간 중에 담임 선생님께서 공부에 대한 동기 부여의 말씀을 한 적이 있습니까?
3. 시험 대비 기간 중에 담임 선생님께서 평일 또는 주말에 본 학원 시험 점수에 대해 언급하거나 격려와 걱정 또는 꾸중의 말씀을 한 적이 있습니까?
4. 담임 선생님이 학생들의 성적향상을 위해 어느 정도 노력하시는 것 같습니까?
5. 담임 선생님이 어떤 시험 기간 동안에 본인에게 물질적, 정신적으로 어느 정도 도움이 되어 주셨습니까?

그리고 설문조사지 아래에 '담임 선생님께 하고 싶었던 말이 있으면 무엇이든지 좋으니 쓰시오' 라는 말과 함께 다섯 줄 정도의 빈 공간이 있다.

둘째 '담당 과목 선생님에 대한 질문' 은 과목을 담당하는 선생님의 수업 교육 활동에 대하여 학생들의 의견을 묻는 조사이다. 여기에는 여덟 가지 질문이 있으며, 7번까지에는 정도 또는 빈도를 나타내는 다섯 가지 선택사항이 있다. 마지막 8번은 학생들의 의견을 자유롭게 적는 서술형 질문이다.

1. 수업 중에 학습 분위기는 어떠했습니까?
2. 수업 중에 집중하는 공부 분위기로 선생님이 잘 통제하였습니까?
3. 선생님의 수업 내용이 잘 이해되었습니까?
4. 수업 중에 선생님께서 학생들의 수업 분위기에 맞춰서 잘 대응하십니까?(가령, 조는 아이들이 많을 때 잠깐 쉰다든지 아니면 잠을 깨도록 도움을 주신다든지…)
5. 수업 중에 선생님께서 무언가를 설명하시기 위해 음성언어(말) 이외에 비언어적 표현(손짓, 표정, 몸짓)을 사용하십니까?
6. 수업 중, 선생님의 목소리(비언어적 표현-속도, 어조, 성량) 변화는 어느 정도입니까?
7. 수업을 받으면서 선생님과 마음이 교류되는 것 같습니까?
8. 기타 선생님께 하고 싶은 말

셋째 '각 암기 과목에 대한 질문' 이 있다. 주요 과목 담당 선생님은 시험 대비 기간에 미술, 한문, 도덕, 체육, 가정 등의 과목을 하나씩 맡아 학생들에게 시험 대비 학습을 해 준다. 이에 대한 학생들의 의견을 묻는 학원 선생님 평가이다.

그리고 '학원 운영에 대한 평가'가 있다. 이는 시험 대비 기간에 학원의 여러 교육 활동들이 어떠했는지를 물어보는 학원 선생님 평가이다. 1번부터 5번까지의 문제는 정도 또는 빈도를 나타내는 4지 또는 5지 선택지에 체크하는 조사이다. 그리고 설문조사지 제일 아래에는 서술형 질문이 있다.

1. 시험 대비 기간 동안의 귀가시간은 적당하다고 생각하십니까?
2. 시험 대비 기간 중 자습 분위기는 어떠했습니까?
3. 시험 대비 기간 동안 선생님들의 수업에 대한 열의는 대체로 어떠했습니까?
4. 주요과목 선생님 중에서 매우 열성을 다해 수업을 해 주신 선생님이 있으시다면 그 선생님의 과목은 무엇입니까?
5. 암기 과목 선생님 중에서 매우 열성을 다해 수업을 해 주신 선생님이 있으시다면 그 선생님의 과목은 무엇입니까?

"평소 학원에 하고 싶었던 말이 있으면 무엇이든지 좋으니 쓰시오"

위의 학원 선생님 평가 설문조사지에서는 크게 네 종류의 내용을 질문하고 있다.

1. 선생님이 학생들의 눈높이에 맞추어 수업을 하고 여러 가지 방법을 사용하여 쉽게 가르치시나요?

2. 선생님이 학생들의 분위기에 적절하게 대응하면서 상호작용하나요?
3. 선생님과 얼마나 마음의 교류가 되나요?
4. 담임 선생님이 학생에게 얼마나 관심을 가지고 학습 지도와 생활 지도를 해 주나요?

평가와 활용

학원 선생님 평가는 수업의 질을 개선하려고 학생들의 학습 상황과 학습 경험을 잘 이해하여 선생님과 학생과의 피드백을 돕기 위한 하나의 자료이다. 학원에서는 학원 선생님 평가를 하고 그것을 수거하여 본래 취지에 맞게 활용하고자 할 때 나타날 수 있는 여러 문제를 잘 알고 있다. 학원 선생님 평가를 실시하고 그 결과를 활용하는 과정에서 그러한 문제를 예방하고 교육의 질을 높이기 위해서는 세심하게 주의해야 할 사항이 많다. 그러나 학원 선생님 평가를 실시하여 수업 상황을 성공적으로 개선하는 데에는 학원 선생님 평가에 따른 결과를 어떻게 해석하고 활용하는가의 문제가 결정적으로 중요하다.

학원 선생님 평가 설문조사지의 실시와 수거

학생들은 무기명으로 학원 선생님 평가 설문조사지를 작성한다. 이는 학원 선생님 평가 후에 학생들이 받을 수 있는 불이익을 처음부터 차단하기 위한 것이다. 인간의 심리상 누구나 어떤 학생이 자신에게 어떤 평가를 했는지를 알게 될 때 나쁜 감정이 생기기 마련이기 때문이다. 원장은 학생이 선생님에 대해 불만족이 있다고 말할 경우, 대부분의 선생님들은 어느 학생이 자기에게 그러한 불만을 가지고 있느냐며 감정적으로 묻게 된다고 말한다. 즉, 선생님도 인간인 이상 다른 사람이 자신에게 불만족하고 나쁜 내용의 피드백을 받는다는 것 자체에 대해 방어부터 하려 하기 때문이다. 그래서 학생들의 불만족에 대해 회피하려 하거나 부정하려 한다고 한다. 이것은 선생님의 인성이 나쁘기 때문이 아니라 인간인 이상 나쁜 이야기를 들으면 기분이 나쁠 수밖에 없다는 것이다. 그래서 학원 선생님 평가의 실시와 수거, 활용에서 이러한 점을 고려하여야 학원 선생님 평가가 교육의 질에 좋은 기능을 할 수 있다.

이러한 무기명 원칙은 학생 개인에 대해서뿐만 아니라 학급 차원에서도 철저하게 지켜지고 있다. 선생님은 어떤 학급에서 나온 평가에 대해서도 어떤 개인에게서 나온 평가를 알 때와 비슷한 부정적인 감정을 가질 수 있기 때문이다. 혹시라도 그러한 경우가 한번이라도 발생하게 되면 학생들은 다음에 있을 학원 선생님 평가 설문조사에서 진솔하게 자신의 의견을 표현하기 어려워할 수 있다. 그래서 학교명과 학년이 기재된 학원 선생님 평가 설문조사지를 일차적으로 관리하는 선생님들(원장, 부원장, 주임, 팀장)이 수거하고 분석한 다음 각 선생님에게 해당하는 학원 선생님 평가 설문조사지를 넘겨줄 때는 학교명과 학년이 기재된 부분을 가위로 오려낸다. 이러한 방식으로 학원에서는 학급 차원에서도 무기명 원칙을 지키고 있다. 다음은 학원 선생님 평가의 실시와 수거와 전달 과정을 나타낸다.

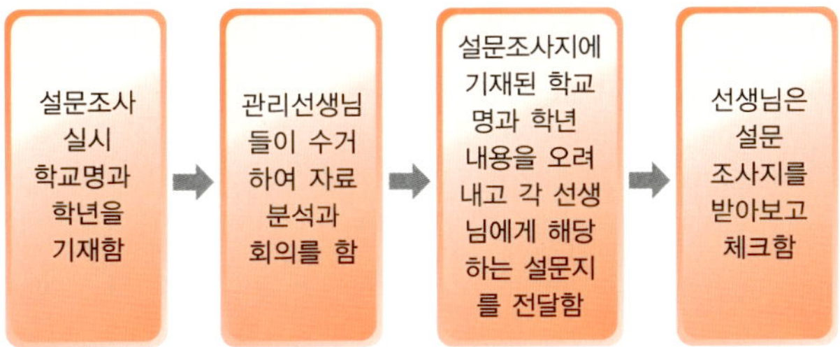

학원 선생님 평가 설문조사의 실시와 수거, 전달 과정

학급마다 다양한 학원 선생님 평가 결과

같은 선생님이 같은 내용과 방식으로 수업을 하더라도 그 결과는 학급마다 다르게 나타난다. 그래서 선생님들은 어떤 반은 자기와 학생들이 서로 코드가 잘 안 맞거나 인연이 아닌 것 같다고 말한다. 최영희 수학 선생님은 특히 S 여학교 3학년 학생들에게서 나쁜 평가를 받아 마음이 많이 아팠다고 한다. 그 학급의 학생들은 그 선생님께 여러 불만이 있었고 심지어는 선생님을 "박수호 선생님으로 바꾸어 달라!"고 요구한 학생도 있었다. 그런데 최영희 수학 선생님은 다른 학급의 학생들에게서는 평범한 결과를 받았고 중학교 1학년 학생들에게서는 아주 좋은 반응을 얻었다.

수학 선생님뿐만 아니라 대부분의 선생님들이 이와 비슷하게 학급마다 다른 결과를 받게 된다. 그러나 특히 다른 지역에서 학원 강사직을 하다 여기 학원으로 옮겨 처음 학생들을 가르친 선생님들의 경우 자신의 생각과는 매우 다른 결과를 받고 충격을 받기도 한다.

2011년 4월에 들어온 영어 선생님은 다른 지역에서 가르치다가 새로 부임한 선생님이다. 다른 지역에서 훌륭하게 잘 가르쳐 왔다고 생각했던 선생님은 이 학원의 특정한 반에서 매우 부정적인 피드백을 받아 신경이 마구 곤두섰었다고 한다. 특히 S 중학교 1학년 학생들의 반응과 평가 결과가 너무 안 좋아 영어 선생님은 매우 곤혹스러워했다. 다음은 그 학급 학생 중 한 명이 학원 선생님 평가의 서술형 문항에 적은 내용이다.

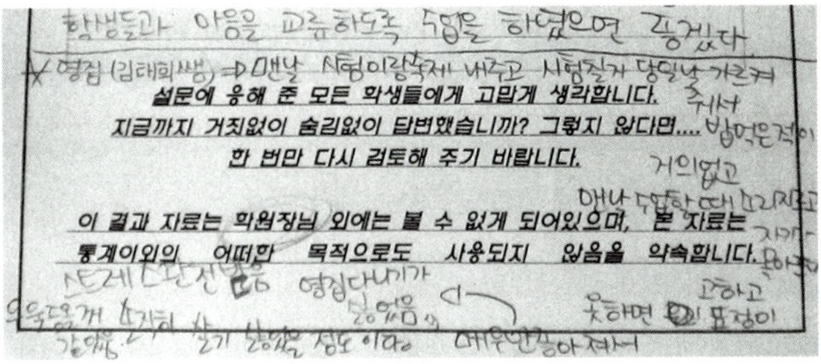

학생들과 마음을 교류하도록 수업을 하였으면 좋겠다

설문에 응해 준 모든 학생들에게 고맙게 생각합니다.
지금까지 거짓없이 숨김없이 답변했습니까? 그렇지 않다면.... 한 번만 다시 검토해 주기 바랍니다.

이 결과 자료는 학원장님 외에는 볼 수 없게 되어있으며, 본 자료는 통계이외의 어떠한 목적으로도 사용되지 않음을 약속합니다.

선생님의 교육에 대한 학생의 부정적 의견

이 학생은 영어 선생님 때문에 영어 공부하기가 매우 싫어졌으며 우울증에 걸릴 것 같다고까지 적었다. 이외에도 그 학급의 반 이상의 학생들이 이와 비슷한 내용을 적었다. "샘을 제발 나가게 해 주세요, 학생들을 막 대해요, 무서워요, 인성이 안 좋아요" 등의 이야기를 적어 놓았다.

그런데 특이한 것은 S 여자 고등학교 1학년 학생들은 그 선생님을 가장 좋게 평가하고 있었다. S 중학교 1학년 학생들의 반응과는 완전히 반대되는 이야기들이었다. "선생님 사랑해요, 다음 학기에도 함께해요, 계속 가르쳐 주세요, 점수 정말 많이 올랐어요, 정말 고마워요" 등의 반응이 나왔다.

예지: 여자애들한테는 진짜 잘해 주는데, 공주들 카면서.

효진: 네, 진짜 잘 챙겨 줘요. 우리 시험 기간에 10시부터 하는데 애들 다 늦었어요. 그런데 샘은 화 안 내고 전화해서 빨리

오라 카면서 샘이 간식 다 사주고. 맨날 밤새고 저희들 문제 만든다고 얼마나 노력하시는데요.

예지: 학원 선생님 평가지에 막 하트 붙이고 그랬어요.

효진: "선생님 또 만나요" 그랬는데, 우리반 여자애들이 쓴 학원 선생님 평가 설문조사지를 찾아보세요. 다들 그랬을 거에요.

그러나 모든 학급에 걸쳐 전반적으로 비슷한 반응이 나오는 경우도 있다. 박수호 수학 선생님(30세, 남)은 활기찬 수업을 하기를 원하여 자유로운 분위기에서 함께하려 했지만 그것이 학생들에게 통제되지 않은 수업으로 받아들여지고 있었다. 그래서 대부분의 학급에서 다소 통제되지 않은 수업이었다는 평가가 나오게 되었다. 뿐만 아니라 선생님이 교사로서 지녀야 할 수업에 대한 기본 지식이 너무 부족하거나 교사로서 부적합한 인성을 가진 경우, 학생들과 전혀 공감하지 못하는 교사의 경우, 대부분의 학급에서 비슷한 반응이 나오게 된다.

학생들은 서술형 문항에 학원 수업과 교육 방식에 대한 여러 의견을 적어 놓는다. "숙제가 너무 많아요." "자기 주도 학습하게 해 주세요." "자습 시간을 더 늘려 주세요." "시험 대비 기간을 더 일찍 시작해요." "학원 버스를 늘려 주세요. 자리가 부족해요." "너무 [공부하기가] 빡세요(힘들어요)." "빈칸 테스트(빈칸에 답을 적어 넣는 단답형 시험) [시험 내용을] 외우기가 너무 어려워요." "살살 때려 주세요. 너무 아파요." "선생님이 차별해요." 등의 의견이 있다. 반대로 "지금의 수업 방식이 너무 좋아요." "빡세지만(힘들지만) 공부 분위기가 좋아서 참 좋아요." "빈칸 테스트를 절대로 없애지 말아 주세요! 큰 도움이 돼요." "○○ 선생님을 절대 내보내지 말아 주세요." "○○ 학생을 제대로 혼내 주세요. 수업 분위기 다 망쳐요." 등의 의견이 있다. 그리고 학원 교육에 대해 논리적으로 비판하거나 선생님의 인성에 대해서 비판하는 이야기도 있다. 간혹 "피시방을 만들어 주세요." "식당을 만들어 주세요."등의 비합리적이거나 학원에서 실행하기 어려운 바람을 적어 놓기도 한다.

피드백에 활용하기

학원 선생님 평가를 하는 이유는 학생들이 선생님과 그 교육 활동을 평가하기 위함이지만 그 평가 결과가 선생님들 간에 순위를 매기고 선생님을 징계하거나 퇴직시켜 다른 선생님을 고용하는 데 활용되는 것은 아니다. 실제로 학원 선생님 평가 결과에 따라 학원 선생님을 퇴직시킨 적은 없다. 학원 선생님 평가를 하는 목적은 선생님과 학생 간의 피드백을 위하여 학생들의 솔직한 이야기가 담긴 중요한 데이터를 얻는 것이다. 즉, 학원 선생님 평가는 피드백을 위한 많은 도구 중의 특색 있고 유용한 자료이다.

학원 선생님 평가 결과는 선생님들 간에 상담을 하는 데 참고하는 자료로 활용된다. 우선 관리자 선생님들이 각 선생님들에 대한 결과를 체크하고 분석한다. 관리자 선생님에는 원장과 부원장, 주임 선생님이 있다. 이들 관리자 선생님들은 평가 결과를 체크하고 회의를 하여 그러한 결과가 나온 원인을 분석한다. 학생들의 의견을 구체적으로 들어 보고 상황을 더 알아봐야 하는 경우 관리자 선생님들은 학생들과 개별적으로 상담을 하면서 학생들의 이야기를 더 들어 보고 상황을 정확히 파악하려 한다. 그 다음 부원장 또는 주임 선생님은 각 담당 선생님에게 학생에 대한 정보가 없는 설문조사 결과지를 체크하게 한 후 그러한 결과가 나오게 된 이유와 원인을 같이 알아보고 서로 의견을 나눈다. 이때 관리자 선생님은 각 선생님과 일대일로 만나서 그 선생님의 결과가 다른 선생님에게 알려지지 않게 보장해 준다.

그리고 학원 선생님 평가 결과를 분석하는 과정에서 절대로 각 선생님이 학생에게 평가 결과와 관련된 의견을 직접 물어보게 하지 않는다. 이는 선생님과 학생 간에서 생길 수 있는 불편한 관계를 차단하여 선생님과 함께 수업하는 학생들을 배려하기 위한 것이다. 이를 도표로 나타내면 다음 그림과 같다.

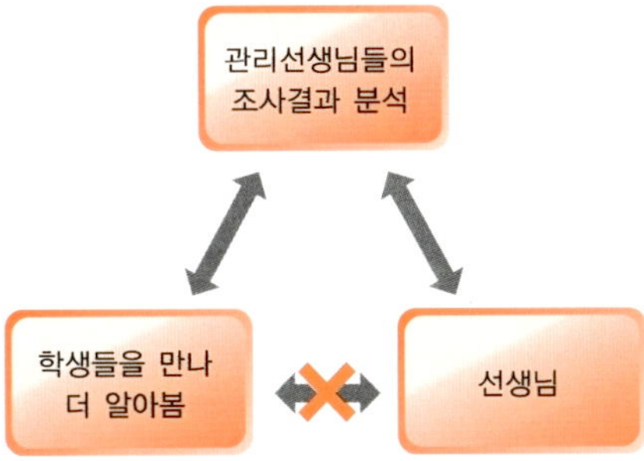

평가 결과 논의과정

> 내가 쓴 불만사항을 선생님이 안다고 생각되면 선생님의 얼굴을 보기가 민망하고 선생님이 자기를 지켜보는 것 같아 수업 시간이 불편하게 돼요. (미영, 중3, 여)

그리고 특히 주의해야 할 점은 평가 결과 자체가 하나의 표면화된 현상일 뿐 현상 이면에 있는 다양한 원인을 알려 주지 못한다는 것이다. 같은 평가 결과가 나왔다고 하더라도 그것에 대한 원인은 다양하고 긍정적일 수도 부정적일 수도 있다. 즉, 한 학급에서 매우 긍정적인 평가 결과가 나왔다 하더라도 반드시 교육적으로 우수하다고 보기는 어렵다. 또한 같은 문제점이라 하더라도 동일하게 보이는 문제가 나타나게 된 원인은 각 학급마다 다를 수 있다. 이는 평가 결과로 드러난 것은 표면적인 것일 뿐이며 그 표면 아래에는 이면과 또 다른 이면이 많이 있다는 것을 의미한다. 인간의 활동은 매우 다양한 의미를 가지고 있어 표면에 드러난 결과로 직접적인 판단을 하는 것은 매우 위험한 것이다(코리아학원 원장, 43세). 그래서 평가 결과는 교육적인 관점에서 수업 상황이 얼마나 잘 이루어지고 있는지를 기준으로 하여 여러 선생님과 함께 분석해야 하는 것이다. 같은 평가 결과일지라도 다음 그림에서와 같이 학급마다 그 이면에는 다양한 원인이 작용하고 있다고 한다.

설문조사 결과										
학급구성원의 개별 특성	학급 전체의 학습 수준	학급의 학력 수준 차이	과목의 특성과 학생들	남자 반 또는 여자 반	지역 문화	학습 습관	또래 집단의 특성	선생님에 대한 독특한 기대	학생들의 편견 또는 잘못된 생각	그 외 많은 고려 사항이 있음

학원 선생님 평가 결과에 영향을 미치는 다양한 변수들

평가 결과에 대한 해석과 분석 과정에서 관리자 선생님들은 각 선생님들에 대한 평가 결과를 좀 더 자세히 분석하고 해석하는 데 도움을 주는 협력자로서 역할을 한다. 즉, 관리자 선생님들은 최소 10년 이상의 오랜 학원 교육 경력을 가지고 있다. 특히 원장의 경우 처음 과외로 시작하여 공부방을 운영하고 학원을 설립하면서 많은 학생들과 상담을 해 왔고 22년의 교육경력을 가지고 있다. 그래서 오랜 경험으로 학생들에 대한 풍부한 지식을 가지고 있다. 그래서 선생님들은 관리자 선생님들을 풍부한 경험을 가진 사람으로 생각하기도 한다.

S 여자 중학교 3학년 학생들의 학원 선생님 평가 결과를 가지고 주임 선생님(38, 남)과 상담하였어요. 그 반의 특성은 이렇고 학습 수준 차이가 어느 정도 있고 그러한 이유 때문에, 그리고 수학이라는 과목 특성상 개별적인 수준에 맞게 지도하는데 여전히 한계가 있어 그러한 것 같다고 말씀해 주시더라고요. 그래서 그 반에 대해 한결 더 잘 이해되고 마음이 많이 편해졌어요. 자신이 경험한 여러 이야기를 해 주시고 해서 참 좋았어요. (한예진 수학 선생님, 26세)

2011년 4월에 여기 학원에 와서 가르치기 시작한 영어 선생님은 S 중학교 1학년들에게 여러 가지 경로로 많은 부정적인 피드백을 받았을 뿐만 아니라 학원 선생님 평가에서도 그와 동일한 피드백을 받아 무척 고민하고 있었다. 그 정도의 부정적인 평가 결과는 학원 운영상 당장이라도 선생님을 바꾸어야 할 정도로 매우 낮은 지표라고 볼 수 있다. 원장은 영어 선생님과 평가 결과 자료를 가지고 상담을 하면서 이 지역 학생들의 학습 습관과 선생님에 대한 독특한 기대 등 학생들과 관련된 모든 부분을 선생님에게 설명해 주었다.

저는 대도시에서 특목고에 들어가려는 상위권 학생들을 주로 가르쳤었는데요. 수업과 학습 지도를 강하게 이끌어 나가는 편이었고 반면에 학생들에게 재미를 준다든지 좋은 프린터물을 예쁘게 만들고 하지를 않았어요. 전에 있던 학원에서는 수업만 잘 하면 별 문제가 없었거든요. 그런데 여기 학원에 다니는 학생들은 수업도 잘 해 줘야 하지만 학생들에게 많은 관심도 줘야 되고 그렇더라고요. 원장님이 학생들의 특성을 잘 설명해 주셔서 많은 도움이 되었어요. 여기 학생들하고 전에 가르쳤던 학생들하고 많이 다른 거죠. (김태희 영어 선생님, 35세)

뿐만 아니라 학생들이 잘못 알고 있는 사항이나 선생님의 지도를 감정적으로 잘못 받아들인 경우 원장은 그 학년의 모든 반에 들어가서 학생들에게 자세하게 설명하고 이해시킨다. 입시제도의 변화에 따라 새로운 학습을 시도해야 하는 경우 학생들을 적극적으로 설득하여 따라오게 이끈다. 또는 선생님이 의도한 것이 아닌데도 학생들은 차별받고 있다고 느끼는 경우까지 있다. 공부를 못한다고, 잘 가르쳐 주지 않는다며 심하게 불평하는 경우도 많다. 관리자 선생님은 학생과 선생님 양측의 이야기를 다 들어 본 후 체벌을 부적절하게 하거나 언어 사용상 문제가 있고 차별적 지도가 있었다고 판단되는 경우 등 선생님의 지도가 잘못된 경우에는 선생님에게 적절한 방법으로 교육하기를 권하지만, 그렇지 않은 경우 원장은 학생들에게 합리적으로 설명하여 오해를 풀고 다시 공부에 집중할 수 있게 한다. 그래서 학원에서는 학생들이 가지고 있는 편견과 오해 그리고 감정들까지 일단 수용하여 합리적으로 대응하고 있다.

학원 선생님과 평가 결과

교사의 질이 교육의 질을 결정한다고 하듯이 학원 선생님들이 평가 결과를 어떻게 받아들이고 변화하느냐에 따라 학원 선생님 평가의 효과가 크게 달라진다. 그래서 학원 선생님들이 그 결과를 어떻게 수용하고 어떠한 변화를 보이는지를 알아보는 것은 학원 수업을 이해하는 지름길이 될 것이다.

학생들이 선생님을 평가하는 것은 학생들이 성의 없이 설문조사지를 작성하거나 미성숙하다는 점에서 많은 비판을 받아 왔다. 학생이 평가의 주체가 될 수 있느냐고 말하기도 한다. 더 나아가 학생들이 선생님에 대해 교육적인 비평을 하거나 불만을 표현하였을 때 선생님은 매우 불쾌할 수 있다. 또한 연령에 따른 차이를 중요시하는 유교적 문화에서 어른인 선생님이 자기보다 많이 어린 학생에게 비판받는 것 자체가 잘 용납되지 않는다. 그래서 선생님은 학생들이 작성한 학원 선생님 평가 결과를 잘 수용하기 어려울 수 있어 오히려 선생님과 제자 간의 관계를 악화시켜 수업 상황이 더 악화될 수 있다. 학원에도 역시 학생들의 의견을 일단 부정하고 자신을 방어하려는 선생님들이 있다. 그러나 학원에서는 운영상 학생들의 의견을 존중하고 관심을 가져야 함을 조직적으로 강제한다.

학생들도 인격체에요. 학생들이 느끼는 불만에 대해서 선생님이 나이가 많다는 이유로, 그리고 단지 자기는 선생님이라는 이유로 그것을 부정하게 되면 더 이상 개선하려는 이야기가 진행될 수 없어요. 학생들도 생각이 있고 불만을 가지는 그만한 이유가 있다는 것을 알고서 선생님들은 불만을 귀담아 들을 줄 알고 함께 생각하여 해결하려고 노력하는 선생님이 되어야 해요. (코리아학원장, 43세)

이처럼 원장은 학생들이 인격체이며 학생들이 느끼는 불만은 그만한 이유가 있으며 합리적으로 접근해야 한다고 말한다. 만약 선생님이 연령이 많다는 이유로 학생들의 의견과 불만을 억누른다면 그 선생님은 학원에 근무할 자격이 없는 사람으로 규정된다. 뿐만 아니라 그러한 선생님은 학원 교실에서 학생들의 불만족이 높아지고 학생들에게 인정을 받지 못하게 되어 수업 진행이 잘 안 되어 결국 학원에서 퇴직하게 된다.

그래서 학원에서는 학원 선생님 평가를 한다는 것 자체가 중요한 것이 아니라 선생님의 마인드, 즉 선생님의 교육적인 철학과 마음가짐이 가장 중요하다고 한다. 그래서 이 학원에서는 잠시 아르바이트로 일을 하는 선생님은 뽑지 않는다고 한다. 여기 학원 선생님들은 의무감을 가지고 일하고 다음에 자신도 학원을 설립하려는 전문적인 선생님들이라고 한다.

아르바이트를 한다는 마음으로 여기 오는 경우, 학원 선생님 평가 결과에 대해 수용하지 않습니다. 잠시 돈을 벌려고 왔는데 학생들에게 나쁜 평가를 받으면서 그렇게 어렵게 일할 이유가 없다는 거에요. (코리아학원장, 43세)

결국 학원 선생님 평가를 실시하여 수업 상황을 개선하기 위해서는 선생님의 마음가짐이 결정적이다. 선생님이 학생들의 입장을 존중하고 수용하여 수업을 하려는 자세를 가져야 하며 수업이란 교사 혼자서 칠판 수업을 하는 것이 아니라 학생들과 상호작용하는 수업이 되어야 한다고 말한다.

교육이 뭡니까. 공부를 잘하는 학생들이야 알아서 잘하니까 정말 수업이 편합니다. 그러나 공부를 못하는 학생도 도와서 실력을 향상시키는 것이 교육이잖아요. 그 학생들의 학습에 대한 어려움을 이해하고 잘 수용하여 좀 더 쉽게 이해할 수 있게 수업 연구를 하는 것이라고 생각해요. (박수호 수학 선생님, 30세)

그리고 평가 결과를 그대로 수용하여 해결하려는 노력을 하지 않는다면 그 학원 선생님은 다른 학원에서 학생들에게 가르치고 수업을 할 때에도 똑같은 문제에 직면하게 된다. 그래서 학원 선생님을 직업으로 생각하고 학원 설립을 희망하는 선생님들은 평가 결과를 보고 학생들의 반응을 적극 이해하고 싶어하며 적극적으로 해결할 수 있는 방법을 관리자에게 배우려고 한다.

그러나 학원 선생님을 직업으로 생각하는 선생님들도 학생들이 자신의 수업에 대해 평가를 한다고 하면 괜히 불안해지기 마련이다. 학원 선생님들은 학원 선생님 평가를 하는 날이면 긴장이 많이 된다. 학원 선생님 역시 학생이 쓴 악평에 자존심이 상한다. 더욱이 잘 알지도 못하는 학생들이 쓴 악평으로 관리자에게 나쁜 인상을 심어 줄까 기분이 매우 나빠지기도 한다. 특히 학생들에게 정말 잘 해 주었고 교실에서 학생들과 친하게 지내왔는데도 학생들이 자신에게 불만을 얘기하지 않고 학원 선생님 평가에 적었다는 생각이 들어 배신감을 가지게 되기도 한다.

정말 뒤통수 맞은 기분이에요. 그 학급 학생들에게 정말 잘 해 주었거든요. 애들도 좋아했고. 그런데 그 반대의 결과를 받으니 정말 배신감이 느껴져요. (한예진 수학 선생님, 26세)

심지어 학원 선생님은 관리자 선생님들이 평가 결과를 보고 자신을 퇴원시키지 않을까 불안해하기도 한다. 한 번에 학원 선생님을 퇴직시키지는 않겠지만 인간의 심리상 두 번, 세 번 계속 나쁜 결과가 나오게 되면 누구든 그 사람에게 문제가 있는 것으로 생각할 수 있기 때문이다. 이러한 의심 때문에 정말 잘해 준 학생들이 자신에 대해 악평을 하였을 때 매우 분노하게 되기도 한다.

제가 학원 선생님 평가를 할 때마다요. 다른 선생님도 그랬다고 하는데 학원 선생님 평가가 안 좋게 나와 여기서 나가야 되지 않

을까 하는 불안감이 컸었어요. (최영희 선생님, 33세)

관리자 선생님들은 선생님들이 학원 선생님을 평가하는 것에 불안해하는 이유를 잘 알기 때문에 선생님이 오해하지 않게 학원 선생님 평가를 하게 된 이유를 자세히 설명한다고 한다. 그리고 원장은 학원 선생님 평가 결과를 가지고 절대로 선생님을 퇴직시키지 않는다. "학생들이 작성한 학원 선생님 평가를 가지고 선생님에게 불이익을 준다면 선생님들이 누구를 믿고 교육하겠어요. 그거는 정말 웃긴 것입니다." (코리아학원장, 43세)

이와 함께 원장과 관리자 선생님은 학원 선생님 평가 결과에 대한 이해를 돕기 위해 선생님을 돕고 많은 조언을 해 주고 선생님의 의견을 경청한다. 그래서 학원 선생님들은 관리자 선생님들을 학원 운영자보다는 협력자로 인식하게 되어 신뢰하게 된다. 사실 학원 선생님들이 학생들의 조그마한 불만들에 대해 심각하게 반응하는 것은 학원 선생님이 관리자를 의심하는 데 큰 이유가 있다. 그래서 미성숙한 학생들이 잘못된 평가를 하더라도 학원 선생님과 원장을 포함한 관리자 간에 신뢰관계가 형성되고 협력적인 관계라고 믿게 되면 학원 선생님들은 학생들의 불평에 대해 민감하고 감정적으로 생각하지 않게 된다. 그래서 학원 선생님 평가를 하여 선생님이 그 결과를 그대로 수용하여 변화하는 마음을 가지게 하는 데는 관리자가 협력자로 등장할 때 가능한 것이다. 관리자가 학원 선생님 평가 결과에 민감하게 반응하고 선생님에게 불이익을 준다면 학원 선생님 역시 학생들의 인기에 영합하거나 자신에게 악평을 한 학생들에게 악한 감정을 가질 수밖에 없는 것은 당연한 것이다.

이러한 분위기가 어느 정도 마련되어 있을 때 학원 선생님들은 학원 선생님 평가 결과를 수용하고 학생들의 입장에서 고려하여 수업 상황을 개선하기 위해 자신의 수업을 스스로 평가하게 된다. 그리고 관리자의 조언은 선생님의 자기평가에 큰 도움을 주고 학원 선생님은 다음 수업에서 변화된 모습을 보이게 된다.

김태희 선생님(35세, 여)은 타 지역에서 가르쳤다. 2011년 9월에 이 학원에 왔고 중간고사가 끝나고 학원 선생님 평가를 받게 되었다. 학원 선생님 평가를 하기 전에도 원장은 수시로 학생들과 피드백하면서 학생들에게 들은 여러 악평을 김태희 선생님에게 알려 주었다. 그러나 김태희 선생님은 원장의 조언을 그대로 받아들이지 않았다. 왜냐하면 원장은 원래 학생들의 불만에 민감하게 반응하기 때문이다. 그러나 학원 선생님 평가 결과를 보고 자신의 수업 상황이 어떤지 절실히 알게 되었고 그 후에 들어오는 피드백과 학생들의 눈치가 정말 무섭게 느껴졌다고 한다. 김태희 선생님은 원장과 상담하면서 이 지역 학생들의 특성을 타 지역의 학생들과 비교하여 상세하게 듣게 되었고 도움을 얻어 변화되려 하였다. 앞으로 학원 선생님을 직업으로 계속하려는 김태희 선생님은 학생들의 불만을 수용하여 합리적으로 지도하고 이끌지 못하면 안 되는 절박함도 있어 절실하게 수업과 교육 방식의 변화를 모색하게 되었다.

우선, 수업 시간 중에 잠시 공부를 쉬고 공부 외의 재미있는 이야기를 하면서 힘든 수업을 가볍게 해 준다. 타 지역 학원에서는 타이트하게 공부만 시키면 되었지만 여기 학생들은 선생님과 유대관계를 원하기도 하였다. 그래서 학생들의 이야기와 농담을 억누르지 않고 허용하면서 이끌 수 있는 선생님이 되어야 했다. 그리고 타 도시에서 최상위권 학생들에게 맞는 수업 방식을 여기 교실에서 그대로 적용하다 보니 수업을 못 따라오는 학생들이 있었고 그러한 학생들의 학습 어려움을 무시하고 지나가게 되어 학생들에게 교사로서 자격이 없는 사람으로 인식되었다. 그래서 김태희 선생님은 학력 수준이 낮은 학생들을 고려하여 개별 지도도 해 주고 좋은 학습 자료를 출력하여 수업 도구로 활용하여 학생들에게 좀 더 쉽게 수업을 하였다.

그 결과 기말고사가 끝나고 시행한 학원 선생님 평가 설문조사에서는 호평을 듣게 되었고 원장에게 그 사실을 듣고서는 입가에 웃음이 절로 나오게 되었다. 다음 표는 넉 달 전에 온 김태희 선생님의 중간고사 때의 학원 선생님 평가 결과와 기말고사 때의 학원 선생님 평가 결과의 변화를 나타낸 것이다.

학원 선생님에 대한 중간고사와 기말고사의 평가 결과(5점 만점)

반	중간고사 과목	기말고사 과목
S1(중)	3.5	1.5
SN2(중)	3.0	1.6
HS1(고)	1.2	1.3

※ 5점 만점에서 1점에 가까울수록 긍정적인 결과임.

이와 같이 평가 결과를 수용하고 반성하여 변화되는 모습을 보이는 선생님이 아주 많다. 한예진 선생님의 경우, 2010년 3월에 여기 학원에 처음 와서 다섯 번 정도의 학원 선생님 평가 결과를 받았고 관리자 선생님들과 상담하였다. 특히 S 여자 중학교 3학년 학생들과 관계가 악화되어 무척 많은 노력을 하였고 적절한 지도 방법을 찾으려고 관리자 선생님들의 도움을 받았다. 그 반에서 반응이 특히 안 좋은 이유는 학생들 간에 나타나는 학력 수준의 차이가 너무 커서 학력 수준이 낮은 학생들이 매번 선생님의 설명을 이해하기 어려워했고 시간 제약상 충분하게 개인 지도를 해 줄 수 없게 되어 질문을 받아주지 못하는 경우가 자주 있었는데, 학력 수준이 낮은 학생들은 자신들이 공부를 못하는 학생이라고 선생님이 안 가르쳐 준다거나 수학 공부의 어려움을 해결하는 데 어려움이 있어 불만을 가지게 되었기 때문이다. 그리고 학급의 친구들은 서로 친하기 때문에 한두 명의 학생이 선생님에게 불만을 가지게 되는 경우 그 반 전체의 학생이 그러한 생각을 가지게 되어 반 전체 분위기가 악화된다.

학원에 다니는 학생들은 차별하는 교사를 가장 싫어한다고 말한다. 공부를 잘하든 못하든 같은 수강료를 내고 배우려고 왔는데 차별받고 있다고 생각하는 학생은 그 선생님을 교사로서 자격이 없다고 생각한다. 그래서 학생들은 선생님이 의도하지 않은 것에도 선생님이 자신들을 차별한다고 생각하는 경우가 많고 매우 심각하게 여긴다.

> 왜 우리 반만 아래층(2층)에 가서 수업하게 해요? 다른 반은 다 3층에서 수업하는데. 우리 반이 공부 못하는 반이라서 따로 떨어뜨리려고 그런 거 아닌가? (최유정, S 여고 1)

각 반이 이용할 교실을 정할 때 위와 같은 경우가 있다. 이러한 경우에도 학원 선생님이 자기들을 차별하는 것이 아니냐며 학원 선생님들에 대해 실망감을 표현한다. S 여중 3학년 학생들 역시 한예진 선생님이 의도하지 않은 것인데도 자신들이 차별받고 있다고 생각하는 경우이다. 그래서 한예진 선생님은 학습 수준이 낮은 애들을 위해 쉬는 시간을 이용하여 적극 개별 보충을 해 주거나 학원 전체 차원에서 수업 시간을 조금이라도 더 늘리려고 노력해 보기도 한다.

관리자 선생님들과 한예진 선생님은 S 여중 3학년 학생들이 차별받는다고 생각하는 것은 전혀 사실과 관계없는 것이라는 것을 잘 안다. 그러나 학생들의 생각이 잘못되었다고 무시하지는 않는다. 학생들이 충분히 그럴 수 있다고 수용하려 하며 적극 돕는 방식으로 정성을 보여서 학생들의 마음을 어루만져 주려고 노력한다. 왜냐하면 한예진 선생님도 학교 다닐 때 학습에 대한 어려움을 해결하지 못하고 선생님에게 차별을 받아서 많이 아파 본 적이 있기 때문이다. 한예진 선생님은 그 학생들의 마음을 잘 이해한다.

> 저는 자신이 차별받고 있다고 생각하는 학생들의 마음이 충분히 이해돼요. 나 역시 관심을 많이 못 받은 적이 있고 수업 내용이 잘 이해 안 되어 지루하게 수업 시간을 보내야 했던 슬펐던 기억이 나요. 최소한 내가 가르치는 학생들만은 그러지 않기를 바래요. (한예진 수학 선생님, 25세)

| 9장 |

아빠 월급으로 달라진 내 인생

Hakwon

1. 현민이의 학원 이야기

2. 주영이의 학원 이야기

3. 준철이의 학원 이야기

HAK WON

1. 현민이의 학원 이야기

나에 대한 이야기

내 이름은 강현민. 남학생이며 현재 S 고등학교 2학년에 재학 중이다. 일단 내가 다니고 있는 고등학교와 고등학교에 입학하는 과정을 설명해야겠다. 우리 고등학교는 비평준화 지역에 속한다. 그래서 평준화 지역에 비해 고등학교에 입학하는 과정이 좀 복잡하다. 먼저 중학교 때 내신 성적을 가지고 고등학교에 지원한다. 내신 성적은 중학교 다니는 동안 중간시험과 기말시험이랑 출석 같은 걸로 점수가 매겨진다. 이때 내신 성적이 낮으면 원하는 고등학교에 진학하기가 힘들고 내신 성적이 높으면 원하는 고등학교에서 진학할 수 있다. 심지어 내신 성적이 높은 학생들은 고등학교에서 스카우트 제의가 들어오기도 한다. 보통 내신 점수가 270점대면 이 지역에서 가장 좋은 고등학교에 진학할 수 있고 280점대 되는 친구들은 고등학교에서 먼저 자기 학교에 지원해 달라고 설득하는 연락을 받는다. 이때 고등학교에서는 각종 수업료라든지 급식비를 면제해 주겠다고 조건을 제시한다. 장학금은 당연한 거다.

나는 270점대 정도의 내신 성적을 받아서 내가 원하는 S 고등학교에 진학할 수 있었다. S 고등학교가 우리 지역에서는 제일 좋은 고등학교이다. 그런데 여기서 끝나는 것이 아니다. 우리 고등학교는 수준별로 반을 나누어 운영하고 있다. 한 학년에 1반부터 8반까지 총 여덟 개의 반이 있다. 그 중 1등부터 30등까지는 1반, 31등부터 90등까지는 2, 3반, 나머지 학생들이 나머지 반들을 채운다. 공식적으로 그렇게 이름이 정해진 것은 아니지만 우리 학교에서는 1반을 특우반, 2, 3반을 우반, 나머지 반을 평반이라고 부른다. 이렇게 분반되어 1년을 보내고 2학년 올라갈 때 또 학교 성적을 기준으로 해서 분반한다. 1학년 때 분반하는 기준은 배치고사 성적이다. 배치고사는 고등학교가 정해지고 정식으로 입학하기 전인 2월쯤에 고등학교에서 입학생들을 대상으로 치러진다.

우리 학교에서는 배치고사를 잘 쳐서 특우반에 들어가는 것이 무척 중요하다. 그래서 중학교 3학년 겨울방학 동안에는 배치고사를 준비하기 위해 의무적으로 매일 학원에 나가서 늦게까지 공부해야 한다. 왜냐하면 특우반에 들어가야 4년제 대학교에 들어갈 수 있기 때문이다. 물론 그렇게 정해진 것은 아니다. 그렇지만 이제까지 우리 학교의 입시 결과를 살펴보면 특우반이 아닌 우반이나 평반에서 4년제 대학에 입학한 경우는 거의 손에 꼽을 정도이다. 배치고사를 잘 치르지 못해도 고등학교 들어가서 열심히 하면 특우반에 들어갈 수 있고 또 어느 반인지 상관없이 자기만 열심히 하면 좋은 대학에 들어갈 수 있을 것이라 생각할 수도 있지만 특별한 경우를 제외하고 그렇게 되는 경우는 매우 드물다. 그 특별한 경우도 원래 중학교 때 공부를 굉장히 잘하던 애였는데 배치고사를 망쳐서 우반이나 평반에 들어간 학생의 경우가 대부분이다. 그리고 일단 특우반에 한번 배치되면 성적이 나빠도 우반으로 내려 보내지 않는다. 특우반, 우반, 평반은 반 분위기 자체가 다르다. 특우반이 공부 잘하는 학생들이 모여 있고 다 같이 공부하는 분위기라면 나머지 반은 노는 분위기이다. 그렇기 때문에 일단 우리 학교에서는 특우반에 들어가야 어느 정도 미래의 성공이 보장된다고 볼 수 있다. 그렇기에 이 지역의 중학교 3학년 학생들의 목표는 우리 고등학교 특우반에 들어가는 것이다. 나 역시도 그랬다. 다행스럽게도 나는 특우반이다.

다른 지역에서는 고등학교 때 대학입시를 준비하는데 우리 지역에서는 중학교 때부터 입시준비가 시작된다. 앞에서 이야기했다시피 우리 지역은 비평준화 지역이기 때문이다. 그렇기 때문에 학생들이나 부모님이나 중학교 때부터 성적에 신경을 많이 쓴다. 그런 이유로 부모님들이 자녀들에게 학원에 다니기를 권유하는 경우가 많다. 나의 경우도 그랬다. 어머니께서 중학교 때부터는 성적이 중요하니 학원에 꼭 다니라고 말씀하셨고 나도 어머니의 생각과 같았기 때문에 당시 아이들이 많이 다니던 H 학원을 선택했다. 그런데 그때는 막연히 공부를 잘하고 싶다 정도의 생각만 가지고 있었지 그렇게 열심히 공부하거나 착실히 학원을 다닌 것은 아니었다. 그래서 그런지 학원에 가서도 공부를 열심히 하기보다는 그냥 시간만 때우고 오는 경우가 많았다. 학원 수업도 제대로 안 듣고 졸다가 혼나고. 그러니 성적이 오를 리가 없었다. 수학 같은 과목은 50점대 성적을 받을 때도 있었다. 그러다 보니 부모님과 싸우는 경우도 잦았다. 피땀 흘려 돈 벌어 학원 수강비를 대는데 결과가 왜 그것밖에 안 되느냐는 식이었다. 그런 다툼이 잦아지다 보니 어머니와 이야기하기도 싫어지고 집에 들어가는 게 싫어지는 경우도 있었다. 내 친구들 중에는 나 같은 경우가 많다. 정석이 같은 경우는 학원에 가기 싫은데 억지로 부모님이 보내는 바람에 울면서 학원에 갔다고 한다. 물론 정석이도 성적은 오르지 않았고 결국 3학년 때 학원 다니기를 그만두고 혼자 공부했다고 한다.

나는 그러다가 중학교 2학년 때 정신을 좀 차리고 지금의 코리아학원으로 옮겼다. 그때 H 학원의 수업이 별로 좋지 않다는 이야기도 많이 있었고 나도 학원에 그렇게 크게 만족하지는 못했다. 코리아학원에 공부 잘하는 아이들이 많이 다닌다는 이야기가 들렸고 공부 잘하는 아이들이 많은 학원이니 나도 이곳으로 옮겨서 열심히 한번 해 보자는 마음으로 학원을 옮긴 이후 지금까지 다니고 있다. H 학원보다 코리아학원에 다니면서 성적도 많이 올랐고 학원 자체도 나와 좀 맞는다는 느낌을 많이 받는다.

코리아학원은 H 학원과 그리 멀지 않은 이 지역의 중심지에 위치하고 있다. 중등부와 고등부가 있고 중등부는 종합학원으로 정해진 시간표가 있다. 평소에는 국어, 영어, 수학, 과학 위주로 시간표가 짜이고 시험 준비 기간에는 시험을 치르는 전 과목을 다뤄준다. 시험 준비 기간은 보통 학교 시험 기간 4주 전부터이다. 고등부는 단과반으로 운영되어 과목별로 신청하고 수강료를 낸다.

내가 학원에 다닌 이유와 내가 학원을 통해 얻은 것들

학원에 다니면서 내가 원한 것과 얻은 것은 당연히 성적 향상이다. 앞에서 이야기했듯이, 중학교 2학년 때 코리아학원으로 옮기기 전에는 성적이 거의 바닥이었다. 여기에는 이야기가 좀 길다.

초등학교 때의 내 성적은 그리 나쁘지 않았다. 아니 나쁘지 않았다기보다는 좀 좋은 편에 속했다. 그런데 중학교 올라가서 사귄 친구들이 좀 질이 좋지 않은 친구들이었다. 하지만 그때는 그걸 잘 몰랐다. 그냥 좋고 재미있는 친구들인 것 같았고 단지 공부에 관심이 없을 뿐이라고 생각했다. 그런 친구들 때문에 어머니에게 많이 야단을 맞았다. 그래도 나는 그 친구들과의 결속감에 그때마다 친구들을 두둔했다. 그런데 시간이 지나면서 그 친구들에 대해서 좀 다르게 느끼기 시작했다. 그 친구들은 학생으로서 하지 말아야 할 행동을 하는 경우가 많았다. 이건 아닌 것 같다는 생각이 들면서 그 친구들을 멀리하고 거기서 벗어나기 위해 공부를 해야 한다는 생각을 하며 H 학원에 다니기 시작했다. 물론 그때 성적이 오르진 않았다. 위에서 쓴 것처럼 공부를 잘하고 싶다는 마음만 있었지 실제 열심히 하지는 않았다. 그냥 학원에서 시간만 때울 뿐이었다. 성적은 오르지 않았지만 학원 다니기를 그만둘 순 없었다. 힘들게 그 친구들에게서 벗어났는데 여기서 그만두고 그 친구들에게로 다시 돌아갈 수 없었다. 학원 다니기를 그만두고 학교에서 수업을 열심히 들으며 공부할 수 있는 것 아니냐고 생각할 수도 있다. 그런데 학교에는 분위기라는 것이 있다. 각 반에는 소위 양아치라 불리는 불량학생들이 있고 반의 분위기는 그 친구들에 의해 주도되기 마련이다. 그러니 학교에서는 공부가 쉽게 되지 않는다. 당시 내가 할 수 있는 선택은 학원에 다니는 것. 학원 중에서도 우리 지역에서 제일 잘 나가는 학원에 다니는 것밖에 없었다. 학원 다니기를 그만두면 성적이 더 떨어지고 다시 그 친구들 사이로 돌아가야 할지도 모른다는 불안감. 그리고 그냥 이렇게 학원이라도 계속 다니면 다른 친구들처럼 성적이 오를지도 모른다는 기대감에 학원을 계속 다녔다.

그렇게 아무 성과도 없이 학원에 다니다가 이제는 공부를 제대로 좀 해야겠다는 생각을 가지고 중학교 2학년 때 지금의 코리아학원으로 옮겼다. 그때는 아직 공부 방법을 몰라 그냥 성적을 유지하다가 나 나름대로의 공부 방법을 깨우치고 코리아학원에서 운영하는 배치고사 준비반에서 집중적으로 공부하면서 성적이 크게 올랐다. 지금은 영재반에서 공부하고 있다. 영재반은 전교 15등까지의 학생들을 대상으로 해서 방과 후에 따로 운영하는 반이다. 나 말고도 내 주위의 많은 애들이 학원에 다니면서 작든 크든 성적이 올랐다. 내 주위에 성적이 제일 많이 오른 친구는 앞에서 얘기한 정석이와 민욱이다. 정석이 같은 경우는 중학교 때까지 중상위권이었고 민욱이도 반에서 15등 정도 하던 아이였는데 지금은 같은 영재반이다. 민욱이는 졸업할 때 장학금까지 받았다.

나를 깨우는 목소리

코리아학원에서의 상담은 여러 가지로 나의 성적 향상에 도움을 주었다. 학원 선생님과의 상담은 때로는 나에게 자극을 주기도 하고 공부의 방향을 제시해 주기도 한다. 물론 학교에서도 선생님과 상담을 하지만 학원에서의 상담처럼 구체적이지 않다. 학원에서의 상담에 비해 횟수도 적고 그냥 "잘하고 있지? 잘해라." 이런 식이다. 상담 시간도 5분을 넘지 않는 경우가 많다. 학교에서 상담에 임하는 내 마음가짐도 '그냥 가서 묻는 것 대답하고 오자'는 정도이다.

그에 비해 학원에서의 상담은 상당히 구체적이다. 예를 들어 학원에서 하는 상담 중에는 학교 시험 후에 하는 상담이 있다. 이때는 그때 치른 시험 성적뿐 아니라 이전에 치른 시험 성적을 모두 종합해서 상담한다. 그럼 그 결과를 보고 과목별로 점수를 비교하면서 상담이 이루어진다. 어떤 과목에서 성적이 올랐으면 어떤 공부 방법이 성적 향상에 도움이 되었는지 확인하고 성적이 떨어진 과목이 있으면 그 원인을 학원 선생님과 이야기한다. 그리고 그에 맞는 해결책이나 공부 방법을 이야기해 준다. 그러다 보니 당연히 상담 시간이 길다. 학교에서 상담을 10분 정도 한다면 학원에서 상담은 보통 30분 정도 한다. 그리고 그 횟수도 많다. 나 같은 경우는 거의 한 달에 한 번은 꼭 하는 것 같다. 또 내가 필요한 때는 언제든지 찾아가 상담한다. 그런 것까지 포함하면 좀 과장해서 선생님을 만날 때마다 상담을 하는 것 같다.

얼마 전에도 영어 선생님과 상담을 했다. 최근에 치른 사설모의고사에서 점수가 기대에 훨씬 못 미쳤다. 심지어 내가 공부 안 하는 애들이라고 생각했던 친구들보다도 더 안 나왔다. 너무 허무하고 기운이 빠졌다. 그러다 보니 학원에서 수업 시간에 멍하니 앉아 있었다. 수업이 끝날 무렵 영어 선생님이 "상담 한번 할까?" 하고 말씀하셨다. 학원 교무실에 들어가서 답답한 마음을 털어놓았다. 선생님께서 시험지를 가져와 보라고 하셨다. 시험지를 들고 가서 문제들을 살펴보면서 선생님과 함께 틀린 문제들을 다시 살

펐다. 내 생각을 말하고 선생님께서 설명해 주시는 동안 나의 문제점이 점점 드러났다. 선생님께서는 내 성적 부진의 원인이 영어 능력 자체에 있는 것이 아니라 내용을 파악하는 독해 능력에 있다고 말씀하셨다. 나도 선생님과 상담하는 동안 그것을 서서히 눈치채고 있었다. 원인이 파악되니 방향이 잡혔다. 앞으로 내용 전체를 파악하는 것에 초점을 맞추어 공부해야 한다고 선생님께서 조언해 주셨는데, 내 생각에도 합당한 방법이었다. 어두운 곳을 헤매다 밝은 곳으로 나오는 느낌이었다. 상담을 하기 전 내 마음은 좌절감과 허무함에 공부에 대한 확신과 의지가 무너지고 있었다. 하지만 상담을 통해 문제점이 발견되고 방향이 정해지는 순간 안도감, 편안함과 함께 자신감을 되찾을 수 있었다.

내가 스스로 선택한 통제

학원에서는 자꾸 부른다. 수업이 없는 평일 저녁에도 공부하러 나오라고 부르고 주말에도 공부하러 나오라고 부른다. 특히 시험을 앞둔 시기에는 특히 더 부른다. 배치고사 때는 그러한 것이 절정이었다. 그런 학원의 부름에 신이 나서 달려가지는 않는다. 가기 싫고 쉬고 싶지만 그러면 야단을 맞고 싫은 소리를 듣기 때문에 억지로 나간다. 그렇게 자꾸 나가서 공부하다 보면 어느새 앉아서 공부하는 습관을 가지게 된다. 그전까지 나는 학교 수업 시간이나 학원 수업 시간 이외에 별로 공부한다는 생각을 하지 못했다. 특히 집에서 공부를 한다는 생각은 전혀 하지 못했다. 그런데 학원에서 자꾸 불러서 공부시키고 나도 또 학원에 나와서 공부하고 앉아 있으니 자연스럽게 시간이 나면 공부해야 한다는 생각을 가지게 되었다. 이제는 시간이 남아도 노는 것이 아까워서 학원에 나와 공부한다.

이렇게 이야기하면 공부를 스스로 알아서 해야지 꼭 학원에 가서 그렇게 억지로 시켜야만 공부하느냐고 말할 수도 있겠다. 우리 중에도 그렇게 생각하는 애들이 많다. 학교에서 자율학습을 시키는 것에 대해서도 학생들이 알아서 잘할 수 있는데 꼭 이렇게까지 억지로 시켜야 하느냐고 불만이다. 그런데 그런 아이들은 대부분 공부에 별 관심이 없는 애들이다. 솔직히 공부하려는 애들은 이런 것을 싫어하지 않는다. 오히려 좋아한다. 나도 그렇다. 강제적인 것도 필요하다. 용석이는 학원 들어와서 자습을 처음 해 봤다고 했다. 용석이 말에 따르면 일단 연필을 잡아야 뭐라도 한다는 거다. 그리고 자신에게 연필을 쥐어 준 곳은 바로 코리아학원이라고 했다. 아무리 내가 공부하려는 마음을 먹는다고 해도 공부하는 것이 그렇게 쉽게 되지는 않는다. 누군가의 도움이 필요하다. 이렇게 보면 공부하기 싫어하는 애들한테는 강제가 되는 거고 공부하려는 애들한테는 도움이 되는 거다.

스스로 무언가를 하는 것은 어른들도 힘든 걸로 알고 있다. 그런데 우리를 미성년자라 하여 이러저러한 것들을 통제하면서 공부는 스스로 알아서 해야 한다고 하는 것은 너무 억지스럽다고 생각한다. 더군다나 나는 미성년자에다 남학생이다. 나에게 스스로 하라고 등을 미는 것은 고양이에게 생선을 지키라는 것과 같다. 그래도 끝까지 나쁘게 보는 사람이 있다면 이렇게 이야기하고 싶다. 나는 억지로 끌려서 공부하는 것이 아니라 나에게 무엇이 필요한지를 알고 스스로 그것을 선택했다고. 강제이면서도 자발적인 것이다.

나에게 던져지는 과제들

학원에서는 매 수업에서 배운 진도에 해당하는 과제를 한 번도 빠짐없이 꾸준하게 내준다. 학원 과제라 하여 별 게 있는 것은 아니다. 그냥 수업을 하고 그 수업 내용과 관련된 문제를 내준다든지 교재에 있는 문제를 풀어 오라고 시키는 것이다. 하지만 학교에서 내주는 과제와의 차이점이라면 학원 선생님은 학생들이 과제를 열심히 하도록 철저하게 지도한다는 점이다. 학원 선생님은 수업을 하는 것만큼이나 학생들에게 과제를 내주고 공부를 스스로 하도록 지도하는 것을 중요하게 생각한다. "학생들이 아무리 좋은 수업을 많이 듣는다 해도 스스로 공부하지 않는 이상 성적이 절대 오르지 않는다." 그래서 과제에 해당하는 부분에서 시험을 자주 보고 전체에서 10% 이상 틀린 경우 한 번 더 복습하여 정해진 일정에 재시험을 봐야 한다.

이렇게 과제를 충실하게 하다 보면 자연스럽게 나 스스로 학습 관리가 된다. 예를 들어, 나 같은 경우는 제일 취약한 과목이 영어이다. 공부하기도 힘들고 성적도 잘 오르지 않는다. 그러니 영어에 대해 무엇을 공부해야 할지도 모르겠고 어떻게 해야 할지도 모르는 경우가 많았다. 이렇게 되면 제일 취약하니까 제일 많은 시간을 투자해야 하는데도 오히려 영어 공부를 잘 하지 않게 되는 경우가 있다. 이럴 때 학원에서 내주는 과제를 하다 보면 자연스럽게 영어 공부를 하게 되고 영어 공부하는 시간이 늘어난다. 그리고 여러 가지 문제를 풀면서 '아 내가 이 부분이 좀 약하구나' '이런 부분은 더 봐야겠구나' 하는 것을 발견하게 된다. 그러면서 영어 공부를 좀 더 체계적으로 할 수 있게 된다. 이렇게 학원 과제를 하면서 나는 공부하는 방법도 터득하였다.

학교의 빈자리를 채워 주는 학원 수업

학원에서는 내게 필요한 과목을 선택하여 수강할 수 있다. 학교 수업을 열심히 들으면 다 해결되는 것이 아니냐고 생각할 수도 있지만 학교 수업만으로는 채울 수 없는 부분이 있다. 특히 학교 수업이 내게 잘 맞지 않는 경우는 그것이 절실하다.

우리 학교에는 좀 연세가 있으신 영어 선생님들이 계신다. 한 분은 한 40대 중반 정도 되셨는데 그분은 수업 내용을 꼼꼼히 나누어 설명해 주신다. 읽고 해석하고 중요한 단어를 정리해 주신다. 문장 구조를 설명해 주시고 왜 이렇게 해석해야 하는지를 보여 주신다. 그런데 50대 중반쯤 되신 선생님의 수업은 한 명씩 일어나서 한 문장씩 읽고 해석하는 걸로 50분을 다 보낸다. 앞에서 이야기했지만 나는 영어가 취약 과목이다. 내 수준에서는 그 선생님의 수업에서 얻을 수 있는 것이 거의 없다. 심하게 이야기하면 일부러 장난치는 것 같은 느낌까지 받는다.

또 화학수업을 예로 들어 보겠다. 우리 학교 화학 선생님 수업은 그리 나쁘지는 않은데 조금 독특하다. 아니 독특하다기보다는 조금 가혹하다. 일단 그 선생님은 한 시간에 한 단원을 나간다. 수업 때 사용하는 교재도 교과서가 아니라 부교재이다. 그 부교재 앞에 나와 있는 요약된 내용을 읽어 주시면서 한 시간 동안 한 단원에 대한 설명을 끝내신다. 그리고 그 다음부터는 교재에 있는 문제를 가지고 숙제를 내주시고 수업 시간에 문제 풀이 중심으로 진행하신다. 그런데 이 화학이라는 것이 개념이 잡혀 있지 않으면 참 힘든 과목이다. 그러다 보니 우리 반 애들의 대부분이 그 수업을 듣지 않는다. 나도 얼마 전까지 보충하기 위해 학원에서 과학 수업을 듣다가 지금은 끊고 학교 수업을 듣고 있지만 무척 힘들다. 화학 수업을 듣지 않는 애들은 대부분 학원이나 과외, 인터넷 강의를 이용해서 공부하고 있다.

위에서 말한 수업을 듣고 있으면 마음이 불안하다. 과연 내가 이렇게 수업을 들어서 성적을 올릴 수 있을까? 수업이 너무 부족한 것이 아닌가? 과연 내가 지금 들은 수업만으로 충분한가? 나는 이렇게 학교에서 채우지 못하는 수업을 학원의 수업으로 대신하고 있다. 학원에서의 영어 수업은 무척 분석적으로 진행된다. 읽고 해석하고 틀린 부분 표시하고 왜 틀렸는지를 학원 선생님과 이야기한다. 그러면 학원 선생님은 그것에 대해 설명해 주시고 해석이 잘 안 되는 문장을 문장 구조와 단어를 설명하시면서 풀어 주신다. 그렇게 수업을 듣다 보면 뭔가 안심이 된다. 내가 무엇을 배웠는지도 정확히 알게 되고 무엇을 더 봐야 할지도 알 수 있다. 나에게는 학교의 영어 수업보다 학원의 영어 수업을 통해서 얻을 수 있는 부분이 훨씬 많다. 학생으로서 선생님의 수업을 모두 열심히 듣는 것이 도리라는 것은 알지만 내가 얻을 수 있는 것이 별로 없는 수업을 집중해서 듣기가 나에게는 쉽지 않다. 나에게 더 많은 도움을 주는 수업이 있으면 그것을 들어야 하는 것이 상식 아닐까.

풍부한 가르침

학원에서는 모르는 것을 물어보기가 쉽다. 또 질문을 하면 많은 것을 얻을 수 있다. 학교에서도 질문을 할 수 있지만 학원 선생님에게 질문하기와 그에 대한 설명에서 큰 차이가 난다. 학교에서는 모르는 문제를 질문하면 그것에 대한 대답만을 얻는 경우가 많다. 아무래도 학교 선생님들은 많은 학생을 상대해야 하기 때문에 한 학생에게 그렇게 많은 시간을 투자해 주시기 힘드신 것 같다. 반면에 학원에서 학원 선생님께 질문하면 그 문제를 상세히 가르쳐 주는 것을 넘어서 그와 관련된 학습 지도를 받게 된다. 예를 들어 모르는 수학문제를 학원 선생님에게 가져가서 물어보면 그 문제를 설명해 주시고 그와 관련된 다른 문제를 내주면서 직접 풀어보라며 확실히 이해했는지 확인도 해 주신다. 만약 그 유형의 문제에 대한 보충학습이 필요하다고 판단하시면 비슷한 유형의 문제들을 몇 문제 뽑아서 과제로 내주신다. 더불어 그러한 유형에 해당하는 문제와 관련하여 나에게 어떤 부분이 부족한지 알도록 도와주신다. 질문하면 바로 거기서 학습 상담이 이루어진다고 볼 수 있다.

학교에서는 질문을 하려면 다른 애들의 반응이 신경 쓰인다. 대부분의 애들이 학원에서 미리 수업 내용을 배워 왔기 때문에 내가 무슨 질문을 할라치면 "에이, 그것도 모르냐?"라는 반응이 나타난다. 그렇기 때문에 왠지 질문하기가 자존심 상할 때가 있다. 그에 비해 학원에서는 모두 모르는 상태인 경우가 대부분이기 때문에 다른 친구들 신경 쓰지 않고 편하게 물어볼 수 있다. 그리고 학원 선생님은 가까이에 계시고 학교 선생님에 비해 친하기 때문에 질문하기도 쉽다. 학교 선생님은 저 멀리 교무실에 계신다.

든든한 믿음을 주는 선생님들

학원 선생님과 우리는 친하다. 서로 개인적인 이야기도 많이 하고 서로에 대한 믿음도 있다. 이런 것들은 학교에서 경험하기 힘들다. 학교 선생님과는 개인적인 이야기를 할 기회도 없고 따로 만날 일도 거의 없으니 친해지기가 힘들다. 그리고 그나마 친해질 수 있는 분은 담임 선생님밖에 없다. 다른 교과 선생님은 수업 시간 이외에는 만나기도 힘들다. 그에 비해 학원 선생님과는 개인적인 이야기도 많이 나눈다. 함께 게임을 하러 나가기도 한다. 그래서 친해질 수 있다. 친해지면서 결속감이 생긴다. 하지만 이런 것이 다가 아니다. 학원 선생님과 친해지는 데는 기본적인 믿음이 있어야 한다. 그런 믿음을 만족시켜 주지 못하면 그런 결속감도 생기지 않는다. 믿음의 기본은 수업이다. 얼마 전까지 학원에서 과학 수업을 듣다가 그만두었다. 그 선생님도 수업 시간에 먹을 것을 많이 사주고 개인적인 이야기를 하며 수업 시간을 보낼 때도 있었다. 하지만 우리가 선생님에게 원하는 것은 그런 것이 아니다. 그 선생님은 결국 학원을 나가셨다. 아무리 우리에게 잘해 주어도 그런 것에 앞서는 믿음이 형성되어야 한다. 그 믿음은 선생님의 수업 실력과 우리에 대한 관심이 바탕이 되어야 한다.

한 분의 선생님 예를 들어 보겠다. 우리 학원에서 영어 수업을 담당하시는 선생님이시다. 이 선생님의 수업을 듣기 전에는 별로라는 얘기를 많이 들었다. 괜히 무게 잡는 선생님, 분위기 잡는 선생님, 이런 것들이다. 하지만 막상 수업을 들으니 수업이 너무 좋았다. 우리는 수업을 들으면 알 수 있다. 그 수업이 좋은지 나쁜지. 일단 수업의 질이 믿음의 첫째 조건이다. 다음으로 이 선생님은 항상 우리에게 신경을 쓰고 우리를 챙겨 주신다. 얼마 전에 영어 모의고사를 망치고 선생님과 상담을 했다. 그때 나는 한참 좌절하고 있었고 상담을 하는 동안 나의 그런 마음을 선생님에게 하소연했다. '정말 열심히 했는데 시험을 망쳤다.' '나는 영어는 안 되는가 보다.' 같은 말을 한참 동안이나 하였다. 내 이야기를 들어 주시던 선생님께서는 '지금 시험을 못 쳤더라도 너의 영어 실력은 점점 올라가고 있다.' '그 실력이 곧 시험 점수로 나타날 것이다.' 같은 말을 해 주시면서 용기를 북돋아 주셨다. 또 그 날 밤에 "현민아 너는 열심히 하고 있다. 나는 현민이 너를 믿는다."라는 문자를 보내 주셨고 나도 "샘 정말 고마워요. 저도 샘 믿어요."라고 답장을 보내 드렸다. 눈물이 핑 돌았다. 나에 대한 관심이 너무 고마웠다. 이것뿐만이 아니다. 시험 치르고 점수가 나오면 항상 우리에게 조언을 해 주시고 때로는 긴장감을 주시기도 하면서 우리를 이끌어 주신다. 그러니 우리도 선생님을 믿고 따라간다.

그런 선생님의 모습은 우리에게 공부를 해야 하는 하나의 동기를 만들어 준다. 나를 저렇게 관심 있게 살펴주며 기대하고 있는 분의 기대를 저버리기 힘들다. '현준 샘이 나를 얼마나 신경 쓰고 챙겨 주는데 실망시키면 안 된다. 이번 시험 정말 잘 쳐야 된다.' 같은 이야기를 친구와 나누면서 공부할 마음을 다잡기도 한다.

같은 학원에 다니는 영훈이는 이런 경우의 대표적인 아이이다. 영훈이가 집안 사정 때문에 학원에 계속 못 다닐 상황이 되었을 때 원장 선생님께서 영훈이의 수강료를 받지 않으면서까지 영훈이가 계속 학원을 다닐 수 있도록 배려해 주셨다. 그 때 원장 선생님께서 "지금은 중요한 시점이다. 학원 그만두면 안 된다. 그리고 나도 플래카드에 너의 이름 하나 더 적을 수 있다면 손해 보는 장사가 아니다."라고 하셨다고 한다. 영훈이는 이제 학원이 이렇게까지 자신을 믿어 주고 지원해 주기 때문에 성실하게 공부하지 않을 수 없다고 생각한다. 그래서 영훈이는 자기 인생에 가장 큰 영향을 준 사람으로 원장 선생님을 꼽는다.

학원에서는 관심을 가지고 우리를 살펴보니 우리에 대해서도 너무 잘 아는 것 같다. 얼마 전에 파마를 한 적이 있다. 그때 원장 선생님께서 나를 보시더니 "니 현민이 맞나? 니 정말 현민이 맞제?" 하시면서 나에게 자극을 주신 적이 있었다. 나는 "저 머리 파마만 했지 공부 정말 열심히 하고 있어요."라고 대답했지만 속으로는 뜨끔했다. 솔직히 그때 파마를 한 건 아무래도 외모에 신경을 쓰며 다른 사람들에게 잘 보이고 싶은 마음이 있었기 때문이다. 원장 선생님의 그 말을 듣고 '원장 선생님이 어떻게 내 생각을 알고 계시지? 나에 대해서 너무 잘 아시는 것 아닌가?' 하는 생각이 들었다. 그러면서 선생님들한테 미안한 마음도 생겼다. 나를 이렇게 관심 있게 바라보고 챙겨 주시며 기대하시는데 내가 다른 생각만 한 것 같은 생각이 들었다.

반면에 학교에서는 이런 관심과 기대가 대부분 공부 잘하는 애들한테 집중되어 있다. 서울대나 좋은 대학에 갈 수 있는 아이들 몇몇에. 아무래도 학교에서는 공부 잘하는 애들을 대학교 잘 보내면 되니까 그 이외의 아이들한테는 별로 신경을 쓰지 않는 것 같다는 생각을 떨칠 수가 없다.

길을 밝히는 등불

학원에서는 우리에게 무엇이 필요하고 어떻게 해야 성적이 올라가는지를 연구한다. 우리 원장 선생님은 각종 정보를 많이 알아오시고 그것과 관련해 필요한 것들도 우리에게 제공한다. 이번에 NEAT 시험에 대해서 정보를 얻은 것도 학교가 아니고 학원을 통해서다. NEAT 시험은 다른 말로 국가영어능력평가 시험으로 2012에 정식으로 수능시험을 대체할 수도 있는 시험이다. 2012년이면 내가 대입시험을 치르는 해이다. 물론 이전에도 NEAT 시험에 대해서 알고는 있었지만 우리하고는 관련 없는 시험인 줄 알고 있었다. 학교에서도 너희는 이 시험 안 치르니까 그냥 지금 하고 있는 공부나 열심히 하면 된다는 식으로 말했었다. 근데 원장 선생님께서 정보를 알아 오셔서 우리도 NEAT 시험 치를 수 있으니까 지금부터 준비해야 한다고 알려 주셨다. 또 그냥 알려 주는 것에서 끝나지 않았다. NEAT 시험을 준비하는 과정으로 영어집중반을 만들어서 우리가 NEAT 시험을 준비할 수 있도록 했다. 지금의 영어집중반이 그때부터 만들어진 것이다.

그것 말고도 다른 학원이 뭐가 좋다 그러면 그걸 도입해서 우리한테 가르치기도 하고 학생들 성적을 일일이 체크하면서 좀 성적이 떨어지는 학생이 있으면 따로 불러서 상담을 한다. 그런 것을 보고 있으면 이 학원에만 다니면서 내가 열심히 공부만 하면 되겠구나 하는 믿음이 생긴다. 물론 학원에서 우리를 먼저 걱정하여 준비했다기보다는 학원 규모가 더 커지고 더 많은 학생들을 받기 위한 것이겠지만 어쨌든 학원에서는 변화되는 입시 경향을 잘 파악하고 잘 대처하여 성공적으로 목표에 이르게 우리를 공부시키고 준비시키려고 노력한다. 그에 비해 학교는 너무 우리를 던져 놓는 것 같다. 그냥 수업만 할 테니까 너희한테 필요한 것은 알아서 찾고 알아서 준비하라는 식이다. 좀 심하게 말하면 학교 선생님들은 쉬는 날 주구장창 쉬는 것 같다. 우리 지역에서는 NEAT 같은 것이 무엇인지도 잘 모른다. 원장 선생님이 그것에 대해 안 알려 줬으면 우리도 모르고 그냥 공부하다가 어느 날 갑자기 뻥하고 맞았을 것이다. 그 일 이후로 왠지 학교는 믿음이 가지 않는다. 학교 이외의 곳에서도 나에게 필요한 정보를 얻어야 한다는 생각이 드는데 학원에서의 이러한 도움을 받으면 마음이 안정되고 학원에 대한 믿음이 간다.

학원이 나의 학교와 개인, 가정생활에 미치는 영향

이건 좀 대답하기가 복잡하다. 왜냐하면 어떤 마음가짐으로 학원에 다니느냐에 따라서 미치는 영향이 좀 다르기 때문이다. 학원에 그냥 생각 없이 수동적으로 다니면 좋지 않은 영향을 미치지만 마음을 다잡고 적극적으로 다니면 좋은 영향이 많기 때문이다. 구체적으로 말하면 크게 몇 가지를 이야기할 수 있겠다.

능동적인 학업 생활

일단 학원에 다니면 가장 크게 영향을 미치는 것이 학교 수업에 임하는 태도일 것 같다. 그런데 이것은 학원에 어떤 자세로 다니는가에 따라 좀 다르다. 그냥 아무런 생각 없이 학원에 다니면 나쁜 영향이 크다. 학원이 학교보다 진도가 좀 빨리 나가기 때문에 학생들이 수업에 집중하지 않는 경우가 많다. 내가 그랬다. 처음에 학원에 다니기 시작했을 때 학원 수업을 듣고 학교 수업을 들으면 학교 수업은 내가 다 아는 것이라는 생각이 들면서 시간이 아깝게 느껴졌다. 그래서 학교 수업 시간에 수업을 듣지 않고 혼자 문제 풀고 그러면서 보낸 적이 많다. 그러다 보면 학교 선생님도 이렇게 우리가 수업을 듣지 않는 것이 학원 때문이라고 그러시면서 학원을 좋지 않게 이야기하는 경우가 많았다. 그런데 이건 학원을 수동적으로 다닐 때의 이야기다.

공부하려는 마음을 가지고 학원에 다니면 학교 수업도 열심히 듣는다. 지금의 내가 그렇다. 학교 수업도 열심히 듣고 학원 수업도 열심히 듣는다. 이렇게 학교 수업을 열심히 듣는 데는 학원 수업이 도움이 되기도 한다. 그냥 아무것도 모르는 상태에서 학교 수업을 들으면 무엇이 중요한지도 모르고 무엇을 들어야 하는지도 모르면서 수업을 들을 때가 많다. 그런데 학원 수업을 먼저 들으면 학교 수업에 좀 더 능동적으로 임할 수 있다. 또 학교 수업과 학원 수업에 임하는 나름의 전략도 생긴다. 학원에서는 수업 내용이 처음 접하는 것이기 때문에 전체적으로 이해하려는 것에 중점을 두고 수업을 듣고 학교 수업을 들으며 그 내용을 복습한다. 만약 학교 수업이 좋고 나와 맞으면 학교 수업을 중심 위치에 놓고 학원 수업을 예습과 복습을 위해 듣고, 학교 수업이 나와 맞지 않고 들어도 별로 얻는 것이 없다고 생각하면 학원 수업으로 대체한다.

나는 특히 영어 과목을 공부할 때 이런 전략을 가장 잘 적용한다. 앞에서도 이야기했듯이 영어가 나의 취약 과목이다. 이전에는 학교 영어 수업을 듣지 않았다. 내 수준에서는 그 수업을 통해 내가 얻는 것이 너무 적었기 때문이다. 그렇기에 학원 영어 수업으로 학교 영어 수업을 대체했다. 그런데 이제는 영어 수업을 집중해서 들어야 한다. 영어 선생님이 앞으로 시험 문제는 무조건 수업 시간에 다룬 것들만 내겠다고 선언했기 때문이다. 방법이 없다. 그러면 들어야 한다. 이럴 때 학원에서 듣는 수업이 무척 도움이 된다. 학원에서의 수업이 바탕이 되면 그런 학교 수업도 그나마 들을 수 있기 때문이다.

그 밖의 영향들

일단 경제적인 영향이 있지 않을까 하는 생각이 든다. 뉴스 같은 것을 보면 학원비가 너무 비싸서 경제적으로 곤란을 겪는 부모들에 대한 이야기가 많이 나온다. 나도 학원비에 관해서는 부모님께 미안한 생각을 가지고 있다. 내가 학원에 안 다녀도 공부를 잘 했다면 좋았을 것이다. 내 학원 수강료는 20만 원이다. 전에는 과학, 영어를 들었기 때문에 더 냈지만 지금은 영어 한 과목을 듣기 때문에 학원비가 많이 줄었다. 물론 적은 돈은 아니다. 그렇다고 많다고는 생각하지 않는다. '많다' 와 '적당하다' 의 중간 정도 될 것 같다. 내가 학원비가 많고 적고를 생각하는 기준은 단지 액수가 아니고 학원에서 얼마나 나에게 해 줄 수 있는가이다. 똑같은 돈을 내고 학원에 다녀도 학원 분위기가 좋고 내 성적도 거기에 맞춰 올라가고 있을 때는 20만 원이 아깝지 않다는 생각을 한다. 하지만 분위기가 처지고 나도 지칠 때는 학원비가 많이 아깝다.

또, 늦게까지 학원에 다니면 피곤하지 않느냐는 질문을 주변 어른들로부터 받곤 한다. 하지만 그냥 약간 피곤하다는 정도이지 피곤해 죽을 것같이 그렇게 피로감을 느껴 본 적은 없다. 또 학원에 다녀서 피곤하다기보다는 학원 시간 이외에 내가 늦게까지 공부를 해서 피곤한 경우가 많다. 피곤을 느낄 때도 그냥 한두 시간 학교에서 잠을 보충하면 또 원래 상태로 돌아온다. 이때는 좀 미안하지만 예체능이나 별로 중요하지 않은 시간에 잠을 잔다. 듣기에 따라서는 학원 때문에 학교 생활이 불성실해지는 것으로 여겨질 수 있겠지만 나는 나름대로 생존 전략을 취하는 것이다. 나는 입시생이다. 당장 내년이면 고 3이 되고 지금 이 순간 중요한 것은 대학입시이다. 그런 상황에서 내가 모든 수업에 100% 투자할 수는 없다. 선택하고 집중해야 한다. 그래서 나는 중요한 수업을 선택하고 집중하기 위한 전략을 취하는 것이다. 그리고 피곤함이 그렇게 나쁜 것만은 아닌 것 같다. 학원에서 나올 때 혹은 늦은 시간까지 공부하고 난 후에 느껴지는 피곤은 나에게 약간의 행복을 준다. '아, 내가 이렇게 열심히 살고 있구나. 최선을 다하고 있구나.' 하는 생각이 들면서 이런 것을 느낄 수 있는 자체가 행복해진다. 아주 가끔이지만.

다른 영향은 학원에서의 위치가 나의 학교에서의 위치에 영향을 주는 것이다. 학원에서 높은 반에 들어가면 학교에서 친구들 사이에서 인정받는다. 앞에서 이야기했던 정석이는 중학교 때 별로 주목받는 아이가 아니었다. 그런데 정석이가 코리아학원의 높은 반에 들어가면서 아이들의 인식이 좀 달라졌다. 정석이가 공부를 잘하는 아이로 여겨졌고 정석이한테 모르는 것을 물으러 가는 친구들도 늘어났다. 그러다 보니 정석이도 그런 친구들의 질문에 대답해 주기 위해서 공부를 더 열심히 하게 되었다. 앞으로 정석이가 계속 코리아학원의 높은 반에 남는다면 그런 정석이의 평판이 계속 유지되겠지만 혹시라도 낮은 반으로 떨어진다면 아마도 아이들은 정석이가 실력이 떨어졌다고 생각할 것이고 정석이에 대한 평판도 바뀔 것이다.

학원에 다니면서 주위에 좋은 친구들이 생기기도 한다. 이건 성적 같은 것과 별로 상관없는 것이지만 내가 학원에 다니면서 얻은 것이다. 지금 친하게 지내고 있는 정석이도 학원에 같이 다니면서 친해졌다. 정석이도 공부를 무척 열심히 하는 친구이다. 물론 그전에도 정석이가 같은 학교에 다니고 있는 것은 알고 있었지만 이야기해 본 적도 없었다. 그런데 학원에 다니면서 나와 생각도 비슷하고 잘 맞는 것 같아서 지금은 친하게 지내고 있다.

변화 이후에 오는 것들

학원에 다니면서 내 개인과 가정생활에서의 변화는 내가 학원에 능동적으로 다니고 성적이 향상되면서 나타났다. 주변의 친구들이 바뀌었고 부모님, 특히 어머니와의 관계가 좋아졌다. 특히 나 자신에 대한 자신감이 생겼다. 학원도 대충 다니고 성적이 낮을 때는 나 자신에 대한 회의감이 많이 들었다. 공부를 그렇게 잘하는 것도 아니고 싸움을 잘하는 것도 아니었다. 수업 시간에 다른 애들이 다 수업 듣고 공부하고 있을 때 나 혼자 멍하니 있거나 딴짓하고 있으면 비참할 때도 있었다. 그런데 공부하려는 마음을 가지고 학원에 열심히 다니면서 나 자신에 대한 생각이 많이 바뀌었다. 자신감도 생기고 주변 친구들도 나를 인정해 주고 나를 보호해 주는 친구들로 바뀌었다.

지금 성적이 오른 후 내 주위에 있는 친구들을 보면 평생지기가 될 친구들이란 생각을 많이 한다. 문득 내 주위의 친구들을 둘러보면 아 이 친구들이 내 진짜 친구들이구나, 이 친구들과 함께라면 앞으로 열심히 살아갈 수 있겠구나 하는 생각이 들 때가 있다. 전에 주위에 있었던 친구들은 지금 생각해 보면 친구가 아니었던 것 같다. 그냥 나를 골려 먹는 게 재미있어서 나와 논 아이들이었던 것 같다.

어머니와의 사이도 훨씬 좋아졌다. 이제는 나를 믿으신다. 옛

날 같으면 잔소리를 하시거나 꾸중을 하실 만한 일도 그냥 넘어가신다. 전에는 컴퓨터를 켜기만 해도 잔소리를 하셨는데 이제는 늦은 시간에 컴퓨터를 하고 있어도 별 말씀을 하지 않으신다. 어머니와의 대화 시간도 길어지고 나도 어머니에 대한 마음이 애틋해졌다. 전에는 어머니가 아프다고 해도 괜찮아지시겠지 했는데 이제는 걱정이 많이 되고 신경도 많이 쓰인다.

미래에 대한 생각도 달라졌다. 그전에는 앞으로 무엇이 된다거나 하는 생각이 무척 막연했다. 정해진 꿈도 없었고 그냥 내가 원하면 다 될 것처럼 여겨졌다. 하지만 이제는 그러한 것들이 구체적으로 다가온다. 현실을 고려하게 되고 앞으로의 전망도 생각해 보게 된다. 나는 큰 배를 만드는 엔지니어가 될 것이다. 그러면서 거기에 대한 준비도 구체적으로 하게 되었다.

학원이란

우리끼리 학원에 다니지 않고 학교에서 배우는 것을 '독학' 한다고 이야기한다. 그런데 이 '독학' 이라는 말 자체가 아무 도움 없이 혼자 공부하는 것을 두고 하는 말이다. 마치 그 말처럼 우리에게 있어서 학원에 다니지 않는다는 것은 홀로 공부하는 것과 같이 막연하고 힘든 것이다. 그런 힘든 길을 묵묵히 혼자 걸어가기를 우리에게 바라는 것은 우리를 너무 힘들게 하는 것이라 생각한다.

반면에 우리 학원에 다니는 아이들은 원장 선생님을 '캡틴' 이라고 부른다. '독학' 이라는 의미를 생각해 보면 '캡틴' 이라는 말이 더 가슴에 와 닫는다. '캡틴' 은 선장이다. 누군가를 이끌어 주는 사람이다. 외롭고 힘든 '독학' 과 우리를 이끌어 주는 '캡틴' . 학원에 대한 우리의 생각을 너무나 잘 나타내 주는 두 단어라고 생각한다.

학원에 대해 좋지 않게 이야기하는 것을 많이 듣는다. 부모님들도 힘들게 하고 학생들도 힘들게 한다. 학생들의 창의성이나 자기 주도 학습 능력 같은 것도 떨어진다고 한다. 물론 틀린 말은 아닌 것 같다. 하지만 그것은 학원을 어떻게 바라보냐에 따라 달라질 수 있는 문제라고 생각한다. 창의성을 신장시켜야 한다는 입장에서 보면 학교 수업이나 학원 수업이나 별 차이가 없다. 학교에서의 수업도 특별히 창의력을 신장시키려는 어떤 방법을 사용하거나 하지 않는다. 반면에 학원에서 좀 더 자기 주도 학습 능력을 키울 수 있었다. 나는 내가 선택해서 나의 필요에 따라 학원에 다닌다. 꼭 혼자서 책을 붙잡고 씨름을 해야 그것이 자기 주도 학습이라고 생각하지 않는다. 학원에서 나에게 맞는 학습 지도를 받으면서 열심히 학원 과제를 하게 되었고 공부 습관을 바로 잡아 학업 성적을 올릴 수 있었다.

학원에 다니는 애들은 뚜렷한 목적이 있다. 그것은 성적 향상이다. 물론 학원에 다니지 않고도 가능하다. 하지만 어렵다. 외롭다. 시간도 많이 걸린다. 학원에서는 이렇게 공부를 혼자 하기 힘들어하는 학생들을 도와준다. 이끌어 준다. 별 생각 없이 그냥 학원에 다니는 아이들도 있다. 학원에 다니면서도 성적이 오르지 않는 아이들도 있다. 그렇다고 그런 아이들에게 학원 다니기를 그만두라고 하는 것은 옳은 방법이 아닌 것 같다. 학원에 제대로 다닐 수 있게 도와줘야 한다. 나도 그랬다. 나도 처음에 학원에 다닐 때 그냥 다녔다. 성적도 오르지 않았다. 그런 내가 학원에 다니면서 변화해 갔다. 일부만 보고 전체를 평가해서는 안 된다. 나 같은 아이들도 많다. 정석이도 그랬다. 정석이는 이제 학원에 다니지 않아도 혼자 공부를 할 수 있을 것 같다고 한다. 그래서 곧 학원을 끊고 '독학' 을 해 볼 것이라 한다. 나도 그래 볼까 하는 생각이 들지만 아직은 좀 더 '캡틴' 이 필요한 것 같다.

2. 주영이의 학원 이야기

나의 가족

나는 경북 대구의 한 지역에서 태어나 금성아파트에서 지금까지 살고 있다. 현재 구호고등학교 3학년에 다니고 있는 이주영이다. 우리 가족은 모두 5명이다. 아빠, 엄마, 누나와 나 그리고 어린 남동생이 있다. 우리 가족을 소개한다면, 아빠와 엄마의 나이 차이는 좀 큰 편이다. 아빠는 54세이며 엄마는 44세이다. 그리고 바로 위에 누나가 있는데 누나는 24세이고 나는 고등학교 3학년이니 19세이다. 내 아래 남동생은 이제 6살이다. 누나와 나와는 5살 차이고 누나와 남동생은 18살 차이다. 형제자매 간에 나이 차이가 많이 나니까 서로 누나와 동생 관계이지만 두세 살 터울인 자매와 같은 관계는 아니다. 누나는 농담반 진담반으로 자기가 결혼하면 6살 난 남동생을 자기가 키우겠다고 말한다. 나 역시 남동생을 동생이라고 생각하기보다는 자식처럼 돌보고 있다. 이러한 가족관계라 나는 누나와 남동생과 크게 다투거나 싸우거나 한

적이 없었다.

어릴 때는 우리 집이 좀 살 만했던 것 같다. 엄마 아빠는 자영업자인데 여러 가지 종류의 가게를 운영하였다. 짜장면집, 신발가게, 초밥집도 하였고 농장일도 하셨다. 그러나 장사를 해서 돈을 번다는 게 쉽지 않았던 것 같다. 매번 장사는 오래가지 못하고 실패하게 되어 없던 빚도 생기게 되어 가정경제가 매우 열악해졌다. 집안이 어려워서 그런지 가게에서 매번 다투는 모습이 떠오른다. 한번은 처갓집이라는 통닭집을 운영하였는데, 내가 7살 때이다. 아빠는 술을 드시면 좀 험악해지시는 경향이 있었고 가게에서 엄마와 심하게 다투어 너무 슬펐던 기억이 아직도 생생하게 난다. 그런 아빠가 너무 미워서 내가 덩치가 커지면 아빠에게 복수를 하고 싶다는 마음까지 먹었고 힘들어하는 엄마를 보고서 너무 불쌍하다는 생각에 힘들었었다. 이것 말고도 어릴 때 나의 마음을 아프게 했던 일이 많아서 나의 어린 시절은 그렇게 즐겁지 않았다.

엄마 아빠는 장사를 하느라 밤늦게 집에 들어왔고 주말에도 장사를 하러 나가셨다. 일명 맞벌이 부부라고 말할 수 있다. 그래서인지 나는 8살 학교에 입학하자마자 속셈 보습학원에 다니게 되었다. 거기 한 곳에서 초등학교 6학년 1학기까지 다녔다. 이제 나도 중학교에 들어갈 나이가 되어 그 해 2학기에 이지캠퍼스라는 중등부 입시학원에 다니게 되었다. 그 학원 역시 바로 집 근처에 있었다. 그 학원에는 지금 다니는 코리아학원에 다니기 전까지 계속 다녔다.

이지캠퍼스 학원에 다닐 때에는 공부에 큰 관심이 없어서 학교 수업 시간에만 공부하고 내가 스스로 공부하려는 생각을 안 했었다. 등수는 반에서 15등 정도였다. 나는 소설 쓰기와 만화 그리기, 게임을 무척 좋아하였고 그것 말고도 무척 하고 싶은 것이 많았다. 그런데 나도 철이 들어서인지 중학교 3학년 때인가부터 공부를 해야겠다는 생각이 강하게 들었다. 부모님이 열심히 돈 벌어서 학원 보내 주는 건데 부모님을 위해서 열심히 공부해야겠다는 생각이 들어 공부를 안 하는 나를 보면 불효자 같다는 생각에 나 자신이 너무 싫었다. 그리고 중학교 때 공부 못한다고 무시했던 애들을 놀라게 하고 싶다는 생각이 들었다. 그래서 나는 오랫동안 다녔고 정들었던 이지캠퍼스의 선생님과 친구들을 남겨 두고 독학을 하기로 결심했다. 왜냐하면 집안 경제도 안 좋아서 학원비가 아까웠고 이지캠퍼스에서 열심히 공부할 수 있다는 생각이 들지 않았다. 그 학원은 공부를 시키는 것에는 크게 뛰어나지 않았다.

독학을 하겠다고 엄마에게 말씀드리는 순간부터 엄마와 나는 갈등관계에 들어가게 되었다. 심하게 다투었고 결국 엄마는 나의 마음을 몰라주었다. 결국 엄마의 등에 떠밀려 바로 코리아학원에 다니게 되었다. 나는 부모님이 돈이 없다는 것을 아니까 학원을 끊고 열심히 하려 하였는데, 엄마는 내가 놀려는 마음을 먹고 학원을 그만두려 한다고 생각했고 나쁜 길로 빠지게 될까 봐 걱정하셨던 것이다. "너는 독학으로는 안 된다. 엄마가 좋은 학원을 알아볼 테니까 학원에 다니면서 공부해라." 내 마음을 모르고 힘들면서도 또 학원에 보내려 하니까 내 마음이 답답하였고 짜증나서 많이 우울하였다.

코리아학원은 이 지역에서 가장 공부를 잘 시키는 곳으로 소문이 나 있다. 일명 빡세게 공부하는 곳이다. 그래서 다른 학원을 알아보지도 않고 바로 그 학원에 가게 되었다. 과외는 비싸서 형편상 알아볼 대상이 못 되었다. 엄마에게 떠밀려 가게 되어 처음 학원 생활을 할 때는 학원에서 말도 안 하고 지냈다. 학원 선생님들에게 자기는 학원에 다니기 싫지만 여기 와 있다며 싫어하는 마음을 표현하기도 하였다. 하지만 이왕 돈 내고 다니는 거 내가 정말 열심히 해야 되지 않을까 하는 생각이 들어 진짜 열심히 공부하게 되었다.

하지만 아직도 이지캠퍼스 학원에 다녔을 때의 기억이 자주 난다. 공부를 하려고 그 학원에서 나오게 되었지만 그 곳에서도 행복한 학원 생활을 하였다. 국어 선생님과 수학 선생님들이 아직도 기억에 남아있다. 형, 누나 같은 선생님이라 매번 어깨에 타고서 업혀 놀기도 하였다. 이지캠퍼스와 이지캠퍼스에 계셨던 선생님들 그리고 친구들과 함께했던 나의 즐거운 유년기는 끝나고 코리아학원에서 새로운 시작을 하게 되었다.

코리아학원에서 열심히 공부하다

나는 코리아학원에 들어가서 공부하여 성적을 크게 향상시킬 수 있었다. 지난 중간고사(고등학교 2학년 1학기)에서는 한 과목만 2등급을 받고 올 1등급의 점수를 받았다. 학교에서 성적 장학금을 받고 있으며, 그 돈으로 학원의 영어 수강비를 내고 있다. 고등학교 1학년 2학기 때는 올 1등급으로 전교 2등을 하기도 하였다. 그래서 나는 구호고등학교에서 가장 공부 잘하는 학생들이 있는 청빛반에서 공부하고 있으며 청빛반 안에서도 10명 정도로 구성된 영재반에 소속되어 있다. 고등학교는 청빛반과 특반, 평반의 수준별 분반체제로 나눠져 있다. 나의 성적 향상 과정을 자세히 보면 다음 표와 같다.

이주영의 성적 변화 지표

<table>
<tr><th>학원</th><th>시기</th><th>성적</th><th>영어전문반</th></tr>
<tr><td>속셈 보습학원</td><td>초1~ 초6-1학기</td><td>상위권</td><td></td></tr>
<tr><td>이지캠퍼스 입시학원</td><td>초6-1학기 ~ 중3-1학기</td><td>중위권</td><td></td></tr>
<tr><td rowspan="4">코리아학원</td><td>중3-2학기</td><td></td><td>D반</td></tr>
<tr><td>배치고사 결과</td><td>우반 30명 중 28등</td><td></td></tr>
<tr><td>고1학년</td><td>전교 2등</td><td>C반</td></tr>
<tr><td>고2학년</td><td>전교 3등</td><td>선행반</td></tr>
</table>

지금의 나의 이러한 성적은 정말 친구들과 선생님들을 놀라게 할 만한 정도이다. 사실 중학교 내내 나의 등수는 15등 정도로 중위권에서 벗어나지 못하였다. 중학교 때 나의 평균 성적은 80점 초반 정도였었다. 특히 중학교 1학년 때 영어 점수가 70점을 못 넘었고 중학교 3학년 때까지 쭉 그 성적을 받아 왔다. 수학 점수도 겨우 80점을 받는 정도라 나는 나의 점수들을 볼 때마다 항상 아쉬운 마음이 들었었다.

처음 중학교 3학년 8월쯤 코리아학원에 다니게 되었을 때 정말 열심히 공부만 했다. 우리 집 가정형편이 어렵다는 것을 너무 잘 알고 있었다. 비록 엄마에게 떠밀려서 강제적으로 여기 학원에 다니게 되었지만 학원에 돈을 주고 있으니 열심히 해야겠다고 마음을 먹었다. 내가 좋아하는 소설 쓰기도 안 하고 게임 같은 것도 하지 않았다. 쉬는 시간도 없이 공부만 했다. 학원에 들어와서 2학기 중간고사 때부터 기말고사 때까지 내가 그렇게 좋아했던 유희왕 게임도 스스로 안 하였다. 학원에서 아예 공부만 생각했기 때문에 친구들과도 대화 없이 지냈다.

그렇게 학원에서 공부를 열심히 하여서 중간고사 때의 성적이 조금 올랐다. 기말고사 때는 많이 올라서 평균이 95점이 되어 여기 학원에서 공부하기 전의 성적과 비교해 본다면 약 15점 정도로 평균 점수가 올랐다. 그래서 중학교를 졸업할 때 얼마인지 정확히 기억은 안 나지만 20~30만 원 상당의 장학금을 받게 되었다. 나도 처음 받은 거라 그것이 공부를 잘해서 받은 장학금인 줄 미처 몰랐다. 그때 모범상을 받고 장학금을 받았는데 모범상과 함께 현금을 받은 줄 알았다. 그 금액이 성적 장학금이라는 것을 알게 된 것은 고등학교 때이다. 친구들이 하는 말을 들어 보니 내가 공부를 잘해서 받은 거였다. 중 3 때 열심히 해서 성적이 많이 오르자 장학금을 받은 것이라고 말했다.

만약에 인생에 있어 가장 큰 영향을 준 사람이 누구냐고 묻는다면 나는 원장 선생님이라고 말할 것이다. 이지캠퍼스 학원에 다닐 때에도 선생님들이 학생들에게 공부를 열심히 하라는 충고를 해 주었지만 정말 공부할 계기를 만들어 주지는 않았다. 내가 이렇게 성적을 올리며 공부하려는 의지를 실현하게 해 주고 마음을 강하게 해 준 사람은 바로 코리아학원 원장님이다. 코리아학원 원장님은 학교에 계신 우리 학교의 교장 선생님과 비교해 본다면 정말 열정이 있고 파워도 있으며 카리스마도 있는 분이시다. 그래서 많은 학생들이 원장을 캡틴이라고 부르며 신뢰한다. 내 친구 민석이도 중 1 겨울부터 여기 학원에 다니고 있는데 민석이의 엄마도 "코리아학원 원장이 젊은데, 젊은 사람이 뭔가를 하려는 열정이 있어 좋다."고 말했다고 한다. 또한 교육입시 경향의 변화에 대한 정보력이 학교보다 아주 빠르고 정확하다는 것은 누구나 다 아는 사실이다.

처음 여기 학원에 들어왔을 때 나 스스로 게임도 안 하고 쉬는 시간도 없이 공부를 열심히 하였다. 나는 여기 학원에서 운영하는 영어전문반에서도 공부를 하였다. 영어전문반은 철저히 수준별 수업을 하였고 D반부터 C, B, A반, 선행반 수업이 있다. 나는 영어 실력 테스트를 본 후에 D반 수업을 듣게 되었는데 원장님이 수업을 맡아 하였다. 원장님의 수업 스타일은 아주 열정적이고 과제도 많이 내주며 공부를 제대로 시키려는 방식이었다. 그래서 공부에 의지가 없는 학생들은 원장님의 수업을 잘 못 따라가게 되었고 친구 몇 명이 빠지게 되었다. 점점 더 친구들이 나가게 되니 5명이 남았다. 반을 구성하는데 5명은 부족하여 원장 선생님께서는 언젠가 저희 5명을 보고 "D반의 인원이 부족해서 너희들은 C반으로 올라가든가 아니면 아래 학년 학생들이 듣는 중 3의 A반으로 가야 된다. 밑으로 내려가든지 아니면 열심히 해서 올라가야 된다."고 말씀하셨다. 유급되느냐 아니면 한 반 더 올라가느냐의 상황이라 무척 긴장되었다. 원장 선생님과 상담을 하게 되었고 이렇게 말씀하셨다. "만약 D반이 사라지면 너는 중학교 2학년 애들이 있는 반에 가야 한다. 거기로 갈 수 있는 용기가 있느냐?"라고. 그래서 난 주저 없이 말하였다. "네, 저는 그렇게 되더라도 열심히 하겠습니다."

학원에서는 11월 중순부터 다음 해 2월 초에 있는 고등학교 배치고사를 대비한다. 학원에서 수업을 듣고 자습하고 질문하면서 하루 10시간을 보냈다. 배치고사를 한 달 남겨 두고는 방학인데도 아침 10시에 학원에 와서 밤 11시까지 공부하였다. 그때 원장 선생님은 매일 하루도 거르지 않고 우리가 공부하고 있는 자습실에 왔고 어떤 어려운 점이 있는지 알아보고 학습 분위기를 조성하였다. 원장님은 "지금 이 시점이 가장 중요하다. 이때 공부를 제대로 한다면 너희 인생이 많이 바뀐다."면서 공부에 집중하게 하는 많은 이야기를 해 주셨다. "너희가 커서 내가 고 1 때 노력했던 것이 큰 영향을 미칠지 안 미칠지 모르겠지만 지금이 가장 중요한 시기이다." 이 말은 가장 기억에 남는 말이다. 나는 이 얘기를 곱씹고 또 꼽씹고 뼈에 막 새겼다. 공부할 때마다 그 말을 생각하곤 했다. 그리고 원장님은 마인드 컨트롤에 대한 이야기도 자주 해 주셨다. "나는 공부를 좋아한다. 나는 공부가 재밌다." 이런 말도 스스로 많이 되새겼고 아침에 일찍 일어나서 하는 공부가 좋다는 등 원장님이 하라는 모든 것을 다했다.

특히 원장님은 내가 가지고 있는 한계를 벗어나게 도와주었다. 한 문제도 틀리지 않아 만점을 받는 친구들을 볼 때마다 그네들은 분명히 나와는 다른 특별한 존재인 듯 생각되었다. 그러나 원장님은 항상 이런 말을 자주 하셨다. "너희들 자기 자신을 한계 짓는 사람만큼 바보는 없다. 공부 잘하는 애들을 잘 봐라. 얼마나 노력하는지. 공부는 머리가 아니다. 할 수 있다는 마음으로 목표를 잡고 열심히 해라."라며 노력의 중요성을 자주 말씀하셨다. 그리고 중학교 때 공부 못한다고 나를 무시했던 친구들을 놀라게 하고 싶었다. "주변 사람들 놀라게 하는 재미를 느껴봐라."는 원장님의 말도 아주 인상 깊게 다가왔다.

재형이라는 친구의 이야기를 덧붙이고 싶다. 재형이는 배치고사 시험 결과 우반에 들어가기에 조금 부족하여 평반에 들어간 아이다. 지금은 평반에서 1등을 할 정로 학원에서 열심히 하는 학생인데, 평반이 가지고 있는 흐트러진 분위기에서 공부를 하려다 여러 번 실패했었다. 원장님과 한번 열심히 해 보겠다면서 약속을 하였지만 재형이가 평반에서 공부를 열심히 하기란 쉽지 않았던 모양이다. 재형이는 자습실에서 공부에 집중하지 못하였고 원장님에게 답답한 마음을 토로하러 상담을 신청하였다.

재형 : 원장님, 저는 여러 번 도전해 봤는데 도저히 안 되겠어요.

원장 : 아이구 병신아 공부하지 마라. 한두 번 해서 안 된다고 그러면 무슨 공부를 할 수 있느냐!, 머리도 별로 좋지도 않으면서.

재형 : (학생의 얼굴과 눈빛이 붉게 확 변화면서)

원장 : 기분 나쁘제.

재형 : 네.

원장 : 그래, 내가 너에게 이렇게 얘기했을 때 기분이 나쁜데, 너는 왜 너 스스로 한계를 짓고 그러냐! 내 말이 틀렸나. 다른 애들은 너보다 능력이 뛰어나서 잘한다고 인정하는 순간 너는 패배자야. 공부 잘하는 애들이 얼마나 노력하는지 아

느냐?

재형이는 원장님과 상담 후에 다시 공부에 집중하고 세 번, 네 번까지 도전하였다. 아직도 평반에 있고 1등 자리를 지키고 있으며 언젠가는 원하는 대학에 갈 것이라 믿는다. 이러한 원장님의 상담 내용은 자신이 가지고 있는 잘못된 마음에 대해 한 번 더 생각해 보게 하였다.

쉬는 시간도 없이 공부만 하였다. 학원에서 저녁식사 시간에 편의점조차도 가지 않고 율무차를 마시고서 공부를 계속했다. 그런데도 원장 선생님에게는 공부에 대한 열정이 부족하게 보였나 보다. 배치고사를 한 달 남짓 남겨 두었을 것이다. 자습실에서 공부하고 있는데 원장님이 나를 불렀다. 배치고사 준비를 하면서 보는 체크시험과 평가시험에서 여전히 성적이 높게 나오지 않았다. 내가 공부하는 모습을 보시고 "너 이런 식으로 공부해서는 우반에 못 들어간다. 공부 더 열심히 해야 한다."며 나의 하루 학습 일정을 노트에 적어 보게 하였고 그것을 가지고 나의 하루 일과를 스스로 평가하게 하였다. 그리고 또 하시는 말씀이 "너 만약에 우반에 들어가지 못하더라도 평반에서 공부를 계속할 수 있겠냐?" 하면서 가슴이 뭉클해지게도 물었다. 그래서 나는 또 주저 없이 말하였다. "저는 할 거에요." 결국 나는 우반에 들어가게 되었고 나와 우리 가족 모두 너무 기뻐했다. 고등학교에 입학하자마자 학교 선생님과 상담을 하면서 나의 배치고사 점수와 등수를 알게 되었다. 우반에 총 30명의 학생이 들어가는데 나는 28등을 하여 가까스로 들어간 것이었다.

고등학생이 된 나는 마음을 다시 다잡았다. "지금은 친구관계를 가지는 것은 일단 접어 두고 대학교 가서 사귀자. 지금은 친구가 필요 없다. 공부만 하자. 나중에 수능 치르고 내가 후회하지 않을 만큼 내가 열심히 했다고 그런 마음먹을 수 있을 만큼 열심히 하자." 나는 그 생각밖에 없었다. 일 년이 훨씬 지나서도 아직도 그때의 기억이 생생하다. 난 공부를 미치도록 하였고 코피가 매일 나도록 열심히 하였다. 그래서 지금은 친구들은 물론이고 원장 선생님도 놀랄 정도로 성적이 크게 올랐다.

어느새 고등학교 1학년의 한 학기가 지나가고 8월이 되었다. 학원에서 그때까지는 영어, 수학 과목을 중학교 입시학원에 다닐 때의 비용으로 수강할 수 있었다. 고등학교 1학년 2학기 때부터는 단과로 바뀌어 영어와 수학 두 과목만을 공부하고자 해도 학원비가 35만 원에 이르렀다. 나는 가족 형편이 안 좋아 한 과목만 수강할 수밖에 없어 어쩔 줄 몰랐다. 그래서 원장 선생님에게 가서 "선생님 내가 수학을 끊고 싶은데요."라고 말하였다. 그러니까 원장 선생님은 내가 왜 그러는지 아시고서 "아직 수학은 끊으면 안 된다. 지금이 중요한 시점이다." 원장님은 저희 집의 가정형편이 많이 안 좋다는 것을 알고 있었던 것이다. 그러면서 원장님은 갑

자기 자신도 과거에 어려웠다며 부모님에 대한 이야기도 많이 해 주셔서 나는 그만 울음이 나와 참을 수가 없었다. "남자가 그렇게 나약해서 세상 못 산다. 참아라." 하면서 하시는 말씀이 "돈은 일단 안 받으려 하니, 내가 주영이 너를 잘 아는데 지금처럼 열심히 하면 나중에 잘 될 거다. 내가 비록 학원을 하면서 너한테 공짜로 해 주는 것은 아니지만 네가 나중에 학원을 위해서도…" 학원에서는 성적이 우수한 학생들의 이름이 적힌 플래카드를 거는데 너도 학원을 위해서 나중에 하게 된다고 하셨던가 잘 기억은 나지 않지만, 그래서 나는 두 과목 모두를 무료로 수강하게 되었다. 나는 그때 진짜 감명을 받았다. 학원이 단지 돈만 받으면서 돈을 위해서만이 아니라 학생을 위한다는 느낌을 그때부터 강하게 받았고 더욱 열심히 공부하게 되었다.

좋은 면학 분위기

내가 코리아학원에 들어가서 여러 선생님들의 지도를 받지 않았다면 지금의 나의 모습이 존재할 수 있었을까 하는 생각이 든다. 아무리 공부를 하고자 하는 의지가 크더라도 학교에서 학생이 공부하는 데 적절한 도움을 받지 못하는 상황에서 혼자의 힘으로 잘 해낸다는 것은 시간이 오래 걸릴 뿐만 아니라 정말 어려운 것이다. 아마도 배치고사에서 성적이 낮게 나와 우반에 들어가지 못하고 평반에 들어가게 되어 좌절과 시련을 거듭하여 체념했을 수도 있을 것이다. 학교에서 수준별 학습을 하여 청빛반/특반/평반으로 반을 나눠 학업 성취도를 높이려고 하였지만 '한번 평반은 영원한 평반' 이라고 공공연히 말할 정도로 수준별 분반제의 부작용이 크다. 평반에서 1년에 한 명이 우반으로 올라가면 기적이라고 말할 정도이다. 나 역시 평반에 들어갔다면 평반 학생들의 분위기에 젖어 공부를 등한시할 수밖에 없었을 것이다. 평반에만 있다 보면 공부 잘하는 학생들의 학습 자세를 배우거나 모르는 문제를 물어볼 기회도 줄어들어 학습 수준이 더욱 정체되기 십상이다.

더구나 고등학교에 들어가서 밤늦게 자율학습을 강제하는데, 솔직히 강당같이 넓은 자습실에서 많은 학생들이 자습하는데 한 분의 선생님이 감독하다 보니 자주 소란스러워 공부에 집중할 수가 없다. 그래서 학생들은 학교 선생님에게 여러 핑계를 대어 학교에서 하는 자율학습을 하지 않고 학원에 와서 자습을 한다. 학원에 있는 자습실의 분위기는 너무 좋다. 학원이 학교보다 면학 분위기가 월등하게 좋아 공부하려는 학생들에게 큰 도움이 된다.

나는 무엇보다도 학원에서 자습을 많이 시킨다는 것을 알고 놀랐었다. 전에 다녔던 이지캠퍼스 학원에서는 자습은 각자 알아서 하도록 하였었다. 그러나 코리아학원에는 70명 정도가 앉을 수 있는 규모의 자습실이 있었고 자습 감독 선생님이 계셨다. 그리고 선생님들이 자주 자습실에 들러서 학생들의 학습 자세와 공부 분위기를 체크하셨다. 자율적으로 자습을 하다가 시험 대비 한 달 동안에는 의무자습으로 바뀌는데, 신청한 학생을 대상으로만 엄격하게 출석을 체크한다. 만약에 의무자습을 하기로 해 놓고 시간을 잘 지키지 못하거나 자습실에서 공부를 열심히 하지 않으면 선생님들에게 엄하게 혼난다. "공부가 그렇게 쉬운 줄 아느냐. 그런 식으로 공부할 것이면 다른 길을 찾아라."라고 말씀하신다. 심지어 자습 시간에 빠지고 놀러 가거나 그 사실을 회피하는 경우 엄격한 체벌이 있곤 한다. 부모님에게 전화상담을 하고 교무실에서 한 시간 이상 혼나는 경우도 보았다. 돈을 내고서 다니는 학원에서 체벌을 받게 되면 기분이 무척 나쁠 거라고 생각하겠지만 체벌을 받은 학생들은 오히려 자신의 잘못에 대한 체벌이라 기분 나빠하지 않는다. 왜냐하면 원장 선생님뿐만 아니라 학원에 계신 선생님들은 평소에 우리들에게 열정을 보이시기 때문에 선생님의 체벌에 불만을 가지지 않는다.

이렇게 자습실은 정숙한 분위기를 엄격하게 유지하고 있다. 뿐만 아니라 자습실에서는 공부 외에 다른 것을 못한다. 자습실에서 조용히 있기만 하면 되는 것이 아니다. 시험이 끝나고 나면 휴대전화로 음악을 무척 듣고 싶다. 이어폰을 귀에 꽂고 음악을 듣고 있다가 바로 감독 선생님에게 지적되어 공부를 할 수밖에 없다. 소설 쓰기, 만화책 보기를 특히 좋아하였고 공부를 하려고 그 취미를 잠시 중단하였지만 그것을 결단력 있고 지속적으로 하는 것은 쉽지 않았다. 나는 그런 유혹을 느낄 때마다 더 늦은 시간까지 자습실에서 공부하려 하였다. 자습실에 들어가는 순간 그러한 유혹은 어느 순간에 사라져 버리고 공부에만 집중할 수 있었다. 왜냐하면 자습실에서는 공부 외에 다른 것이 일체 허용되지 않기 때문에 공부 외에 다른 생각을 할 여지가 없었기 때문일 것이다.

종이 치기 전에는 화장실에도 가지 못하게 하여 최대한 정숙한 분위기를 만들었다. 그러니 자습실에서는 공부 외에 다른 것은 할 수가 없었다. 연필을 일단 손에 잡고서는 뭐라도 해야 되는데, 글을 끄적이기도 하고 숫자를 쓰든가 그러다 보면 나중에는 문제를 풀게 되었다. 그런 상황에서 계속 자습을 하다 보니 어느 순간에 그것이 익숙해지게 되었다. 그래서 학원에 와서 자습실에 가게 되면 저절로 공부하게 되었다.

늦은 저녁 자습실에서 공부하다 보면 조금만 자고 싶다는 생각이 든다. 몸도 피곤하여 나도 모르게 엎드려 자는 경우가 있다. 그러나 자습 감독 선생님은 10분 이상 잠을 자는 것을 허용하지 않는다. 선생님이 자고 있는 나를 깨우면 다시 공부에 집중한다. 10분이라도 자고 나면 몸이 정말 개운해지는 것 같아서 좋다. 그런데 어떤 날은 너무 피곤하여 공부하기가 너무 힘든 날도 있다. 시험일이 다가오면 올수록 준비하느라 잠이 많이 부족해진다. 아무리 정신을 차리려고 해도 잠에 빠져 드는 경우가 있다. "선생님, 정말 죄송한데요. 30분만 자겠어요."라고 선생님에게 말씀드린다. 그러면 선생님은 흔쾌히 허락해 주시고 나를 조금 더 재우고 40분이나 50분 뒤에 토닥토닥 깨워 준다. 선생님은 어깨도 주물러 피곤을 풀어 주고 가끔은 사탕을 사서 두 개씩 학생들에게 돌리기도 하였다. 공부를 열심히 하는 중에 선생님이 주는 자일리톨 파란색 봉지 사탕은 입안을 상쾌히 하고 기분까지 전환시킨다. "감사합니다." 겨울이었던 것 같은데 자습실에 15명 정도의 소수만이 공부하고 있을 때 자습 감독 선생님은 따끈한 붕어빵을 사서 나눠 주기도 하였다.

자습하는 동안 내내 감독을 하느라 수고하시는 감독 선생님의 모습을 보면 감사하다는 생각이 든다. 자습실에 제일 일찍 와서 자습이 끝나는 늦은 밤까지 우리와 같이 계신다. 우리들은 자습 감독 선생님이 힘들 것 같다면서 서로 간에 동질감을 느끼기도 한다.

뿐만 아니라 학원에는 나와 비슷한 정도의 실력을 가지고 있으며 다른 학교에 다니는 학생들이 많다. 자습실에서 그네들이 공부하고 있는 모습을 보는 것만으로 공부에 집중하게 되었고 자기보다 잘하는 학생들의 공부하는 모습을 보고서 눈에 익히게 되었다. 그 상황에까지 내가 도달하고 나니 라면이나 만화, TV 등의 유혹을 못 이겨 자기 공부를 못할 것 같다는 불안감이 없어지게 되었다. 그래서 굳이 이제는 학원에 가지 않더라도 동네에 있는 도서관이나 조용한 곳이면 혼자 스스로 공부할 수 있게 되어 집에서도 공부할 수 있게 되었다.

만족스러운 학원 수업

나는 이지캠퍼스학원과 코리아학원이라는 두 군데 입시학원에만 다녔지만 서로 비교해 본다면 가르치려는 선생님의 열정에서 많이 차이가 났다. 코리아학원에 계신 선생님들을 이지캠퍼스에 계신 선생님들과 비교하면 확실히 달랐다. 선생님들이 열정이 있다는 것은 잘 가르친다는 것만을 뜻하지 않는다. 잘 가르치는 것도 물론 있겠지만 잘 가르친다는 것만으로 학생들이 따라 주지는 않는다. 학생들의 눈높이에 맞춰야 하니까. 아무리 선생님이 뛰어나도 학생이 못 따라오면 학생들은 그 선생님을 좋게 안 보게 된다. 선생님이 자기 틀을 너무 고집하지 않으시고 수업할 때 학생들의 틀을 고려하고 생각해 주는 것이 바로 열정이다. 선생님이 평소에 해 오던 가르치는 방식을 바꾸고 학생들에게 맞는 방식으로 가르치기 위해서 얼마나 많은 생각을 했으며 그만큼 노력을 했을까 생각을 하면 저절로 감사한 마음이 든다.

학교에서는 어떤 학생이든 상관없이 똑같이 가르치는 선생님이 대다수이다. 그래서 노트 필기도 반과 상관없이 똑같은 경우가 많다. 그래서 학교에서는 선생님 스타일에 따라 수업을 하며 학생이 따라오면 오는 것이고 안 따라오면 자거나 놀거나 하는 학생들이 있게 된다. 학교 같은 경우에는 "학생이요 선생님이랑 자기와 안 맞아요. 선생님한테 그거를 따로 얘기해서 자기와 맞게 못 바꾸는 거잖아요?" 결국에는 그 수업의 틀에서 벗어나서 따로 공부하게 되고 그러면 그 수업을 할 때는 거기에 집중 안 하니까 분위기가 산만해질 수 있다고 생각한다. 학교에서는 선생님의 수업을 안 듣고 학생이 따로 개별적으로 공부하는 이유가 바로 선생님과 학생 간에 학습에 대한 교류가 잘 안 되기 때문이다. 대신에 학원에서는 어느 정도 소수의 인원으로 공부한다. 나는 선생님의 수업 진도가 너무 빨라서 이해하기 어려울 때 "선생님의 수업 진도가 너무 빠릅니다."라고 말하거나 "말씀이 좀 어렵습니다."라고 자유롭게 의견을 나눈다. 그러면 선생님은 나의 말을 공감하면서 "어떻게 하면 좋겠니?"라고 물어보고 가능한 한 나에게 맞춰 바꿔 준다.

나는 이처럼 학교 선생님에게 말했던 적이 한 번도 없었다. 친구들도 학교 선생님에게는 선생님의 수업에 대해 어려운 점을 말씀드리지 않는다. 그래서 나와 친구들은 학원에서 선생님의 수업에 더 잘 참여할 수 있었다. 학원에서는 선생님하고 친하니까 언제라도 나와 친구들은 "선생님 저 이 부분이 이해 안 되었어요."라고 선생님에게 알려 주거나 "선생님 진도를 좀 천천히 나가고 더 상세하게 설명해 주시면 안 될까요."라고 수업 진행에 대해 의견을 나누기도 한다. 학원에서는 수업 중에도, 수업이 끝난 후에도 수업에 대해 의견을 나누고 교류가 되니까 학원에서 수업할 때는 선생님과 학생이 함께 공부한다. 그러나 학교에서는 학생들이 선생님에게 의견을 제시한다고 해도 바뀌지도 않고 해서 결국 선생님 따로 학생 따로가 되어 버린다. 학생들은 결국 선생님과 수업을 외면하게 되고 혼자 공부하게 된다.

학교에서는 학급당 인원이 많고 무슨 의견을 선생님에게 말하려 해도 다른 애들의 눈치가 보여서 말하지 못하는 것도 있다. 학생들은 아무도 선생님의 이야기에 맞춰 말해 주지 않는다. 눈이 많아서 자기가 말한 것에 이의를 다는 친구들이 있기 때문에 솔직하게 말하지 못한다. 선생님 중에는 "내가 뭐가 잘못되었냐." 하면서 어떻게 해야 되는지 학생들에게 묻는 선생님들이 계신다. 그런데 안타깝게도 정작 말해야 하는 애들이 말하지 않고 조금 장난치는 애들이 그럴 때 반응을 한다.

지난 4월이었다. 한국 지리를 가르치는 학교 선생님은 40대시며 여자 선생님이시다. 그 선생님은 학생들을 무섭고 강압적으로 하려 하지 않는다. 선생님은 학생들과 호흡하며 수업의 질을 높이기 위해 많은 노력을 하신다. 그런데 나긋나긋하게 말씀하셔서 학생들이 공부하기 싫을 때는 아예 선생님을 무시할 때도 있다. 학생들은 다른 선생님보다 그 선생님을 더 밑으로 얕보는 경향이 있다. 수업 시간에 딴짓하거나 자거나 하였다. 그럴 때는 선생님이 무척 속상해하셨다. 선생님은 수업이 끝나고 나에게 물어보았다.

"내가 뭘 잘못했길래 애들이 그러는지 아니?"라면서 나의 의견을 물어본다. 가끔 선생님은 나에게 계속 이런 말씀도 하신다. "주영아, 나는 네가 있어서 수업한다. 대답 잘 해 줘서 고맙다." 그래서 나는 눈시울이 붉어지기도 했다. 사실 수업 시간에 나라도 말하지 않으면 그때는 적막해지곤 했다. 애들이 대답을 안 하니까.

한국 지리가 시험에 나오지 않는 과목도 아니다. 그리고 내가 속한 반은 가장 공부 잘하는 학생들이 모인 청빛반이다. 선생님께서 문제를 출제하기 때문에 그 선생님의 수업을 안 들을 이유가 전혀 없다. 그래서 나는 왜 학교에서는 수업 분위기가 학원처럼 활발하고 재미있게 되지 못하는지 무척 궁금하였다. 분명히 그 선생님은 학원 선생님처럼 학생들에 대한 애정도 있고 정말 열심히 하려 하기 때문에 왜 그런지 더욱 궁금해졌다.

나는 선생님이 학생들의 진솔한 이야기를 듣기 위해서는 학생들과 일대일로 얘기를 나누는 것이 좋은 방법이라고 생각한다. 정원이 30명이라 한 명씩 이야기를 나누는 것이 얼마나 힘든지 알겠지만 필요하다고 생각한다. 이는 학원에서 수업의 질을 개선하기 위해 하는 방식이다. 학원 교실에는 한 학급에 10명 정도의 학생이 있다. 학교의 한 학급 인원 30명에 비하면 적지만 그렇다고 하여 의견을 말하려 할 때 다른 친구의 눈치를 안 볼 수는 없다. 그리고 선생님 앞에서 말하기 힘든 불만도 있을 수 있다. 학원 선생님하고 무척 친하지만 친한 사이인 만큼 어떤 말을 하게 되면 선생님이 불쾌해하실 것 같아서 미안하고 민망하여 말하지 못할 때가 있다. 그래서 학원에서는 마음 편하게 의견을 적게 하려고 익명 원칙하에 학원 선생님 평가를 일 년에 네 번이나 한다. 학원 선생님 평가로는 좀 더 자유롭게 의견을 적어 낸다. 결국 선생님에게 나의 의견을 전해 주지 못하였다. 학원 선생님처럼 친하지도 않고 편하지도 않기 때문이다.

다행히도 선생님께서 도저히 안 되겠다고 생각해서인지 수업을 중단하고 모든 학생들에게 종이를 나눠 주었다. 석 달 전의 일이었다. 선생님은 몇 개의 질문이 있는 설문지를 나눠 주었다. 마지막 문항에는 자유롭게 쓰는 큰 빈칸이 있었다. 선생님은 개선하면 좋겠다는 것이 있으면 써 보라고 했다. 그 설문지에 어떤 내용이 있었는지 모르지만 그 후부터 수업 분위기가 완전히 달라졌다. 학생들이 선생님의 말씀에 잘 따라 주기 시작했다. 내가 선생님이 정말 우리를 위해 하려 한다는 열정을 느꼈듯이 다른 친구들도 그랬을 것 같다. 그리고 나에게 이렇게 관심을 써 주시는 선생님에게는 어떤 방식으로든 보답하고 싶기도 하였다.

학원에 있는 모든 선생님들이 학생들의 눈높이에 맞추어 수업을 개선하는 것은 아니었다. 1년 전 내가 고등학교 1학년 때이다. 호주에 계시다가 오셔서 영어 수업을 맡은 선생님이 계셨다. P 선생님이신데 나이는 40대 초반으로 보였다. 그 선생님은 우리가 이미 알고 있는 내용을 자주 반복하거나 하여 열심히 하여 심화학습을 하고 싶어하는 우리 반 친구들에게는 맞지 않았다. 선생님에게 여러 번 이야기를 해 주었지만 두 달이 지나도 개선되지 않아 원장님에게 "P 선생님과 우리 반 학생들과는 안 맞는 것 같다."는 의견을 전하게 되었고 한 달 뒤에 결국 새로운 선생님으로 교체되는 경우가 있었다. 원장님 이야기로는 P 선생님은 조그마한 초등부 학원에만 있어 왔다고 말씀하셨다. 작은 학원에서는 큰 학원보다 개별적인 수업을 해 주기 어렵기 때문에 잘하는 학생들의 욕구를 채워 주기가 어렵다고 말하였다. 그래서 반 전체의 평균 수준에 맞추려고 진도를 늦추게 된다고 하셨다. 원장님도 여러 번 개선하기를 바란다는 의견을 말씀드렸으나 그 선생님은 변화하려고 하기보다는 자기 스타일만 고집했다고 하셨다.

이처럼 학교와 학원에서의 수업의 모습은 너무나 차이가 났다. 학교이든 학원이든 모두 교실에서 수업을 하는 것은 같지만 나는 완전히 다르게 체험하였다. 이것은 다른 친구들에게도 그럴 것 같다. 학원에서는 수업하다 보면 몰입되어 시간 가는 줄 모를 때가 많지만 학교에서는 시계를 들여다보는 경우가 많다. 늦은 밤 모든 상가의 불이 꺼지고서야 수업이 끝나고 학원 버스를 타고 집에 가지만 하루 생활에 만족스러웠다.

방황하면서

요즘 주말에는 가족들과 찜질방에서 지낸다. 이제 7살이 되는 동생이 아토피 알레르기 질환이 있어 잘 씻겨 줘야 된다고 한다. 내가 어릴 때는 가족끼리 모여서 같이 시간을 보내는 경우가 잘 없었는데 이제는 매주 가족과 함께 시간을 보낸다. 맛집이라며 소문이 난 식당에 가서 외식도 자주 하며 서로 사이가 많이 좋아졌다. 아버지의 성격도 많이 부드러워지셨다.

내가 중학교 때까지만 해도 아버지나 어머니 모두 나에게 많은 관심을 안 주셨다. 고등학교 올라와서 성적이 높으니까 가족들이 나에게 '주영박사' 라고 부르면서 이웃들에게 나에 대한 자랑도 많이 하신다. 그래서 가족 분위기가 중학교 때보다 좋아졌다. 공부를 잘한다는 것이 가족 분위기를 좋게 하는 것 같다. 7년 전 동생이 태어날 때만 해도, 내가 생각하기에 그때도 가족 분위기는 좋았다고 생각하는데, 부모님이 동생 태어날 때 말씀하시는 이야기를 들어 보면 그렇지 않았다. 가족형편이 안 좋으니까 동생을 낙태하려고까지 하셨다고 한다. 요즘에는 꼭꼭 일주일에 한 번씩 가족 모임을 해서 친구들이 부러워할 정도이다.

엄마가 가장 행복해하신다. 코리아학원에 처음 들어갈 때 플래카드에 내 이름이 걸리는 게 소원이라고 말씀하셨다. 어머니는 주말마다 공부 열심히 하라고 하신다. 아버지는 가끔 말씀하시는

데, 한 번 하실 때 찐하게 말씀하신다. 한 번은 아버지가 어릴 때 어땠는지 말씀해 주셨다. 부엌에 반 정도 물이 가득 담겨 있는 대야가 있었다. 그 대야의 중간에 콩 같은 것이 둥둥 떠 있었는데, 형제가 많아서 아버지 혼자 먹으려 주위를 돌아보았다. 대야에 물이 가득했는데 손으로 잡을 수가 없어서 물을 다 마시면 위에 떠 있는 게 입에 들어올 것 같았다고 한다. 그래서 그 많은 물을 다 마시고 나서 그 콩을 입으로 당겨 먹었는데, 그 콩이 빈껍데기였다며 서럽게 울었다고 하셨다. 아버지는 어릴 때 가난해서 공부 못했지만 우리가 돈이 없더라도 나를 공부시킬 거라면서 열심히 해야 되지 않겠냐고 말씀하신다. 우리 집이 가난하니까 부모님에게 효도하자는 생각을 많이 했고 그런 마음으로 학원에 다니다 보니 원장님의 말씀이 귀에 쏙쏙 들어왔던 것 같다.

하지만 이제 곧 고등학교 3학년이 되는데 요즘 성적이 계속 떨어지고 있다. 여기 학원에 와서 2년 이상 열심히 달려 왔고 학교에서 장학금을 받을 정도로 최상위권의 성적을 받게 되었다. 욕심이 더 커져서 그런지 아니면 여유가 생겨서인지 공부 외에 여러 가지 생각을 할 때가 많아졌다. 1학년 때는 친구도 안 사귀고 공부했는데 2학년 되니까 친구도 점차 생겨났다. 성적이 잘 나오면서 일부러 내가 막았던 인간관계의 벽을 애들이 허물고 들어왔다. 그러면서 내가 공부만 하려고 쌓아 놓았던 벽 같은 게 허물어져 갔고 가끔씩 그럴 때는 힘들게 공부만 해서 나중에 잘되는 걸까 이런 고민도 하게 되었다. 고등학교 때도 친구 사귀는 거 중요하다 하는데 친구들도 사귀고 하자며 마음을 바꾸기도 하였다.

그리고 공부하려고 접어 두었던 소설 쓰기 같은 취미도 다시 하게 되었다. 그동안 참아 왔지만 사실 나는 하고 싶은 게 아주 많았다. 지금은 일본어도 배우고 있다. 프로그램 만드는 것도 하고 싶어서 컴퓨터 C 언어 책도 보고 있다. 다시 소설도 조금씩 쓰고 있다. 그런데 이 한국의 고등학교 학생에게는 그런 취미를 즐길 여유가 없다. 얼마나 답답한 일인지 몇 달간 방황만 하고 있다. 이러다 보니 성적이 조금씩 떨어지고 있다. 전에는 모든 과목에서 1등급이었는데, 바로 전 시험에는 3등급의 결과가 나오기도 하였다. 오히려 공부만 하려는 목표가 있었던 때는 괜찮지 않았나 싶다. 지금은 어느 하나의 목표를 찾아가는 방황하는 시기 같다.

이런 답답한 심정을 학원 선생님과 이야기를 나누면서 조금이나마 해결하고 있다. 학원 선생님에게 사회 선배로서 인생에 대한 여러 이야기를 듣고 배우게 된다. 영화를 같이 보러 가거나 문자를 주고받으면서 공부 외의 인생에 대하여 물어본다. 그러다 보면 사회의 일부분을 알게 되고 시야가 넓어지게 된다. "애벌레가 나비가 되려고 하는 과정이다. 성숙한 사람이 되는 과정이니 너무 걱정 안 했으면 좋겠다. 지금 성적이 떨어져서 많은 고민이 되겠지만 너는 원한다면 언제라도 원하는 대학에 갈 수 있을 것이다." 그런데 방황이 빨리 끝나야 될 것 같은데 고 3이 되어서도 몇 개월째 아직 안 끝나고 있다. 그래서인지 매운 고추를 더 많이 먹게 된다. 몸에 안 좋다는 것을 잘 알지만 매운 맛을 입안에서 느낄 때면 답답한 가슴이 펑 뚫리는 것 같기 때문이다.

3. 준철이의 학원 이야기

처음으로 학원에 가다

나는 뚱뚱한 편에 속하는 체형을 가진 중학교 3학년 남학생이다. 키는 170이 조금 안 되지만, 몸무게는 80kg이나 나간다. 어릴 때부터 이러한 체형이었던 것은 아니다. 초등학교 4학년 때 아빠가 컴퓨터를 사준 뒤부터이다. 친구 동환이는 그전까지의 나의 모습은 날렵한 체형이었고 내가 달리기도 잘하고 힘도 아주 셌었다고 한다. 동환이는 내가 이상하게 그 후부터 이러한 모습의 체형이 되어 버렸다면서 컴퓨터가 있으니 매일 게임만 하게 되어 운동부족으로 그렇게 된 것 같다고 한다.

초등학교 때 입시학원은 물론 음악이나 미술, 심지어 남들이 다 다닌다는 태권도 학원도 다니지 않았다. 대부분의 친구들이 어릴 때부터 자기 집에 컴퓨터를 가지고 있었다. 유독 나에게만 컴퓨터가 생긴 후 자신의 체형과 체력에 변화가 올 정도였던 이유는 전혀 학원에 다니지 않았기 때문이다. 아빠, 엄마가 맞벌이 부부라 나는 집에 혼자 있는 경우가 많았다. 친구들은 학원 가고 집에서는 아빠, 엄마가 일상생활에 대한 지도를 해 주지 못하게 되어 나는 집에서 컴퓨터와 지겹도록 놀 수밖에 없었다. 어느덧 나는 유독 뚱뚱한 아이로 변화되었다.

처음 학원에 다닌 건 중학교에 들어가고 3월이 지날 무렵이었다. 아빠는 매일 집에서 컴퓨터만 해서 뚱뚱해진 나를 보고서 많은 걱정을 하게 되었다. 애들끼리 집에 있으니 공부할 생각은 하지 않는다고 아빠한테 단단히 혼이 났다. 아빠는 처음으로 나에게 학원에 가라고 하셨는데, 그때 홍석이라는 친구의 소개로 한샘학원에 들어가게 되었다.

우리 아빠와 엄마는 나름대로 교육에 관심이 많았던 것 같다. 초등학교 때까지는 내가 학원에 다니느라 공부에 시달리는 것보다 자유롭게 노는 것이 좋다고 생각했었다. 공부에 스트레스받지 않고 자유로운 생활을 하기를 원했지만 난 컴퓨터 게임을 과도하게 즐기게 되어 체형만 바뀌게 되었다. 더구나 공부 성적은 하위권에 계속 머물러 있었다. 평균이 50점밖에 되지 않았다. 그렇다고 우리 엄마 아빠는 맞벌이를 하고 계셔서 중학교 들어간 나를 학습 지도할 수도 없는 노릇이었다.

친구가 아니었으면

이렇게 해서 중학교 1학년 때 처음으로 한샘학원에 가게 되었다. 한샘학원에서 중학교 1학년 학생들은 두 반으로 나뉘어 학습하였다. 지금까지의 학교 성적이 하위권이라 B반에 들어가게 되었다. 이 학원에 들어간 지 바로 한 달 후에 중간고사를 보았는데 한 달이라도 공부를 해서 그런지 평균점수가 크게 올랐다. 학원에 다니기 전에는 평균 40~50점이었으나 한 달 학원에서 공부한 후 첫 중간고사의 평균은 69점이었다. 무려 19점이나 평균점수가 올랐다.

학원에 다니기 전에는 혼자만의 의지로 집에서 공부라는 것 자체를 하는 것이 쉽지 않았다. 책상에 앉아서 공부해 보자고 결심하더라도 어느새 TV와 컴퓨터 그리고 만화를 보고 싶은 유혹을 못 이기고 있는 자신을 발견하였었다. 그런데 학원에서는 공부하도록 선생님께서 감독해 주고 다들 공부하는 분위기라 집에 있을 때와는 다르게 공부할 수 있게 되었던 것이다. 그래서 나는 짧은 기간이었지만 학원에서 선생님의 지도를 받으면서 공부하게 되니까 평균점수가 크게 향상되는 것을 보고 공부하면 나도 잘할 수 있다는 강한 자신감을 가지게 되었다.

내가 공부하는 B반에는 어릴 때부터 친하게 지내왔던 친구인 수민이도 같이 있었다. 수민이는 학교에서도 나와 같은 반이었다. 수민이는 초등학교 4학년 때부터 여기 한샘학원에 다니고 있었다. 수민이는 B반 학생들 중에서 공부 잘하는 편이었는데 평균이 80점 초반이었다. 한 달이라는 짧은 기간 동안 공부하여 성적을 크게 올린 나는 오래전부터 학원에 다니면서 공부한 수민이보다 공부를 못할 이유가 없다고 생각하게 되었다. 다음에 있는 기말고사를 준비하는 기간은 수민이와 같기 때문에 수민이처럼 열심히 공부한다면 나도 좋은 성적을 얻을 수 있을 거라 생각되었다.

정말로 나의 예상대로 기말고사의 성적을 크게 향상시킬 수 있었다. 나의 평균점수는 79점이 되어 중간고사 평균점수보다 무려 10점이나 향상되었다. 그리고 수민이는 중간고사 때보다 2점 떨어져 81점의 평균점수를 얻었다. 수민이에게는 근소한 차이로 졌지만 다음에는 꼭 수민이보다 더 잘할 수 있다고 생각했다. 그래서 정말 열심히 하여 2학기 중간고사 때 처음으로 수민이의 평균점수보다 2점 높은 성적으로 수민이를 이기게 되었다. 정말 기분이 너무 좋아 자신감이 생겼고 그 후에도 열심히 공부하여 수민이보다 계속해서 높은 점수를 받게 되었다.

그러면서 나는 수민이와 서로 라이벌의식을 강하게 가지게 되었다. 수민이도 열심히 하는 나를 보고서 더욱 열심히 하였다. 그래서 나와 수민이 모두 평균이 월등히 올라 2학기 중간고사를 치른 후 같이 B반에서 공부 잘하는 학생들이 있는 A반으로 올라가게 되었다. 이렇게 열심히 하는 나와 수민이를 보고서 학교에서 같은 반이었던 현준이라는 친구도 이때쯤 한샘학원에 오게 되었다. 1학기 말쯤에는 역시 학교에서 같은 반이었던 친한 친구인 태형이도 이 학원에 오게 되었다. 우리는 모두 어릴 때부터 잘 알고 지내던 친구였고 학교에서도 친한 친구였다. 현준이와 태형이 역시 한샘학원에 처음에 왔을 당시의 학교 성적은 중하위권이라 B반에 들어가게 되었다. 그러나 현준이와 태형이는 학원에서 A반으로 올라간 친구들처럼 열심히 하였다. 그래서 현준이와 태형이도 2학년 1학기 중간고사를 치른 후 B반에서 A반으로 올라가게 되었다.

나와 친구들은 서로 열심히 해서 좋은 성적을 올리고 모두 A반으로 올라가게 한 요인이 무엇일까 생각했다. 공부에 대한 동기부여를 한 것은 아마도 친구 간의 경쟁이라고 생각한다.

저랑 수민이 그리고 현준이랑 태형이는요 서로 잘하려고 라이벌 관계에 있잖아요. 그 네 명이 열심히 해서 전부 다 A반 올라갔어요. 서로 경쟁해서. (박준철)

우리 친구들은 서로에게 공부를 열심히 하게 하는 자극제 역할을 하였지만 우리들은 더욱 친해졌고 서로에게 발전적인 관계가 되었다. 서로 모르는 문제를 물어보고 생각해 보면서 협력하였고 서로 가르쳐 주면서 열심히 하였다. 나는 정말로 학원에서 이렇게 친한 친구들이 없었다면 공부를 못했을 거다. 내가 학교보다 학원을 선호하는 이유는 학원에서는 친구들과 협력하면서 공부할 수 있다는 것이다. 우리 학원에서는 스스로 공부하게 하여 수업 중간에도 스스로 문제를 풀어 보고 공부하게끔 분위기를 만들어 준다. 특히 시험 준비 기간 동안에는 각자 문제 풀이를 하는데 그때에는 친구들과 협력해서 서로 질문하고 가르쳐 주고 그런다. 친구들에게 물어도 모르는 경우에는 친구 중 한 명이 학원 선생님에게 묻는다.

그런데 매우 특이한 점은 학교에도 친구들이 있다는 점이다. 왜 나와 친구들은 학교에서보다 학원에서 친구들끼리 서로 경쟁하면서 공부하게 되었을까? 곰곰이 생각해 보면 학교에서 공부 잘하는 애들을 보면 좌절감만 들었고 도저히 나는 공부 잘하는 애들을 못 따라갈 것만 같았었다. 학교 교실에는 모든 등수의 학생들이 모여 있는데 중하위권에 속했던 나와 나의 친구들은 1등 하는 학생들이 문제 1개, 2개 틀리는 것을 볼 때마다 무언가 나는 도저히 할 수 없을 것 같은 느낌만을 받곤 하였다. "공부 잘하는 애들은 원래 잘하는 애들이니까!" 그런데 어릴 때부터 잘 아는 친구가 공부하여서 점수를 올리는 것을 보니 나도 할 수 있다는 자신감을 갖게 되었다. 실제로 나는 학원에서 한 달이라는 짧은 공부 기간으로 성적을 올려 공부에 자신감을 가졌고 나도 학원에서 공부하면 나보다 훨씬 오랫동안 다닌 친구 수민이처럼 될 수 있다는 자신감을 가지게 된 것이다. 친구 수민이를 라이벌로 여기고 목표로 잡게 되었다. 난 그 목표를 잘 이루어 냈고, 친한 친구들인 태형이와 현준이에게는 나의 변화가 자신들이 어떻게 하면 공부를 할 수 있는지에 대해 알 수 있는 좋은 사례가 되어 우리들은 모두 열심히 하게 된 것이다. 나는 다음 표에 수준에 따라 A, B 두 반으로 나눈 반에서 나와 친구들이 이동한 과정을 나타내 보았다.

친구들의 수준별 A, B반 이동 과정

이동 시기	B반(13명)		A반(11명)
1학년 1학기 중간고사 전까지	수민		
1학년 1학기 중간고사 때	수민, 준철이가 들어옴		
1학년 2학기 준철이 중간고사 후 반 이동			준철, 수민
중간고사 후 친구 현준이가 들어옴	현준	→	준철, 수민
1학년 말쯤에 태형이가 들어옴	태형		준철, 수민
2학년 중간고사 후 현준, 태형이 반 이동			준철, 수민, 현준, 태형

위의 표에서 알 수 있듯이, 내가 수민이의 성적을 넘어서려는 목표로 나와 수민이는 서로 친한 친구이자 서로에게 자극을 주는 라이벌 관계가 되었다. 그래서 나와 수민이는 1학년 2학기 중간고

사를 치른 후 함께 A반으로 이동하게 되었다. 그 후에 친한 친구인 현준이와 태형이가 우리들이 다니는 학원에 들어왔고 B반에서 공부하게 되었다.

그래서 나와 수민이는 A반, 현준이와 태형이는 B반이었는데, 현준이와 태형이는 나와 수민이가 있는 A반에 자기들도 들어갈 수 있다는 자신감을 가지게 되었다. 서로 친한 친구이지만 학원에서 수준별로 나누어져 있어서 나는 가끔 현준이와 태형이가 있는 B반에 들어가서 그 친구들을 보고 이렇게 농담을 하기도 하였다. "하찮은 B반 공부 못하는 … 너희들은 우리보다 공부 못해. 하하" 그럴 때마다 현준이와 태형이는 더욱 열심히 공부하게 되었다고 말한다. 이렇게 학원에서는 친한 친구들이 A, B반으로 나눠져 있어서 서로 열심히 하게 되었다.

학교에서 선생님들은 학원에 가지 말라며 학원에서 수준별로 반을 나누다 보면 좀 더 수준에 맞는 학습을 할 수 있지만 친구들 간에 지나친 경쟁 심리가 생겨 친구관계마저 깨지게 된다고 경계시켰다. 이런 걱정과는 반대로, 나와 친구들의 관계는 오히려 발전적이게 되었다. "학원에서 친구가 없었다면 불가능하였을 거에요. 학원에서는 학원 선생님에게마저 일일이 질문하지 못하는 부분들에 대해 친구들에게 많은 도움을 받을 수 있었어요." 사실 나와 친구들은 학교에서 공부 못하는 무리로 인식되었고 우리 스스로도 공부와 거리를 두었지만, 학원에 다닌 후 나와 친구들의 관계는 공부와 밀접해지게 되었다. 서로에게 학습에 도움을 주는 라이벌 관계이며 건설적이고 협력적인 또래 친구들이 된 것이다.

나와 친구들에게는 학원에서 나누어 수업하는 수준별 분반제 안에서 서로 다른 반에 속하게 되는 것이 친구관계에서 서로에게 실현 가능한 목표지점을 부여해 주었으며, A반에 있는 친구는 B반에 있는 친구들에게 자신도 할 수 있다는 사례로 여겨지게 되었다. 학원에 다니면서 친구들은 서로에게 자극을 주거나 목표심을 가지게 하여 공부하게 된 것이다. 그래서 분명히 학원에 다니기 전에 거의 공부를 포기하다시피 했던 시절과 비교하면 서로 이기려고 경쟁을 많이 하고 시험 때가 되면 긴장감을 가지게 된다. 그래서 나는 학원에서 수준별로 나누어 공부한다고 하여 친구관계가 나빠진다고 생각하지 않는다. 오히려 공부를 하게 하는 동기가 되었던 것이다.

그런데 원장님은 우리에게 수준별 분반제라는 것 자체가 학생들을 공부하게 하지는 않는다고 말하며 동기 부여를 하려고 많은 노력을 하셨다. 왜냐하면 수준별로 나누어 공부하게 되면 학생들이 그 반의 분위기에 젖게 되거나 공부를 열심히 하는 학생들의 모습을 보고 배울 기회가 적어져서 더 공부를 안 할 수 있기 때문이다.

실제로 고등학교에 다니는 누나들의 이야기를 들어보면 고등학교에서 수준별 분반제를 하고 있지만 아무 효과가 없다고 하였다. 그 누나들도 작년까지 내가 다니는 학원에서 수준별로 나눠진 반에서 공부를 하였다. 누나들은 우리 학원에서 하고 있는 수준별 분반제를 학교에서 하는 수준별 분반제와 비교하면서 너무나 큰 차이가 있다 한다.

> 학원에서는 수준별 분반제를 하여 친구들끼리 반이 달라도 친구들 사이에 관계가 나빠지지 않아. 그런데 학교에서는 그런 거 제발 안 했으면 좋겠다. 이상하게 인격까지 무시하는 것 같애. 잘하는 반은 우열감에 차있고 못하는 반은 짜증만 쌓여. (성희, 성영, 지영, 강희, 소영, 유진, 인하: 고1, 여)

그리고 최고 영재반에서 공부하고 있는 누나는 "지금 영재반에서 공부하고 있어. 최상위권에 속하는 학생들 10명만 모아 놓은 반이야. 난 시험 치를 때마다 토할 정도로 스트레스를 많이 받아. 왜냐하면 아래로 떨어질까 봐 너무 불안해. 이렇게 반을 나누니 공부보다는 걱정을 많이 하게 돼서 힘들어."라고 하였다.

학교에 대한 불만이 늘어가다

처음 중학교 1학년이 된 3월 말쯤에 처음 학원에 들어가고 한 달 뒤에 중간고사를 보고 높은 성적을 받아 공부하려는 강한 의욕을 느꼈다. 그래서 평소에 등한시하는 학교 수업도 열심히 들었다. 그런데 학교에서는 공부하고자 하는 나의 관심을 받아 주는 선생님이 없었다. 수업 시간에 열심히 공부하게 되면서 질문을 하게 되었는데 그때 선생님에게서 들은 질책 때문에 나는 학교 선생님에 대해 강한 불신감을 가지게 되었다. 나는 정말 잘 몰라서 학교 선생님에게 "이거 뭐에요"라고 물어보았는데 선생님께서 "그것도 몰라서 질문하냐! 에이 이놈아. 이것도 모르냐 이 멍청아!"라고 하셔서 정말 짜증 나고 수치스러웠다.

나만 그런 걸 느낀 것은 아니었다. 나와 함께 B반에서 A반으로 이동한 친구들뿐만 아니라 학원에서 친해진 친구들 재민, 동준, 동환, 성호, 종명이도 그러한 적이 아주 많다고 하였다.

종명 : 몰라서 질문하면 나중에 질문하라고 해서 찾아가면 질문 안 받지.

재민 : 씹혀버리지.

종명 : 이거 뭐에요 하면 아무 말도 않고 계속 칠판 적든지 아님 수업만 해.

태형 : 씹히는 거 자주 있지.

친구들은 학교에서 질문하면 내가 받은 불쾌한 느낌을 학교 선생님에게 받게 되어 학교 선생님이 우리가 공부 못한다고 차별한다고 생각하게 되었다.

동환 : 그런 거 많지. 공부 잘하는 애들은 깊이 고민하다가 잘 설명해 주고. 그래서 공부 잘하는 애들의 점수는 더 높여야 한다고 생각하는 것 같고 공부 못하는 애들은 해도 거기서 거기겠지 아니면 갈쳐 줘도 이 학생이 할 수 있겠나라는 이런 생각으로 답 안 해 주는 거야.

종명 : 학교 선생님이 우리를 포기한 거야.

재민 : 그럴 땐 정말 짜증 나.

그리고 나와 친구들이 학교에서 선생님에게 질문하게 되면 학급 친구들이 그 질문하는 학생을 매우 싫어한다. 학교 수업에서는 선생님이 수업을 끝내고서 마지막에 학생들에게 궁금한 것이 있으면 물어보라고 말한다. 그런데 아무도 질문하는 학생이 없다.

준철 : 질문하면요 애들이 질문하는 그 애를 야리지.

재민 : 하하. 질문하면 서로 눈치만 계속 봐. 하지마 하지마 막 눈빛이요 진짜 강렬한 레이저 쏘듯이 절대 하지 말라고 짜증 난다고. 그중에 꼭 왕따 같은 애들이 꼭 한 명씩 있어. 하하하 명준이라는 그 애 하하하.

종명 : 명준이는 눈치가 없어.

동환 : 학교는 질문 잘못하면 욕 진짜 많이 얻어 먹어. 우악악악 이래. 질문을 했는데 뭔 말인지 모르잖아. 그러면 짜증이라도 덜 나게 웃기는 형식으로 가지.

학교에서는 궁금한 것이 있어도 선생님에게 질문하기가 보통 어려운 게 아니다. 거꾸로 학교 선생님이 학생들에게 물어보는 질문에 답하는 것도 마찬가지다. 답을 알아도 답을 말할 기회가 잘 없어 능동적으로 학습에 참여하지도 못한다.

재민 : 학교는 애들이 많잖아. 대신 대답해 주고 뭐 가르쳐 주고 이런 게 있잖아. 스스로 힘으로 하지 못하는 경우도 있고 전체에 의존하기 때문에 자기가 전체한테 끌려가는 경우가 있는데 학원은 소수잖아. 자기가 막 할라고 그러고 경쟁자도 있고 그러니까. 그러면서 선생님과 농담도 주고받고 하면서 재밌지.

동환 : 학교 수업은 전체 학생에 집중되어 있지만, 학원 수업은 소수, 개개인을 위해서 운영되지. 그게 큰 차이지.

한마디로, 나와 친구들은 학교에서 자신들이 공부하려는 관심이 잘 수용되지 않고 있다고 생각한다. 자신들이 스스로 공부를 하고 참여하는 기쁨을 느끼는 것도 없고 동기 부여도 안 된다. 오히려 나와 친구들은 학교에서 공부 못하는 집단으로 묶일 뿐이었다. 모르는 부분이 있을 경우 도움 받을 수 있는 기회도 없다. 학교에서는 공부하고 싶다는 생각이 들지 않는다.

그래서 나와 친구들은 학교에서 수업을 듣는다는 것을 수업 시간 동안 '뻐긴다' 라고 표현하기도 한다. '뻐긴다' 라는 말의 뜻은 힘겹게 버틴다는 의미와 동시에 무료한 수업 시간 동안 최대한 자신을 보호하기 위해 수업을 듣는 척하거나 아니면 선생님으로부터 방해받지 않게 딴짓하기 전략을 세운다는 의미에서 보호와 저항의 의미가 담겨 있는 것이다.

실제로 친구들은 수업 시간에 무료함을 달래려 여러 방법을 연구하기도 한다. 무서운 선생님의 눈을 피해 자는 방법부터 시작해서 문자를 보내는 방법, 수업 분위기를 즐겁게 하려고 어떤 농담을 할까 고민한다. 그래서 수업 시간에 선생님의 눈을 피해 딴짓하는 기술은 대단하다. 학교 선생님은 그 학생이 딴짓하는지를 알아채기 쉽지 않다.

여학생들에게 딴짓하기 전략은 더욱 발달해 있다. 에피소드로 하나 덧붙이자면, 우리 반 친구 한 명은 선생님에게 공부하는 듯 보이면서 휴대전화로 문자를 보내기 위해 한 달 동안 책상의 중간에 구멍을 뚫었다고 말한다. 책상에 구멍을 다 뚫었을 때 마침 학교에서 책걸상을 모두 교체한다며 그 책상을 가져가 버려서 그 친구는 울어 버렸다. 나와 친구들이 학교에서 처한 상황을 다음 표로 보일 수 있다.

준철이와 친구들의 학교에서의 학습 기회

현재 중3	준철이와 친구들	학교에서 처한 상황
1반(33명)	동환(평균 60점대, 중하위권)	교실에서 학생의 변화에 대한 선생님의 관심과 배려의 부족, 집단 분위기에 따라야 하므로 스스로 하지 못하는 상황, 질문하지 못하는 학급 분위기 등으로 학생 개인의 학습 기회 제한, 그리고 적절한 모범 사례가 없으므로 학습 동기 부여가 안 되며 학습할 수 있는 방법을 찾지 못하고 결국 좌절, 체념하게 됨. 쉬는 시간에도 다른 교실에 못 들어감에 따라 쉬는 시간 10분마저도 친구끼리 있지 못하며 이에 따라 친구 간의 협력적 학습 기회마저 얻지 못함.
2반(34명)	종명(중하), 성호(하), 태형(중상), 준철(중상)	
3반(33명)	현준(중상)	
4반(34명)	동준(중상), 재민(중)	

학원이 학교보다 훨씬 좋아요

나는 공부를 하려고 많은 노력을 하였으나 학교에서는 많은 어려움이 있었다. 학교에서 나는 단지 방치되는 아이였다. 그러나 학원에 가면 공부하고 배울 수 있는 학습 기회를 가질 수 있었다. 학원 선생님은 내가 공부하려는 노력에 관심으로 대해 주었고 배려와 칭찬을 해 주어 정말 공부를 열심히 하게 되었다. 그래서 "학원 선생님 때문에 성적이 올랐어요."라고 귤 한 개와 편지를 학원 선생님에게 드리기도 하였다. 난 솔직히 학원에 다니면서 정말 기분이 최고였었다. "학원 원장샘이 칠판에 괄호를 해 놓고서 괄호

안에 들어갈 말이 뭔지 물어봐. 딱딱딱, 내가 B반 있을 때였어, 딱딱딱 칠판을 치면서 야! 박준철 해 보라고 그러셨지. 그래서 괄호 안에 정답을 다 넣었지." "학원에서 칭찬 많이 해 주지. 원장샘이 친구들에게 나를 좀 본받아라 하시고. 원장샘이 그랬어. B반에 있을 때였어, 카~~ 내 레퍼토리 얘기하면 1시간 동안 얘기해도 다 못해. 카~~ 정말 기분 죽여죠." 학원 학급 인원은 열 명 정도라 누구나 수업에 참여하게 되면서 자신의 학습 수준을 검증받을 기회가 많아진다. 나 역시 학원에서 수업 시간에 대답할 기회도 많았고 많이 물어보았다. 그러면서 뭔가 조금씩 배워 간다는 성취감을 느끼게 되었다.

그 외에도 학원에서 공부하고부터 학교 수업에도 잘 적응할 수 있게 되었다. 학원에서 1학기 분량 정도의 진도를 6개월 정도 앞서서 미리 예습한다. 예습할 때와 하지 않을 때 학교 수업을 이해하는 데에 큰 차이가 있다. 학원에서 선행학습을 하고 나니 학교 수업 시간이 두렵지 않았다. 친구들도 학원의 선행학습을 듣지 않았을 때에는 학교 선생님께서 말씀하시는 것이 이해가 안 되어 매우 힘들었다고 하였다. 더구나 학교 수업은 학원에서 미리 배운 내용을 복습하는 것이 되어 실력을 다지는 시간으로 활용할 수 있어 지루하고 고통스럽던 학교 수업 시간이 알찬 시간으로 바뀌게 되었다. 만약 학원에 다니지 않았다면, 학원에서 선행학습을 하지 않았다면, 학교 수업 시간 선생님의 설명을 이해하기 어려워 학교 수업을 포기할 수도 있었을 것이다.

> 학원에서 예습하고 학교 수업에서는 그 내용을 마스터하는 시간이 되어서 학교에서 공부에 집중할 수 있게 되었지. 이제는 학교 수업 시간도 좋아졌어. (준철이 친구들)

물론 학원에서 미리 배우고 밤늦게까지 공부하다 보면 학교에서 수업할 때 학원에서 배운 내용이 나와 아는 내용이라는 생각이 들어 긴장이 풀리기도 한다. 또는 동준이라는 친구는 학원에서 미리 배웠기 때문에 설명을 안 듣고 문제를 푼다고 말한다. 선생님께서 설명을 다한 후 문제를 풀어 보라고 하시면 이미 문제를 다 풀었기 때문에 딴짓을 하게 된다고 말한다. 하지만 학교 선생님은 전체 학생을 대상으로 수업을 하시기 때문에 나타난 결과라고 생각한다. 학원에서 수업할 때에는 학생들이 이미 아는 내용이라 해서 학교에서처럼 딴짓하는 행동을 하지 않는다. 학원에서는 개별지도가 좀 더 가능하여 학교보다 학원에서 그 학생의 수준에 맞추어 지도하고 심화학습도 한다.

> 태형 : 학원에서는 그 단원에 대한 문제를 다 풀잖아요. 그러면 선생님께서 이제는 난이도 높은 문제를 주어요. 별 4개, 5개짜리 문제를 선별해서 풀어 보라고 하셔요.
>
> 현준 : 학교보다 학원에서 심화학습이 더 잘 이루어져요. 학교에서는 수업만 하면 끝이거든요. 그런데 학원에서는 나의 수

준에 맞춰서 다음 수준의 내용을 알려 주거나 문제를 줘요. 그러면서 공부하게 되니 학원에서 학교처럼 자는 경우는 없어요.

학원에서는 다양한 학습 자료를 구비하고 있다. 난이도가 낮은 책부터 높은 책까지 아주 많은 자료를 가지고서 각 학생의 수준에 맞게 적당한 분량의 문제를 준다. 시험 대비 기간 한 달 동안에 자율적으로 문제 풀이하는 시간을 가지고 모르는 부분은 친구끼리 협력해서 풀거나 선생님에게 질문하는 시간을 가지게 되니 부족한 실력을 쉽게 보충할 수 있다.

그리고 슈렉이라는 별명을 가진 수학샘이 계셔서 좋다. 슈렉이라는 이름은 수학샘이 슈렉처럼 생겨서 우리들이 지어 준 친근한 별명이다. 슈렉샘은 2008년 9월부터 강의식에서 일대일 수업 방식으로 확 바꾸어 수업하셨는데, 학생들이 공부를 잘하느냐 못하느냐라는 결과적인 것보다 공부를 열심히 한번 해 보게 하여 자신감을 꼭 심어 주고 싶다 하셨다. 나와 친구들은 강의식으로 수업을 듣다가 일대일로 수업을 하니 처음에는 새로운 방식이라 무척 어려웠고 심지어 슈렉샘은 학생들과 갈등하기도 하셨다.

학생(중3, 남) : 쌤, 그냥 문제만 달랑 던져 주면 어떡해요? 뭔가를 가르쳐 줘야죠.

수학샘 : 내가 널 가르치는 사람이냐? 난 널 공부시키는 사람이다. 문제 직접 풀어봐.

주위 학생들 : 다른 애들은 다 잘하는데 너만 왜 그래 하하.

슈렉샘은 철저히 학생이 스스로 문제를 풀어 보게 하고 모르면 친구에게 먼저 물어보고서 틀리더라도 풀어 오게 하였다. 학생들이 문제집을 나름대로 풀고 나서 선생님에게 검사받는다. "선생님 이러이러한데 이것이 맞지 않나요?" 그러면 선생님은 그 학생이 어떻게 그 문제를 이해하는지 파악하고 힌트를 준다. 그러면 그 학생은 선생님의 힌트를 듣고 "왜 그래요?" 라고 묻는다. 이렇게 나와 친구들은 모두 수학문제를 하나하나 이해해 나가게 되면서 공부에 대한 흥미와 자신감을 많이 얻었다. 다른 친구들도 슈렉샘의 수업 방식에 투덜댔지만 이제는 진지하게 생각하고 자신감을 보이면서 활기찬 교실이 되었다. 같은 반에 현지(중3, 여)라는 삐딱하고 표정도 일그러진 친구가 있었는데 이제는 많이 달라졌다. 친구관계도 좋아졌고 수업 시간에 선생님 말씀을 듣기 시작하였다고 한다. 현지가 "슈렉샘, 저 잘했죠." 라면서 자랑하는 것을 봤다.

그저께 학교에서 선생님께서 스파르타에 대해서 말씀하셨는데 동환이가 스파게티라고 농담을 하여 선생님께 크게 혼났었다. "야! 너, 나와. 수업 시간에 뭐해? 무릎 꿇고 손 들고 있어." 라고 하셨다. 선생님께서는 수업 분위기 흐린다고 밖에 나가라고도 하신다. 학원에서는 이런 농담이 허용되고 수업 분위기를 전환하여 힘든 공부를 가볍게 느끼게 된다. 농담이 허용되느냐 거절되느냐도 학교와 학원의 큰 차이라고 생각한다.

이처럼 우리는 학교에서 얻지 못하는 학습 기회를 학원에서 얻어 공부에 흥미를 가지게 되었고 모두들 자발적으로 학원에 다니고 있다. 나와 친구들은 학원에 가는 합당한 이유를 느끼고 있다. 정부에서는 사교육만을 트집 잡고 있지만 자신들만 생각하는 정부라고 생각한다. 어른들과 정부에서는 우리들이 학원에서 밤늦게까지 공부하느라 피곤하다고 걱정하지만 나와 친구들은 "학교에서 버티기가 더 힘든데, 오히려 학교 수업 시간을 줄이면 우리가 덜 피곤할 것이 아니냐. 우선은 아무 도움 안 되는 방과 후 학교를 없애야 한다."라며 학교 중심적인 생각에 대해 강력히 비판하기도 한다.

어느새 발은 컴퓨터 전원을 켜고 있어요

학원에 가는 데는 학교에서 얻기 어려운 학습 기회를 얻을 수 있다는 것 외에도 다른 중요한 이유가 있다. 솔직히 "학원이 없다면 어떨 것 같으냐?"고 물어본다면 아마도 "그러면 공부를 안 하게 돼요"라고 대답했을 것이다.

저는 학원이 저를 이끌어 줘야 돼요. 정말 전교 1등 하는 그런 애들 아니면 누군가 이끌어 줘야 돼요. 집에 가면 텔레비전에 홀리고 컴퓨터에 홀리고 공부할래나 티비 볼래나 멍 때리다(멍하게 있다가) 한 시간 지나고 그러다가 공부를 못해요. 집에서 공부하다 보면 어느새 발은 컴퓨터 전원을 더듬고 있어요. 하하. (박준철, 중3)

동준 : 학교에 가면은요. 수업이 이해되기는 해요. 그런데 학원이 절 이끌어 줘요. 그냥 귀찮아서 혼자 있을 때는 공부를 안 하게 되는데 학원은 공부하게 해 주잖아요.

철영 : 그러니까 자기가 스스로 자신을 컨트롤하지 못하는 애들이 학원에 가는 거에요. 시간 컨트롤이 안 되는 애들이요.

재민 : 그래서 우리가 그러잖아. 집에서 컴퓨터하고 학원 갈 시간에 학원 가고 집에 오면 바로 컴퓨터하고.

준철 : EBS 같은 인터넷 강의를 들으라고 하잖아요. 절대 공부 안 돼요. 딴짓하게 돼요.

나의 의지로 혼자 공부하는 것은 여러 유혹 때문에 매우 어렵다. 더구나 나와 친구들의 부모님들은 모두 맞벌이 부부이기 때문에 자녀에게 공부하도록 강제하지를 못한다. 학원에 안 가고 혼자 공부하게 되면 결국 못할 거라는 생각이 들어 불안감이 밀려온다. 그래서 우리들은 학원에서 공부 분위기를 만들어 주고 자신들을 적절하게 지도해 주기를 원한다. 무서울 때는 무섭고 학생들이 잘

못한 것에 대해서는 강하게 처벌하는 학원 선생님을 신뢰한다.

관심을 주면서 방치 안 하면서 적절하게 처벌할 거 처벌하면서 질문도 잘 받아주는 샘이 좋아요. 친구 같으면서도 잘못한 것에 대해서는 무섭고 강하게 혼내 주는 선생님에게는 신뢰가 가요. (준철이와 친구들)

바깥에서만 보면 우리들이 불쌍하게 보이겠지만 공부 분위기를 잘 만들 수 있는 엄함도 가져야 선생님으로서 자격이 있다. 공부는 해야 하지만 혼자만의 의지로 열심히 공부하는 것이 쉽지 않기 때문에 공부 분위기를 잘 만들어 주는 선생님이 필요한 것이다.

학원 가면 시간 가는 줄 모를 정도로 재밌어요

나와 친구들은 일 년간의 생활에서 방학이라고는 겨우 6~8일 정도에 불과하다. 방학 기간에도 계속 학원에 나가서 공부하기 때문이다. 기껏해야 학원에서는 딱 3일 여름방학을 한다. 겨울방학 때에도 학원의 방학 기간은 3일 정도이다. 우리는 쉬는 날이 없다고 보면 된다. 그래서 어른들은 요즘 학생들 공부에 시달리느라 놀지도 못한다며 불쌍하게 여긴다. 방학도 없이 일 년 내내 공부를 하느라 얼마나 힘들까!

하지만 우리에겐 방학이 없는 것이 좋다. 우리 학원에서는 여름날 8월 2일(월)부터 8월 4일(수)까지 3일간 방학을 하였다. 초등학교 때부터 컴퓨터 게임을 해 왔는데, 그것도 너무 많이 하니까 이제는 지겨워 재미없다. 집에 있으면 정말 너무 심심하다. 방학이라 하여 엄마 아빠랑 함께 휴가를 갈 수도 없다. 엄마 아빠는 맞벌이를 하시니 시간을 내기가 어렵고 같이 갈 휴가일을 맞추기도 쉽지 않다. 오히려 학원에 가면 뭔가 재미있는 일이 항상 생기며 친한 친구들과 같이 공부하여 시간 가는 줄 모를 정도이다. 그리고 학원 선생님과 농담도 주고받으면서 즐겁게 시간을 보낸다.

종명 : 컴퓨터도 별로 할 게 없어요. 그래서 네이버 기사 보고 그래요. 진짜 할 거 없으면 네이버에서 '재미있는 것' 을 검색해서 봐요.

재민 : 저는 집에서 자요. 저희 집은 화목해요. 아빠랑 매일 물 뜨러 가구요. 엄마랑도 많은 이야기를 나누어요. 그래도 애들이랑 같이 놀면 더 재밌죠.

준철 : 그리고 저희들이 밖에 나가서 놀 수 있는 곳도 없어요. 그냥 길거리를 싸돌아다니는 것밖에 없어요. 어디 가려면 돈도 많이 들구요. 그리고 길거리에서 싸돌아다니면 어른들이 불량학생으로 봐요.

준철 : 요즘 EBS 강의를 들으라고 하잖아요. 혼자 꾸준히 듣는 것도 어렵지만 혼자 하면 재미가 없어요. 친구랑 같이 공부하면 친구에게 모르는 거 물어볼 수도 있고 또 친구랑 있

으면 즐겁잖아요.

학원은 우리들에게 공동의 얘깃거리를 제공해 주는 생활공간이기도 하다. 우리는 학원에서 일어나는 모든 일에 대해 바로 옆에 있는 친구와 의견을 나눈다. 쉬는 시간이나 수업이 끝난 후 집에 같이 가면서 또는 학교 수업이 끝나고 학원에 함께 가면서 학원에서 있었던 일들에 대해 서로 의견을 나누면서 나름대로 평가하고 공감한다. 학원의 경우 학원 선생님이 바뀌는 경우가 많고 새로 들어오는 신입생들이 자주 있으며, 또는 나가는 애들, 학원 선생님들에 대한 이야기, 남자 선생님, 여자 선생님에 대한 이야기, 선생님들이 어떻게 옷을 입고 왔는지, 수업 시간에 짧은 치마를 입고 온 여자 선생님 때문에 어디에 눈을 둘지 모르겠다는 이야기, 선생님들의 성격이나 특성에 대한 이야기, 전에 있던 선생님을 그리워하면서 지금 선생님에 대해 아쉬운 점 이야기, 선생님의 수업 방식에 대한 이야기 등 준철이와 친구들은 시시각각 새로운 변화가 일어나는 학원에 대해 서로 많은 이야기를 나눈다. 그리고 학원 선생님과는 많은 이야기도 하고 수업 시간에 농담도 주고받으면서 대화를 많이 하면서 재밌는 일들이 많다. 정숙 선생님이 오늘 어떤 이야기를 했다느니, 정숙 선생님이 한 학생과 대화할 때 어떤 웃긴 이야기가 있었다느니, 그 과정에서 그 학생이 어떻게 이야기를 했다느니 등등 이야깃거리가 매우 풍부하다. 이것

외에도 수업 시간에 질문도 많이 하고 스스로 참여하는 과정에서 친구들의 말투나 몸짓이 개성 있게 드러나서 생동감이 있다.

우리 학원에는 얼마 전에 새로운 원장님이 오셨다. 나와 친구들은 꿈에도 상상 못한 너무 충격적인 일이었다. 새로 오신 원장님은 학생들에게 전 원장님은 잠시 집에 일이 있어 몇 달간 쉬기로 했다고 말씀하셨다. 알고 보니 같이 해 왔던 원장님의 부모님께서 모두 돌아가시는 일이 생겨 새로운 원장님이 이 학원을 인수하게 되었는데, 학생들의 동요가 있을까 봐 학생들에게 이야기하지 않았던 것 같다. 왜냐하면 원장님이 어떤 분이냐가 학생들이 그 학원을 선택하는 데 큰 기준이 되기 때문이다.

나와 친구들은 새로 오신 원장님에 대해 서로의 의견을 나누고 어떻게 된 일인지 서로 추측하면서 전 원장님과 함께 있었을 때의 기억을 되새긴다. 새로 오신 원장님의 지도 특성을 전 원장님이 하신 것들과 비교하며 아쉬워한다. 그러면서 친구들 간의 대화는 깊어지게 되고 서로 더욱 친해진다. 우리는 서로 동질감을 느끼면서 학원에 있는 많은 친구들과도 친해지게 된다.

준철, 재민 : 학교 교실에서는요. 친한 친구들끼리만 놀아요. 학원 친구들은요 다 친해져서 다 함께 놀고 그래요. 그래서 학원에서는 왕따가 없어요.

동환 : 학교는요 친한 친구들끼리만 놀잖아요. 그래서요 친한 친

구가 없는 애들은 혼자 놀게 돼요. 그러면서 소외감도 느끼고요. 애들에게 잘못 보이면 왕따 당하지 않을까 불안해요. 그런데 학원은요 그런 게 없어서 마음이 편해요.

친구들 : 학교 친구들보다 학원에 같이 다니는 친구들하고 더 친해져요. 그리고 학원에서는 친구들끼리 금방 친해져요.

고등학생이 된 준철이

나와 친구들은 모두 옆에 있는 코리아학원으로 옮겼다. 그 학원은 공부를 많이 시키기로 소문이 나 있었다. 다른 친구들은 K 학원으로 옮기고 또 다른 친구들은 B 학원에 갔다. 모두 친한 친구들끼리 나름대로 원하는 학원으로 이동하였다. 그래서 전에 다녔던 학원은 학생 수가 반 이상 줄어들어 초등부만 운영하다가 곧 폐업하였다. 우리들이 이렇게 그 학원에서 나오게 된 건 새로 오신 원장님께서 적절하게 공부하는 분위기로 만들어야 하는데 학생들에게 너무 잘해 주려고만 하다가 공부와 놀이를 적절하게 조절하지 못한 것 때문이다. 하루하루 불만이 쌓여 가다가 결국에는 새로 오신 원장님이 우리의 공부에 관심이 없는 거라 생각하게 되었다. 전 원장님께서는 시험 기간에 교실 문을 활짝 다 열고 중간에 앉아서 철저히 감독도 해 주시고 질문도 받고 하였는데, 새로 원장님이 오고 나서는 시험 기간에도 거의 막장 분위기라 공부를 할 수가 없었던 것이다.

코리아학원에 옮긴 나와 친구들은 열심히 공부하여 모두 원하는 고등학교에 진학하였다. 나는 내가 원하는 Y 인문계 고등학교에 진학하였고 내 친구들 모두 자기들이 원하는 H 인문계 고등학교와 K 마이스터 고등학교에 진학하였다. 그런데 나는 인문계 고등학교에 진학하고 나서 다시 성적이 떨어지고 있다. 고등학교는 학력 수준에 따라 반을 나누고 있다. 나는 고등학교에서 반을 배정하는 배치고사에서 우반에 들어갈 정도의 성적을 받지 못하여 평반에 속하게 되었다. 1년이 지나고 2학년이 된 지금도 여전히 평반이다. "한번 평반은 영원한 평반이다"는 말이 있듯이 평반에서 우반으로 올라간 학생은 몇 백 명 중에서 단 1명뿐이었다. 그리고 내가 다니는 학교는 약간 외곽에 위치하고 있어 주변에 좋은 고등부학원이 없다. 그래서 비용 부담이 큰 개인 과외를 받지 않는 한 부족한 실력을 나름대로 보충할 수도 없는 상황이다. 학교에서 그 많은 양을 너무 빠르게 진도 나가고 있어 이해하기도 힘들고 평반에는 제대로 질문할 친구도 없다. 면학 분위기도 안 좋아져 모두들 점점 공부에 손을 놓게 된다.

요즘에는 내가 왜 학교에 가는지 모르겠다. 이해되지 않는 수업을 이해하느라 노력하는 건 무척 힘이 들고 결국 이해하지 못하면서도 듣고 있는 건 정말 곤혹스러운 일이다. 선생님은 우리들과 상관없이 진도를 나가시다 보니 우리가 따라오든 말든 이해하든 그렇지 않든 간에 따로 수업하신다. 그리고 줄만 긋고 필기만 하라는 선생님도 계신다. 평반이 공부를 안 할수록 우반과 영재반의 친구들은 내신 등급을 쉽게 올릴 수가 있다. 하지만 오늘도 최선을 다해 할 수 있는 만큼 성적을 올려 보람된 하루를 보내고 희망찬 내일을 맞이하기를 기대한다.

| 10장 |

사이드, 푸코 그리고 슈퍼에듀케이션

Shadow vs. Super-education

Super-education HAKWON

이 글에서 필자들은 우리 한국 교육자라고 하면 모두에게 익숙한 교육 현상인 '학원 교육'을 우리 교육학/교육과정탐구의 주요한 연구 주제로 상정해야 한다는 입장을 강조하였다. 그리고 그러한 입장에서 학원 교육이 우리나라 학생들이라면 '누구나 다 하고 있는 것'이며 그럼에도 불구하고 이러한 국가적 현상에 대하여 우리의 교육과정 학자들은 이 익숙한 현상을 익숙하지 않게 바라보려는 실험적 시도를 하지 않으려는 탈식민적, 이론지향적 교육과정 연구 태도를 비평하였다. 그리하여 우리가 잘 할 수 있는 연구 주제에 대하여 우리가 말할 수 있을 때, 우리가 가장 잘 할 수 있다는 관점 아래서 우리의 일상적 경험에 대한 이론화와 세계화가 서구 담론들로 가득한 국제 교육과정 학회에 우리의 연구 노력과 자산을 알려 줄 수 있는 방법이며, 아울러 그 누구도 기여할 수 없는 동북아 국가에서 나타나는 사교육으로서 학원 교육에 대한 새로운 해석을 제공해 줄 수 있을 것으로 상정하였다.

이에 왜 이 주제에 대하여 우리가 연구해야 하는지를 주장하였고 그 다음으로 우리 한국에서의 학원 교육에 대한 새로운 연구들을 통하여 학원 교육은 대중매체가 강조하는 것만큼 진부하지도, 전통적이지도, 또는 상업적이지도 않다는 점을 강조하였다. 아울러 필자가 생각할 수 있는 '학원교육과 관련된 미래의 연구 주제에는 어떤 것들이 있는지에 대하여' 다음과 같이 일곱 가지로 탐구문제를 상정할 수 있다.

1. 학원교육에 대한 인지적, 정의적 영역에서의 효과에 대한 연구
2. 학원교육에 대한 내부자들의 교육적 경험에 대한 연구
3. 학원교육의 교육학적 이론화
4. 학원에서 개발된 교과서와 교재의 분석에 대한 연구
5. IT와 학원교육의 새로운 분화
6. 학원교육의 역사적 발달에 대한 연구
7. 동아시아의 교육적 가치의 구체화로서 학원교육 국제적 연구

그러나 이 탐구문제들이 다른 관점과 지식을 갖춘 학자들에 의해 심화되거나 보충되거나 또는 새롭게 더 확대되기를 기대한다. 그리고 마지막의 연구문제 '동아시아의 교육적 가치의 구체화로서 학원교육 국제적 연구' 를 통하여 이러한 연구와 탐색이 세계 교육자들의 관심을 받고 있는 동북아 국가들의 '교육열' 또는 '교육에 대한 숭고한 가치화' 에 대하여 그 어떤 새로운 이론화와 개념화를 추구해야 할 때라는 점이 '학원교육' 현상에 대한 답에 대한 집단적 탐색을 통하여 이루어질 것을 기대한다.

이에 이 글의 마지막 내용으로서 필자는 학원 교육과 관련하여 우리가 이 주제를 더욱 심화시키기 위하여 그리고 더욱 많은 연구자들을 참여시키기 위하여 학원 교육을 새롭게 바라볼 수 있는 정연구 개념으로서 '슈퍼에듀케이션(super education)' 이라는 용어를 제시하고자 한다. 필자가 생각하기에 기존에 우리에게 알

려진 서구의 '학원 교육'을 설명하는 용어인 '그림자 교육(shadow education)'이 다소 부정적이고 어두운 이미지를 담고 있다는 점에 착안하여 슈퍼에듀케이션이라는 용어로 학원 교육이 담당하고 있는 좀 더 긍정적이고 능동적이며 역동적인 이미지를 새롭게 생성하여 부각시키려고 노력하였다. 그리고 그러한 용어의 창안 뒤에는 하나의 어떤 현상을 우리가 이야기할 때 적절한 비유와 은유가 있을 때 우리 연구자들이 공통된 화제로서 이야기하기 쉬우며, 나아가 그 은유가 긍정적이든 부정적이든 시작을 위한 자극제로서 좋은 역할을 할 수 있다는 생각이 있었다. 물론 이때 시작은 새로운 이론화와 개념화를 위하여 과거의 전통적 관점과 사유, 가치관에서 벗어나 새로운 관점과 대안 그리고 새로운 사유를 위한 용어를 개척시켜 줄 수 있는 저항적 태도를 뜻한다고 하겠다.

이에 이러한 과거의 전통적 이미지를 벗어나기 위하여 우리는 학원 교육을 상징화하고 그 교육적 자산과 가능성을 규명하고 확산시킬 수 있는 상상의 단어로서 '슈퍼에듀케이션'이라는 단어를 조합하여 만들었다. 이에 슈퍼에듀케이션은 우리나라를 포함한 동북아 국가들, 그리고 전 세계의 많은 국가들에서 학교 교육에서 벗어나 학원에서 일어나고 있는 교육 활동과 경험, 학습의 결과를 나타내는 새로운 용어가 되기를 바랐다. 그리하여 이 시대 새로운 교육의 장소이면서 학교의 교육적 기능과 역할을 재생산하면서 아울러 다른 새로운 역할과 책임을 다하고 있는 학원 교육의 지평과 그 가능성을 함축하는 의미를 포함시킬 수 있다고 생각하였다.

다행히도 '슈퍼(super)' 라는 단어는 우리가 가정한 것처럼 '초대형' 의 크기와 수준을 나타내는 접두어일 뿐 아니라 '지나치게 차가운, 그리고 즐겁지 않은' 이라는 부정적 의미를 내포하고 있다. 이에 학원 교육이 갖는 또는 그 단어가 주는 일반적, 전통적 이미지인 부정적 평가(암기, 입시위주 강의 등) 등을 드러내면서 아울러 그러한 이미지를 벗어난 또 다른 긍정적 평가를 포함하고 있다고 할 수 있다. 즉, 학교 공부에 만족하지 않고서 밤늦게까지 공부하는 한국 학생들의 학습량을 생각할 때, 그리고 서구 학생들에 비하여 더 많은 양의 시간을 할애하면서 공부하고 있는 학원 교육의 현실을 생각할 때 슈퍼에듀케이션은 그 양적, 질적 측면에서 자신의 수준과 학년보다 또는 다른 국가의 학생들에 비하여 더욱 많고 깊게 공부하고 있는 한국 학생들의 학습 문화를 잘 드러낸다고 할 수 있다. 그리고 그러한 크기와 양이 갖는 거대함은 한 학생의 개인적 경험이나 측면에서가 아니라 한 국가 전체에서 모든 학생들이 갖는 교육 경험과 학습량이 양적이나 질적 측면에서 더 많고 강하다는 측면에서 슈퍼적인 것이라고 할 수 있다.

그러나 이러한 크기와 질적 측면에서의 대형 사이즈, 극단적 형태가 과연 한 개인과 국가에 어떠한 의미와 기여를 할 것인지에 대해서는 또 다른 해석이 필요할 것이다. 즉, 그러한 슈퍼에듀케이션이 각 학생들의 정서적, 정신적, 학구적 발달과 관련하여 긍정적일지 또는 부정적일지 생각해 보아야 한다는 것이다. 그러나 이 이슈와 관련하여 기존의 연구들은 그러한 슈퍼에듀케이션을 각 학생의 발달, 학습 내용과 탐구의 방법, 부모의 경제적 희생 등의 측면에서 모두 과한 것 또는 부정적인 것으로 매도하는 것이 사실이었다. 그러나 우리가 과연 사교육으로 특징화되는 '학원 교육' 에 대한 국가적 차원에서의 비판과 제재의 관계에서 벗어나 과연 학원 교육이 우리가 생각하는 것처럼, 또는 매스미디어가 만들어 놓은 학원에 대한 나쁜 교육적 이미지에서 벗어나 학원 교육이 학교 교육에서 하지 못한, 실패한, 또는 방관해 버린 교육적 책임이나 역할을 나름대로 잘하고 있지는 않은지 생각해 볼 필요가 있다. 더군다나 가르침과 학습, 나아가 평가체제까지 전통적으로 개념화되어 있는 학교 교육에서 벗어나 새로운 사회와 문화적 경험을 하고 있는 새로운 세대의 학생들에게 학교가 하지 못하는, 제공해 주지 못하는 새로운 형태의 학습 문화와 방법, 나아가 학습자의 요구에 부응하는 또 다른 방식의 교육학적 방식과 아이디어들은 없는지 생각해 보아야 할 것이다. 그러한 점에서 '슈퍼에듀케이션' 은 학교 교육이 제공하지 못하는, 시도하지 못하고 있는 새로운 가르침과 학습, 나아가 평가 영역에서의 새로운 경험과 의미를 제공해 주고 있는 학원 교육의 장점과 가능성을 드러내고 강화시키고 확산시킬 수 있는 매우 자극적인 개념으로서 자리 잡기를 기대한다.

| 김영천 |

1998년 이래로 진주교육대학교 교육학과 교수로 재직하면서 교육과정, 교육평가, 질적연구를 강의하고 있다. 한양대학교 교육학과와 대학원 교육학과를 졸업하였다.

1995년 미국 The Ohio State University에서 교육과정이론과 질적연구방법론 전공으로 철학박사를 받았다. 세계교육과정학회 한국대표이사(2001~2007), 한국교육인류학회 부회장, 한국다문화교육학회 부회장을 역임하였다. 국제 학술지인 QSE(International Journal of Qualitative Studies in Education) 아시아지역 편집장을 맡고 있다.

국내 약 40편의 논문과 37권의 저서를 출간하였다. 그의 책들은 문화관광부 및 대한민국 학술원으로부터 총 5회 우수학술저서로 선정되었다. 국제적으로 그의 글은 International Journal of Qualitative Studies in Education, Journal of Curriculum Theorizing, Curriculum Inquiry, Educational Studies에 게재되었다.

| 김필성 |

경북대학교 대학원 인류학과 석사를 마치고 대학원 교육학과 박사과정에 재학 중이다. 연구관심은 한국의 학원교육과 학교 바깥에서의 교육적 경험에 대한 질적연구이다.

아빠는 죽어도 학원은 죽지 않는다

발행일 | 2012년 9월 5일 초판 발행
저 자 | 김영천, 김필성 공저
발행인 | 홍진기
발행처 | 아카데미프레스
주 소 | 413-756 경기도 파주시 문발동 출판정보산업단지 507-9
전 화 | 031-947-7389
팩 스 | 031-947-7698
웹사이트 | www.academypress.co.kr
등록일 | 2003. 6. 18 제406-2011-000131호
ISBN | 978-89-97544-15-8 03370

값 15,000원